Conviértete
en quien quieras

Christian Jarrett

Conviértete en quien quieras

La ciencia del cambio personal

Hestia

Para Jude, Rose y Charlie

Título original: *Be Who you Want: Unlocking the Science of Personality Change*

© 2021, Christian Jarrett. All Rights Reserved.
© 2024, Hestia, un sello de Editorial Pinolia, S. L.
Calle Cervantes, 26
28014, Madrid

www.editorialpinolia.es
info@editorialpinolia.es

Colección: Divulgación científica
Primera edición: agosto de 2024

Depósito legal: M-12175-2024
ISBN: 978-84-12864-72-4

Diseño y maquetación: Almudena Izquierdo
Diseño cubierta: Óscar Álvarez
Impresión y encuadernación: Industria Gráfica Anzos, S. L. U.

Printed in Spain - Impreso en España

ÍNDICE

NOTA DEL AUTOR

Puede la gente cambiar de verdad alguna vez? En los más de veinte años que llevo escribiendo sobre psicología y ciencias del cerebro, me he dado cuenta de que, para muchas personas, esta es la pregunta candente. Dicho de otro modo: ¿puede la gente mala volverse buena? ¿Pueden los ociosos volverse ambiciosos? ¿Puede un leopardo cambiar alguna vez sus manchas?

Es cierto que determinado grado de autoaceptación es psicológicamente saludable (siempre que no derive en resignación y la desesperanza). Pero yo quería escribir un libro para aquellos lectores que están menos interesados en sentirse bien con ellos mismos como son ahora y más interesados en convertirse en la mejor versión de sí mismos que puedan ser.

A través de historias de criminales que transformaron su personalidad, de famosos tímidos que encontraron su voz, de drogadictos que se rehabilitaron y destacaron en nuevas andaduras, combinadas con las últimas y concluyentes investigaciones de la ciencia psicológica, aprenderéis que la gente sí cambia y que, si eso es lo que quiere, puede hacerlo. No será rápido ni fácil, pero es posible.

Tu personalidad seguirá evolucionando a lo largo de tu vida, lector, en parte como respuesta natural a tus situaciones

11

cambiantes y también debido a los cambios graduales de tu fisiología. Lo más interesante es que hay formas de controlar esta maleabilidad para darte forma más en consonancia con la persona que aspiras ser.

Este libro está repleto de pruebas y ejercicios interactivos que te ayudarán a comprender mejor los distintos aspectos de tu personalidad, la historia de tu vida y tus pasiones. Cuanto más te comprometas con los elementos interactivos de forma sincera, mayor será la probabilidad de que descubras más cosas sobre ti mismo y te beneficies de las ideas de este libro. La creación de nuevos hábitos es una parte clave del éxito del cambio de personalidad, y cada capítulo concluye con sugerencias de nuevas actividades que adoptar y estrategias psicológicas que probar para ayudar a moldear tus rasgos.

Hay muchos avisos de precaución más adelante. Hablaré de gente buena que se ha vuelto mala y profundizaré en los efectos, a veces devastadores, de las lesiones y las enfermedades en el carácter de una persona. En resumen, tu personalidad es un trabajo en marcha. Intentar alcanzar la mejor versión de ti mismo es una filosofía de vida más que un trabajo que completar.

Espero que este libro resulte especialmente atractivo para quienes se hayan sentido alguna vez atrapados o limitados por la forma en que los demás los han calificado —o caricaturizado—. Es una flaqueza humana que seamos propensos a sacar conclusiones prematuras sobre los demás, ignorando a menudo la influencia de las circunstancias (lo que en psicología se conoce como *error de atribución fundamental* o *sesgo de correspondencia*). Si alguna vez te has sentido encasillado por los juicios de los demás sobre tu personalidad —etiquetado como introvertido, holgazán, blandengue, ofendidito o cualquier otra cosa de forma demasiado simplista—, disfrutarás aprendiendo sobre los profundos efectos de las circunstancias en cómo se manifiesta la personalidad en un momento dado, cómo todos tendemos a cambiar a lo largo de la vida y cómo puedes salir de ese encasillamiento transformándote gracias a nuevos hábitos y a perseguir tus verdaderas pasiones en la vida.

La gente cambia. Yo he cambiado. El otro día estaba tirando papeles viejos y encontré los informes de mis profesores de cuando era adolescente en el internado. «No estoy seguro de que Christian pueda cambiar su placidez natural», escribió mi tutor personal cuando yo tenía dieciséis años. «Estoy de acuerdo con su tutor», escribió mi jefe de estudios en el mismo informe de fin de curso. «El carácter y la personalidad de Christian suelen suscitar comentarios estilo «demasiado tranquilo»». Mis profesores fueron unánimes: «Demasiado reservado y callado» (en Geografía); «Yo le animaría a participar más en los debates de clase» (en Historia); «¡Necesita hablar más!» (en Inglés). Mi favorita fue la de mi jefe de estudios un año antes: «No siempre es fácil saber si la afable taciturnidad de Christian es un signo de timidez o simplemente de inteligente economía verbal».

Pero en mi primer año de universidad, salí de mi caparazón, formé grandes grupos de amigos y salía de fiesta toda la noche casi toda la semana. Recuerdo que el tutor de mi tesis de fin de carrera admitió, después de que me graduara con los máximos honores, que hacía tiempo que se había dado por vencido conmigo, pues me había encasillado como un hedonista más interesado en los deportes que en el aprendizaje (basándose en lo que sabía de mi vida social y en todo el tiempo que pasaba en el gimnasio de la universidad, donde trabajaba a tiempo parcial como entrenador).

El cambio nunca cesa. Cinco años después de graduarme, la vida volvía a ser tranquila. Con un trabajo a distancia como editor y escritor y viviendo con mi entonces futura esposa en una zona rural de Yorkshire, Inglaterra, volvía a ser un introvertido extremo. No tenía coche y mi futura esposa estaba fuera la mayoría de los días, a treinta kilómetros, en la ciudad de Leeds, estudiando para ser psicóloga clínica. Era un claro ejemplo de cómo las circunstancias pueden moldearnos totalmente. Es difícil ser extravertido cuando trabajas solo desde casa y en un pueblo tranquilo. Sin embargo, sentí que mi conciencia crecía a medida que me sumergía en el reto de mi primer trabajo editorial, y escribir sobre psicología se convirtió en mi vocación. Cumplir los plazos y tener la autodisciplina de escribir a diario era un placer y se convirtió en parte de mi ritmo de vida.

En los últimos años, he vuelto a sentir que estoy cambiando. Soy afortunado de tener dos preciosos niños, Rose y Charlie, que han aumentado aún más mi concienciación (¿qué mayor misión puede haber en la vida que la paternidad?), ¡aunque creo que también mi neurosis!

Además, mi carrera ha evolucionado e incluye más charlas en público, por ejemplo, para eventos en directo, radio y televisión. Recuerdo que hace unos años, en el escenario de un gran bar de Londres, experimenté la euforia de hacer reír a un público de trescientas personas (por aclararlo, estaba dando una charla desenfadada sobre la psicología de la persuasión). Me pregunto qué pensarían entonces de mí mis profesores. Compara los informes escolares que me dieron con el tipo de críticas que he recibido recientemente por las charlas que he dado en bares de Londres: «Christian es un gran orador», «Muy desenvuelto y cautivador», «Informativo y divertido», «Enriquecedor, simpático, agradable». Es cierto que, hasta cierto punto, estaba actuando, pero bajo la máscara pública, creo que ha habido un cambio significativo en mi disposición y una mayor voluntad de hablar y asumir riesgos en la búsqueda de mis objetivos.

También me siento cambiado por la experiencia de escribir este libro. Ahora soy mucho más receptivo a la forma en que las personas y las circunstancias hacen aflorar distintos rasgos de nuestra personalidad. Acepto menos aspectos de mi carácter que antes consideraba inmutables. He aprendido cómo afectan a nuestros rasgos el estilo de vida que llevamos, las ambiciones que perseguimos y los valores por los que nos regimos.

De hecho, me atrevería a decir que escribir este libro (y seguir sus lecciones) me dio la motivación y la confianza en mí mismo para dejar mi trabajo de dieciséis años a principios de 2021 y asumir un papel desafiante en una revista digital global. Estaba fuera de mi zona de confort, pero confiaba en poder adaptarme. Fiel a la ciencia del cambio, me ayudó que el espíritu de la revista coincidiera con mis propios valores: apoyar a los demás compartiendo ideas prácticas sobre el bienestar psicológico. Creo que también está en tu mano cambiar y adaptarte de forma positiva para ser quien tú quieras, sobre todo en la búsqueda de lo que te importa en la vida. Y he escrito este libro para enseñarte cómo.

Capítulo 1

EL «NOSOTROS» DENTRO DE TI

Como muchos otros jóvenes, Femi, de veintiún años, salía con la gente equivocada. En 2011, cuando la policía lo detuvo por exceso de velocidad en su Mercedes por el noroeste de Londres, encontraron 200 gr. de cannabis en su bolsa de deporte. Fue acusado de posesión de drogas con intención de suministrarlas.

Si te hubieras encontrado con Femi entonces, habrías llegado a la conclusión de que tenía esa clase de personalidad desagradable que preferirías evitar. Después de todo, la detención por drogas no fue su primer encontronazo con la ley, sino que se enmarcaba en un patrón de conducta que le valió la orden de llevar una tobillera electrónica. Cuando era joven se metía a menudo en líos. «Me expulsaron de la zona donde crecí porque me metía en demasiados problemas», recuerda.[1]

Sin embargo, Femi, o por su nombre completo, Anthony Oluwafemi Olanseni Joshua OBE, se convirtió en medalla de oro olímpica y bicampeón mundial de boxeo de los pesos pesados, y es considerado un modelo impecable de vida sana y buenos modales. «Realmente es uno de los jóvenes con los pies en la tierra más agradables que jamás conocerás», escribió en 2017 Michael Eboda, director ejecutivo de Powerful Media y editor de *Powerlist* (una lista anual de las personas negras más influyentes de Gran Bretaña).[2] «Podría haber ido por otro camino, pero elijo ser respetuoso», dijo Joshua en 2018 al exponer sus planes para ayudar a educar a la próxima generación en «la vida sana, la disciplina, el trabajo duro, el respeto a todas las razas y religiones».[3]

La gente puede cambiar, a menudo de forma profunda. Son un tipo de persona en un capítulo de sus vidas, pero si avanzamos un poco más en su historia, se transforman en un personaje totalmente distinto. Por desgracia, a veces es un cambio a peor. Tiger Woods fue alabado en su día por su comportamiento saludable y ejemplar. En personalidad, era el epítome de la conciencia y la autodisciplina. Pero en 2016, después de años luchando contra problemas de salud relacionados con la espalda, fue arrestado por conducir «colocado», tal y como él mismo masculló. Las pruebas mostraron que tenía cinco drogas en su organismo, incluidas trazas de THC, presente en el cannabis. La fotografía de su ficha policial, en la que aparecía con un desaliñado aspecto, apareció en los periódicos de todo el mundo. Era el último escándalo que perseguía al excampeón de golf. Años antes, su mundo se había derrumbado en medio de los tabloides que hablaban de infidelidades en serie, una época oscura de su vida que comenzó cuando estrelló su coche contra una boca de incendios tras una pelea doméstica nocturna. Afortunadamente, el cambio negativo también es reversible. En 2019, tras haberse hundido hasta el puesto 1 199 de golfista del mundo, Woods ganó el Masters de Atlanta (Georgia); una hazaña descrita como el mayor regreso de la historia del deporte.[4]

Las pruebas del cambio no solo proceden de historias de redención o desgracia. Mira a tu alrededor y verás ejemplos de cambios menos sensacionales, pero sorprendentes, que están por todas partes. De niña, Emily Stone era tan ansiosa y propensa a sufrir ataques de pánico tan frecuentes que sus padres buscaron la ayuda de un psicoterapeuta. «Mi ansiedad era constante», declaró a la revista *Rolling Stone*.[5] «Llegó un momento en que ya no podía ir a casa de mis amigos; apenas podía salir por la puerta para ir al colegio». Cuesta creer que esta chica no solo superara su carácter nervioso, sino que, como Emma Stone (el nombre que eligió cuando se afilió al Sindicato de Actores), se convertiría en la actriz mejor pagada del mundo, condecorada con un Óscar, Globos de Oro y un premio BAFTA.

Y pensemos en Dan, un preso de la Institución Correccional Marion de Ohio que fue presentado en un episodio del pódcast *Invisibilia* de la radio pública nacional de EE. UU. Cumplía condena por una violenta violación, pero Dan, ahora poeta, ayuda a organizar un evento TEDx en la prisión (una rama de las famosas charlas TED en línea). La reportera invitada del programa, que lo conoce desde hace un año y mantiene con él una larga correspondencia, lo describe como «completamente encantador, bromista, de hablar rápido, de pensar rápido, muy poético, creativo». El director de la prisión de Dan dice que es «elocuente, gracioso, amable, apasionado». El propio Dan apunta que su personalidad en el momento en el que cometió el delito «ha dejado realmente de existir» y que ahora casi se siente como si estuviera en prisión por el delito de otra persona.[6]

Desde que escribí este libro, me ha sorprendido la frecuencia con la que la gente cuenta historias como las de Dan y Emma Stone, y cómo sus transformaciones se pueden explicar y de hecho son coherentes con los descubrimientos de la nueva y apasionante psicología del cambio de personalidad.

Los programas de radio, las tertulias en línea y las páginas de las revistas de moda se llenan de historias de cambio, a menudo para mejor: gente vaga que encuentra un propósito, personas tímidas que descubren su voz, delincuentes que se vuelven buenos.

Aprender estas lecciones de la ciencia del cambio de personalidad es hoy más importante que nunca. La pandemia ha sacudido nuestras vidas y ha puesto a prueba nuestra capacidad de adaptación. Las fuentes de distracción, desde las redes sociales hasta los juegos y aplicaciones de los teléfonos inteligentes, son cada vez más omnipresentes y merman nuestra concentración y autodisciplina. La indignación y la polarización política están en todas partes a medida que la gente se deja arrastrar por las discusiones en X y el discurso político cae a nuevos niveles, mermando el civismo. El sedentarismo también va en aumento (la Organización Mundial de la Salud describe la inactividad física como un «problema de salud pública mundial»), lo que, según los estudios, tiene efectos perjudiciales sobre los rasgos de la personalidad, debilitando la determinación y gestando emociones negativas.[7] Sin embargo, las inspiradoras historias de cambio positivo de la personalidad demuestran que no hay por qué someterse pasivamente a estas influencias nocivas; es posible tomar la iniciativa y moldear el carácter propio para mejor.

MUCHO A LO QUE AFERRARNOS Y MUCHO QUE PODEMOS CAMBIAR

El hecho de que seamos capaces de cambiar no significa que debamos descartar por completo el concepto de personalidad. Ni mucho menos. Décadas de cuidadosa investigación psicológica demuestran que existe algo llamado *personalidad*: una inclinación relativamente estable a actuar, pensar y relacionarnos con los demás de una forma característica. Esto incluye si buscamos la compañía social y cuánto nos gusta pasar el tiempo sumidos en nuestros pensamientos. Refleja nuestras motivaciones, como por ejemplo cuánto nos importa ayudar a los demás o tener éxito; y también está relacionada con nuestras emociones, incluyendo si tendemos a la calma o somos propensos a la angustia. A su vez, nuestros patrones típicos de pensamiento y emoción influyen en cómo nos comportamos. Combinados, esta constelación de pensamientos, emociones y comportamientos forma nuestro «yo», es decir, el tipo de persona que somos.

A la hora de definir y medir la personalidad, un problema para los psicólogos ha sido el gran número de posibles etiquetas de carácter disponibles, algunas más halagadoras que otras: *vanidoso, charlatán, aburrido, encantador, narcisista, tímido, impulsivo, empollón, quisquilloso, artístico...* Por nombrar solo unas cuantas (en 1936, el abuelo de la psicología de la personalidad, Gordon Allport, y su colega Henry Odbert calcularon que existen no menos de 4504 palabras en inglés relativas a los rasgos de la personalidad).[8] Afortunadamente, la psicología moderna ha eliminado toda la redundancia de estas descripciones, sintetizando la variación del carácter humano en cinco rasgos principales.

Como ejemplo de este proceso de sintetización, consideremos que las personas aventureras y ávidas de emociones también suelen ser más alegres y charlatanas, hasta el punto de que estas características parecen derivar del mismo rasgo subyacente, conocido como *extraversión*. Siguiendo esta lógica, los psicólogos han identificado cinco rasgos principales:

- La *extraversión* se refiere a lo receptivo que uno o una es a nivel fundamental para experimentar emociones positivas, así como a si es sociable, enérgico y activo. A su vez, esto afecta a lo mucho que disfruta buscando emociones y compañía. Si le gustan las fiestas, los deportes extremos y viajar, lo más probable es que puntúe alto en este rasgo.

- El *neuroticismo* describe la sensibilidad de una persona a las emociones negativas y sus niveles de inestabilidad emocional. Si te preocupas mucho, si te duelen los desaires sociales, si le das muchas vueltas a los fracasos pasados y te preocupas por los retos venideros, probablemente tengas una puntuación alta en este rasgo.

- La *conciencia* se refiere a la fuerza de voluntad, a lo organizado y autodisciplinado que es un individuo, así como a su diligencia. Si te gusta tener la casa ordenada, odias llegar tarde y eres ambicioso, probablemente tengas una puntuación alta en este apartado.

- La *amabilidad* se refiere al grado de calidez y simpatía de una persona. Si eres paciente e indulgente y tu primer reflejo es querer y confiar en la gente nueva que conoces, probablemente seas muy agradable y afable y por tanto puntúes alto en este rasgo.

- La apertura o simpatía se refiere a lo receptiva que es una persona a nuevas ideas, actividades, culturas y lugares. Si no te gusta la ópera, las películas con subtítulos y romper tu rutina, probablemente tengas una puntuación baja.

Los principales rasgos de personalidad y sus subrasgos

Cinco grandes rasgos	Sus facetas (o subrasgos)
Extraversión	Cálido, sociable, asertivo, activo, que busca diversión, feliz, alegre
Neuroticismo	Ansioso, propenso a la ira, a la tristeza y a la vergüenza, cohibido, impulsivo, vulnerable
Conciencia	Competente, ordenado, obediente, ambicioso, disciplinado, prudente
Amabilidad	Confiado, honesto, altruista, servicial, complaciente, modesto, empático
Apertura	Imaginativo, estéticamente sensible, en contacto con las emociones, curioso, abierto a otras perspectivas y valores

La mayoría de los psicólogos creen que estos cinco rasgos no reflejan plenamente los lados más oscuros de la naturaleza humana. Para medirlos, proponen tres más: el narcisismo, el maquiavelismo y la psicopatía (conocidos colectivamente como la Tríada Oscura).[9] En el capítulo 6 nos ocuparemos en detalle de estos tres aspectos, y analizaremos si es posible aprender lecciones de los imbéciles, conspiradores y fanfarrones de este mundo sin pasarnos al lado oscuro.

La personalidad puede parecer un poco vaga y puramente descriptiva, pero se refleja en la constitución biológica, incluso en la forma en que está estructurado y funciona el cerebro. Por ejemplo, los introvertidos no solo prefieren la tranquilidad, sino que su cerebro es más sensible a los ruidos fuertes. Los neuróticos (menos estables emocionalmente) no solo experimentan más cambios de humor, también tienen menos superficie y menos pliegues en las partes de la corteza cerebral encargadas de regular las emociones.[10] En la parte frontal de sus cerebros, las personas con rasgos de personalidad más ventajosos —como mayor resiliencia y meticulosidad— tienen más mielinización, el recubrimiento de las células cerebrales que les ayuda a comunicarse eficazmente.[11] Los rasgos de personalidad están incluso relacionados con la microbiota: las personas neuróticas tienen más bacterias intestinales nocivas.[12]

Así pues, la personalidad es un concepto genuino con fundamentos biológicos. Sin embargo, como demuestran las historias de Anthony Joshua, Tiger Woods y otros, la personalidad no es está grabada en piedra —o en yeso, para el caso—. Esa era la metáfora preferida por el gran psicólogo estadounidense William James en el siglo XIX, quien hizo la observación en sus *Principios de psicología* de que, a los treinta años, nuestra personalidad ya está grabada en escayola y nuestra capacidad de cambio, por tanto, se habrá solidificado y nunca se ablandará de nuevo.

De hecho, la capacidad de cambio es más evidente a partir de los treinta años. Es notable que, mientras que las influencias

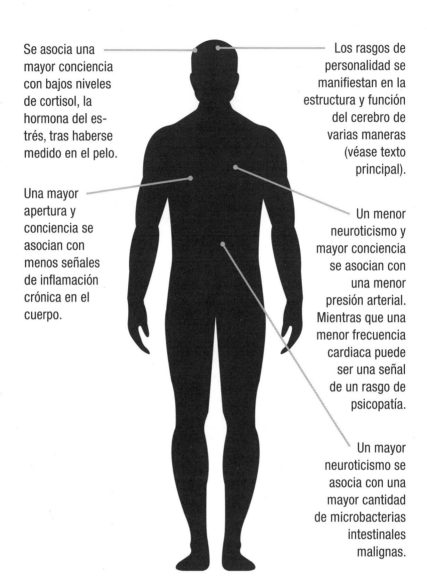

Se asocia una mayor conciencia con bajos niveles de cortisol, la hormona del estrés, tras haberse medido en el pelo.

Los rasgos de personalidad se manifiestan en la estructura y función del cerebro de varias maneras (véase texto principal).

Una mayor apertura y conciencia se asocian con menos señales de inflamación crónica en el cuerpo.

Un menor neuroticismo y mayor conciencia se asocian con una menor presión arterial. Mientras que una menor frecuencia cardiaca puede ser una señal de un rasgo de psicopatía.

Un mayor neuroticismo se asocia con una mayor cantidad de microbacterias intestinales malignas.

Las puntuaciones de los rasgos de personalidad no son meramente abstractas; también se meten bajo la piel y se asocian con muchos aspectos de su fisiología, desde las microbacterias de su intestino hasta sus patrones de actividad cerebral. Se trata de una relación bidireccional, por lo que mantener una buena salud física, por ejemplo mediante una dieta sana, un sueño adecuado y ejercicio regular, también se asocia con beneficios para la personalidad, como un menor neuroticismo y una mayor concienciación, agradabilidad y apertura.

genéticas sobre la cognición —como la inteligencia y la memoria— aumentan a lo largo de la vida, las influencias genéticas sobre la personalidad disminuyen, lo que podría ser un reflejo de la mayor posibilidad de que los acontecimientos de la vida y otras experiencias dejen su huella, como nuevos trabajos, relaciones o mudanzas al extranjero.[13]

Los seres humanos han evolucionado para adaptarse. Puedes considerar tus rasgos de personalidad actuales como la estrategia conductual y emocional que has adoptado para sobrevivir y prosperar mejor en las circunstancias en las que te encuentras. Tu disposición genética hace que sea más probable que te decantes por unas estrategias más que por otras, pero no te limita a un único enfoque de la vida y las relaciones, y no estás atrapado en tu forma de ser actual.

Es cierto que la personalidad tiende a estabilizarse con la edad, pero no porque se haya perdido la capacidad de cambio. Se debe a que las circunstancias de la mayoría de las personas se vuelven progresivamente menos variadas a medida que se asientan en la rutina de la vida adulta.

Si analizamos más a fondo, está claro que la mayoría de nosotros cambiamos a lo largo de la vida. Si sigues el patrón típico, te volverás más amigable, más disciplinado contigo mismo y menos ansioso a medida que envejeces. Ocasionalmente, las grandes decisiones que tomas en la vida —la carrera profesional que sigues, las relaciones que entablas— provocan cambios más profundos. También se acumulan los efectos de acontecimientos importantes como la graduación, la paternidad, el divorcio, el duelo, la enfermedad y el desempleo. El estudio de personalidad más largo de la historia, publicado en 2016, comparó las personalidades de los participantes a los catorce y a los setenta y siete años, y no encontró mucha correlación entre los dos momentos.[14] Otro estudio comparó las personalidades de casi dos mil personas a lo largo de cincuenta años y, una vez más, encontró pruebas de cambios significativos, lo que demuestra que la personalidad es maleable y que los rasgos de las personas suelen madurar a medida que envejecen.[15]

Por supuesto, también se producen cambios en el comportamiento a corto plazo (los psicólogos los denominan «cambios de estado»), en respuesta a factores como el estado de ánimo, las personas con las que se está (piensa en cómo actúas con tu jefe o con tu abuela en comparación con tu mejor amigo) o lo que se ha bebido. Por ejemplo, se dice que la personalidad de la estrella del tenis Rafael Nadal dentro y fuera de la pista son tan diferentes que son como Superman y Clark Kent. A su madre «no deja de sorprenderle lo valiente que es en la pista de tenis y lo miedoso que es fuera de ella».[16]

El mensaje contradictorio de que la personalidad es a la vez estable y cambiante es desconcertante para muchos de nosotros que preferimos que las cosas sean blancas o negras. Simine Vazire, psicóloga de la personalidad de la Universidad de California en Davis, captó perfectamente la paradoja. Escribió una carta abierta a la NPR (National Public Radio) en respuesta al episodio del pódcast *Invisibilia* que he mencionado antes, en el que aparecía Dan, el violador convicto que ahora tiene una personalidad encantadora y amable. El episodio se titulaba «El mito de la personalidad», dando a entender que, como la personalidad es maleable, es un concepto sin sentido. Pero eso es ir demasiado lejos, explicó Vazire. «Con la personalidad», dijo, «hay mucho a lo que aferrarse y mucho que podemos cambiar».[17]

POR QUÉ LA PERSONALIDAD IMPORTA

Tu personalidad influye poderosamente en tu vida, desde tus posibilidades de éxito en la escuela y el trabajo hasta tu salud mental, física y tus relaciones, e incluso tu longevidad. Piensa que la determinación y la autodisciplina de un adolescente son incluso más importantes para sus resultados académicos que su coeficiente intelectual.[18] De hecho, según un controvertido estudio de 2017, el nivel de autocontrol de un niño —un componente clave para tener una personalidad concienzuda— sigue repercutiendo durante décadas.[19]

Para demostrarlo, los investigadores analizaron las vidas de 940 personas nacidas en Dunedin (Nueva Zelanda) desde 1972 o 1973 hasta la actualidad, y descubrieron que aproximadamente el 20 % de ellas representaba una gran parte de la carga social de toda la cohorte en términos de obesidad, delincuencia, tabaquismo y familias desestructuradas. Y lo que es más

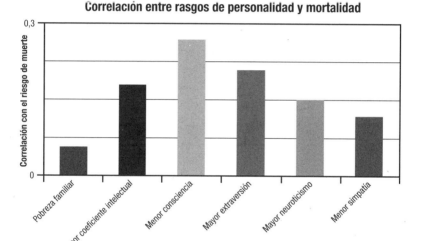

El poder predictivo de la personalidad vs. el coeficiente intelectual y el estatus socioeconómico familiar

La importancia de los rasgos de personalidad se pone de manifiesto en la fuerte correlación entre las puntuaciones de los rasgos y el riesgo futuro de morir (mortalidad), como muestra este gráfico basado en datos de docenas de estudios con miles de voluntarios.

Fuente: Datos de Brent W. Roberts, Nathan R. Kuncel, Rebecca Shiner, Avshalom Caspi y Lewis R. Goldberg, «The Power of Personality: The Comparative Validity of Personality Traits, Socioeconomic Status, and Cognitive Ability for Predicting Important Life Outcomes», *Perspectives on Psychological Science* 2, no. 4 (2007): 313-345.

Correlación entre los rasgos de personalidad y el futuro éxito profesional

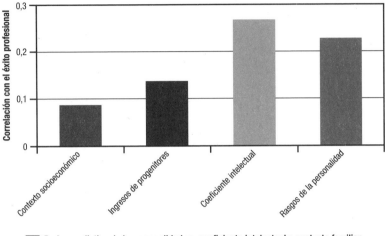

Poder predictivo de la personalidad vs. coeficiente intelectual y contexto familiar

Los rasgos de personalidad también se correlacionan con el éxito profesional futuro más que los factores relacionados con el entorno familiar y parental, y casi tanto como la inteligencia.

Fuente: Datos de docenas de estudios, cotejados por Roberts et al., «The Power of Personality: The Comparative Validity of Personality Traits, Socioeconomic Status, and Cognitive Ability for Predicting Important Life Outcomes», *Perspectives on Psychological Science* 2, no. 4 (2007): 313-345.

importante, los niños con escaso autocontrol tenían muchas más probabilidades de pertenecer a esta minoría.

Otro estudio, este sobre más de veintiséis mil personas en Estados Unidos, descubrió que, independientemente del estatus social de una familia, los rasgos de personalidad de los individuos en el instituto estaban relacionados con su longevidad, incluso en la séptima década, siendo más probable que las personas más impulsivas murieran antes y que las personas con más autocontrol vivieran más tiempo.[20] Investigaciones similares demuestran que tener una personalidad consciente es un factor tan importante como el estatus socioeconómico o el nivel educativo si se espera tener una vida larga.[21]

En términos de felicidad, una estimación reciente situaba el valor monetario de una pequeña reducción del rasgo de neuroticismo (propensión a los estados de ánimo negativos, el estrés y la preocupación) en el equivalente a unos ingresos adicionales de 314 000 dólares anuales.[22] Otra forma de poner esto en perspectiva es considerar los resultados de un estudio australiano que siguió a más de diez mil personas durante tres años: la influencia de sus rasgos de personalidad, especialmente ser menos neurótico y más extravertido, en su felicidad era aproximadamente el doble de la influencia de acontecimientos vitales importantes como la enfermedad y el duelo.[23]

Las personas más extravertidas y menos neuróticas también suelen ser más felices con su éxito material. Un estudio sueco sobre más de cinco mil personas de entre treinta y setenta y cinco años descubrió que el vínculo entre su perfil de personalidad y sus ingresos actuales era tan fuerte como el vínculo entre los antecedentes económicos familiares y los ingresos.[24] Además, en cuanto al grado de satisfacción de estas personas con su vida, su personalidad (más extravertida, más estable emocionalmente) era un factor aún más importante que su entorno familiar.

Otro aspecto importante de la personalidad es tener la mente abierta. La capacidad de un trabajador para innovar y aprender nuevas habilidades, como exigen tantos empleadores modernos, se basa en tener altos niveles de este rasgo. Tu personalidad puede incluso hacer que sea menos probable que tu trabajo lo ocupe un robot.[25] Cuando los investigadores siguieron las carreras de trescientas cincuenta mil personas durante más de cincuenta años, descubrieron que los que mostraban niveles más altos de extraversión y concienciación cuando eran adolescentes tenían menos probabilidades de acceder a carreras fácilmente informatizables.

Así que la personalidad es muy importante. Pero recuerda que, aunque tus rasgos muestren cierta estabilidad a lo largo de la vida, sobre todo si no intentas cambiarlos conscientemente, no son fijos ni están predestinados. De hecho, las formas en que cambia tu personalidad son increíblemente importantes para tu felicidad futura, posiblemente incluso más que otros factores obvios en los que podrías pensar, como tu riqueza o tu estado civil.

En aras del cambio

Los rasgos de tu personalidad te hacen ser quien eres y moldean la vida que llevarás, así que esta idea de que, en cierta medida, evolucionan constantemente y son moldeados fácilmente por tu trayectoria puede parecer inquietante. Pero también es una revelación enriquecedora. Al familiarizarnos con las formas en que nuestras personalidades cambian y se curvan en las distintas etapas de la vida y en respuesta a diferentes circunstancias, podemos anticipar y explotar nuestra capacidad de cambio. Además, no tenemos por qué ser observadores pasivos, esperando a que los acontecimientos nos moldeen. Nuevas e inspiradoras investigaciones demuestran que, con la actitud correcta, la dedicación suficiente y las técnicas adecuadas, podemos elegir literalmente cambiar nuestra personalidad a voluntad, para ser quienes queramos. Este libro te ayudará a entender cómo hacerlo, desde fuera hacia dentro —poniéndote en las situaciones adecuadas, eligiendo con cuidado con quién pasas tiempo y dedicándote a nuevas aficiones y proyectos significativos— y desde dentro hacia fuera, mediante ejercicios mentales y físicos y modificando tus hábitos de pensamiento y emoción. Al fin y al cabo, la personalidad surge del estilo de pensamiento, las motivaciones, los sentimientos y los hábitos. Si te ocupas de ellos, te cambiarás a ti mismo y cambiarás tu vida.

Antes de lanzarse a moldear tu personalidad, merece la pena reflexionar profundamente sobre cuáles son tus prioridades actuales en la vida. El cambio deliberado de personalidad también es un objetivo que debe emprenderse con cuidado, teniendo en cuenta la importancia de tu sentido de identidad y autenticidad. No obstante, podría decirse que sentirse auténtico consiste en actuar, en la medida de lo posible, como el tipo de persona que uno quiere ser, más que como se es en realidad.

CONÓCETE A TI MISMO

¿Qué tipo de personalidad tienes hoy? Tendrás una idea aproximada basándote en las cosas que te gustan o en la reputación que tienes entre amigos y familiares. Si te gustan las fiestas y conocer gente nueva, por ejemplo, probablemente te consideres una persona extravertida.

De hecho, muchos de nuestros hábitos y rutinas cotidianos pueden ser sorprendentemente reveladores. En un estudio reciente se perfilaron las personalidades de casi ochocientos voluntarios de Oregón y, cuatro años después, se les pidió que calificaran la frecuencia con la que habían realizado cuatrocientas actividades mundanas diferentes durante el año anterior.[26]

Algunos de los resultados eran obvios: los extravertidos iban más a fiestas y las personas de mente abierta a óperas, por ejemplo. Pero otros resultados fueron más sorprendentes. ¿Te gusta zambullirte en *jacuzzis*, la decoración y broncearte? Esto podría sugerir que eres extravertido (en el estudio, los extravertidos eran especialmente propensos a decir que habían realizado estas actividades).

Si pasas mucho tiempo planchando, jugando con los niños, fregando los platos o incluso cantando en la ducha o en el coche, es probable que tengas una puntuación alta en amabilidad (es de suponer que intentas contentar a todo el mundo, incluido a ti mismo). Si evitas decir palabrotas, llevas reloj,[27] llevas el pelo peinado y los zapatos lustrados[28] (o un equivalente más moderno: las aplicaciones de tu teléfono están actualizadas), es probable que seas muy concienzudo; lo mismo ocurre si eres más bien una persona madrugadora, en contraposición a un búho nocturno o una persona vespertina.[29] Y si pasas mucho tiempo desnudo en casa, ¡este es un claro indicativo de tu mente abierta!

LA PRUEBA DE PERSONALIDAD DEL ZUMO DE LIMÓN

Si quieres ponerte más científico, también hay algunas formas más prácticas de descubrir tu personalidad. Hans Eysenck, uno de los pioneros de la psicología de la personalidad, introdujo hace décadas el test de extraversión e introversión con zumo de limón. Para probarlo, necesitarás un poco de zumo de limón concentrado, un bastoncillo y un hilo cortado (también puedes saltarte los dos párrafos siguientes si prefieres no quedarte pegajoso, probablemente porque eres muy concienzudo).

Primero, ata el hilo al centro del bastoncillo. Coloca un extremo del bastoncillo en la lengua y mantenlo así durante veinte segundos. A continuación, pon unas gotas de zumo de limón en el otro extremo antes de colocar ese extremo jugoso en la lengua durante veinte segundos. Por último, sujeta el hisopo por el hilo y comprueba si el extremo jugoso cuelga más abajo. Si es así, significa que eres introvertido, al menos a nivel fisiológico. Se sabe que los introvertidos responden con más intensidad a la estimulación y el dolor que los extravertidos, lo que explica por qué tienden a huir de los ruidos fuertes y las emociones intensas. Esta sensibilidad también se aplica al zumo de limón, que hace que la lengua de los introvertidos salive, lo que hace que el bastoncillo de algodón resulte muy jugoso. Los extravertidos, por el contrario, no son tan sensibles físicamente, por lo que no salivan tanto en respuesta al zumo y por lo tanto el bastoncillo se mantiene equilibrado.

La prueba del zumo de limón es divertida, y reflexionar sobre nuestros hábitos cotidianos es, de algún modo, informativo, pero para obtener una lectura realmente precisa y más completa de toda tu personalidad —del tipo que se utiliza en la investigación psicológica—, lo que necesitas es realizar un cuestionario detallado que analice cada uno de los llamados Cinco Grandes rasgos de la personalidad.

Haz el test de los cinco grandes

Las treinta afirmaciones descriptivas que siguen son una adaptación de la versión abreviada del Big Five Inventory-2, desarrollado por los psicólogos Christopher Soto y Oliver John en el Colby College en 2017.[30] Al completar el cuestionario ahora y de nuevo después de haber terminado de leer este libro, obtendrás una buena idea de tu personalidad actual y luego de cuánto y en qué aspectos has cambiado mientras lo leías.

Para cada uno de los treinta ítems siguientes, marca del 1 al 5 en qué medida coincide la descripción contigo (1 = totalmente en desacuerdo; 2 = un poco en desacuerdo; 3 = neutral o sin opinión; 4 = un poco de acuerdo; 5 = totalmente de acuerdo). Se lo más sincero posible. Si intentas manipular las puntuaciones, solo conseguirás una imagen sesgada:

Mide tus rasgos de personalidad

1. Tiendes a ser hablador.	1 2 3 4 5
2. Eres compasivo, tienes un corazón sensible.	1 2 3 4 5
3. Tiendes a ser organizado.	1 2 3 4 5
4. Te preocupas mucho.	1 2 3 4 5
5. Te fascina el arte, la música o la literatura.	1 2 3 4 5
6. Eres dominante, actúas como líder.	1 2 3 4 5
7. Rara vez eres grosero con los demás.	1 2 3 4 5
8. Tienes facilidad para iniciarte en nuevas tareas.	1 2 3 4 5

9. Tiendes a sentirte deprimido, triste.	1 2 3 4 5
10. Tienes mucho interés por las ideas abstractas.	1 2 3 4 5
11. Estás lleno de energía.	1 2 3 4 5
12. Presupones lo mejor de las personas.	1 2 3 4 5
13. Eres fiable, siempre se puede contar contigo.	1 2 3 4 5
14. Eres emocionalmente inestable, te alteras con facilidad.	1 2 3 4 5
15. Eres original, tienes ideas nuevas.	1 2 3 4 5
16. Eres extravertido, sociable.	1 2 3 4 5
17. Nunca eres frío e indiferente.	1 2 3 4 5
18. Mantienes las cosas limpias y ordenadas.	1 2 3 4 5
19. Eres muy nervioso, gestionas mal el estrés.	1 2 3 4 5
20. Tienes muchos intereses artísticos.	1 2 3 4 5
21. Prefieres estar al mando.	1 2 3 4 5
22. Eres atento, tratas a los demás con respeto.	1 2 3 4 5
23. Eres persistente, trabajas hasta que terminas tu cometido.	1 2 3 4 5
24. Te sientes inseguro, incómodo contigo mismo.	1 2 3 4 5
25. Eres complejo, un pensador profundo.	1 2 3 4 5
26. Eres más activo que otras personas.	1 2 3 4 5
27. Rara vez encuentras defectos en los demás.	1 2 3 4 5
28. Tiendes a cuidar las cosas.	1 2 3 4 5
29. Eres temperamental, te emocionas con facilidad.	1 2 3 4 5
30. Eres muy creativo.	1 2 3 4 5

¿Qué dicen tus respuestas sobre ti? Veamos cada rasgo por separado, empezando por la extraversión.

La estrella del rock de los rasgos: la extraversión[31]

Para conocer tu puntuación en extraversión, suma las puntuaciones que te has dado a ti mismo en los ítems 1, 6, 11, 16, 21 y 26. Tu puntuación total se situará entre 6 (un introvertido muy sensible y tranquilo) y 30 (un extravertido adicto a la adrenalina). La mayoría de nosotros tendemos a situarnos entre estos extremos.

Si eres una persona muy extravertida, no solo eres muy sociable y tienes muchos amigos, sino que probablemente te atraigan las profesiones que implican riesgo y recompensa, como las ventas o el comercio de valores, así como el liderazgo y la posibilidad de alcanzar un determinado estatus. Eres optimista y estás más contento que la mayoría de los introvertidos. Lo más probable es que también te guste tomar una copa o dos. De hecho, cuando los investigadores han estudiado a grupos de desconocidos que se reúnen para tomar una copa, han descubierto que los extravertidos son especialmente propensos a decir que el alcohol mejoró su estado de ánimo y que beber les ayudó a sentirse más cercanos a sus nuevos conocidos.[32] En resumen, una extraversión fuerte significa vivir rápido y morir joven. De hecho, los de carácter muy extravertido consumen más drogas y tienen más relaciones sexuales que los introvertidos y, habitualmente, también mueren más jóvenes. Por eso el psicólogo de la personalidad Dan McAdams llama a la extraversión «la eterna estrella de *rock*» de la personalidad.[33]

Si eres introvertido (tu puntuación en extraversión es muy baja), la situación es básicamente la contraria: te gusta relajarte, pero no te gustan las emociones fuertes. No es que seas necesariamente poco sociable, pero la intensa efervescencia de una fiesta no te atrae demasiado. De hecho, es probable que las fiestas te resulten agobiantes. Los estudios de imagen cerebral demuestran que los introvertidos como tú responden de forma más sensible a nivel neuronal a la estimulación, lo que probablemente explique por qué, a diferencia de los extravertidos, tienes cuidado a la hora de buscar demasiadas emociones.

Neuroticismo: ¿cómo de estable eres?

Para hallar tu puntuación global de neuroticismo (también conocida como «emotividad negativa» o «inestabilidad emocional»), suma tus puntuaciones de los ítems 4, 9, 14, 19, 24 y 29.

De nuevo, obtendrás un número entre 6 (que sería que te corre hielo por las venas) y 30 (que significaría que eres algo así como un personaje de Woody Allen, un neurótico de manual).

Si la extraversión es la sensibilidad a las cosas buenas de la vida, el neuroticismo es la sensibilidad a todo lo que puede ir mal. Si tienes una puntuación alta, es probable que seas malhumorado, tímido, propenso al estrés, volátil y que pases mucho tiempo sintiendo emociones desagradables como el miedo, la vergüenza y la culpa. Los que puntúan alto en neuroticismo son más vulnerables que la media a padecer trastornos mentales, como depresión, ansiedad y dolencias físicas. Esto se manifiesta a nivel neuronal; por ejemplo, los cerebros de las personas neuróticas son especialmente sensibles a las imágenes y palabras desagradables.[34] De hecho, aunque puede haber razones poéticas y filosóficas para encontrar la virtud en la angustia emocional, desde una perspectiva práctica es difícil negar que es mejor tener una puntuación baja en este rasgo.[35]

Si tienes la suerte de haber obtenido pocos puntos en neuroticismo, probablemente te cuesta mucho alterarte, e incluso cuando te sientes mal o nervioso, se te pasa rápidamente.

Amabilidad: ¿cómo de simpático eres?

Para la simpatía, suma las puntuaciones de los ítems 2, 7, 12, 17, 22 y 27, lo que te situará entre un 6 (no hay forma fácil de decirlo: si esta es tu puntuación, no eres una persona muy agradable, aunque la honestidad de tu autoevaluación es notable) y un máximo de 30 (¡cariño mío, eres un ángel!).

Las personas con una puntuación alta son cálidas y amables, y ven lo mejor de los demás (y sacan lo mejor de ellos). Son dulces, acogedores con los extraños, empáticos y saben adoptar el punto de vista de los demás. Estas características se reflejan en sus cerebros; por ejemplo, presentan diferencias estructurales en las áreas neuronales relacionadas con la visión de las cosas desde el punto de vista de los demás,[36] y muestran una mayor activación en las regiones implicadas en la amortiguación de los sentimientos negativos.[37] En resumen, son el tipo de personas que uno quiere tener como amigos. No es de extrañar que tiendan a ser populares y a caer bien.

Un estudio reciente ilustra gráficamente la diferencia entre las personas que obtienen puntuaciones altas y bajas en simpatía.[38] Los investigadores dieron a beber alcohol a los participantes y emparejaron a cada uno de ellos con un compañero con el que podían dar y recibir descargas eléctricas (se trataba en parte de una treta, pues el compañero del participante era ficticio y las descargas estaban preprogramadas). Los participantes que puntuaban menos en simpatía mostraban mayor agresividad: si su pareja les provocaba con una descarga leve cuando estaban ebrios, eran especialmente propensos a atacar en represalia, respondiendo con una descarga eléctrica extrema. Pero los participantes más agradables se exaltaban mucho menos; incluso cuando estaban desinhibidos por el alcohol, eran más propensos a responder a la provocación poniendo la otra mejilla.

Apertura a la experiencia: ¿hasta qué punto eres reflexivo y creativo?

Los ítems relevantes para este rasgo son el 5, el 10, 15, 20, 25 y 30. De nuevo, tu puntuación total estará entre 6 en el extremo inferior (supongo que no tienes pasaporte y comes los mismos cereales todas las mañanas) y 30 en el extremo superior, lo que te convertiría en el tipo de persona que desayuna huevos benedictinos mientras escucha ópera, por supuesto. Para las personas «cerradas de mente» que puntúan bajo en este rasgo, los que puntúan alto pueden parecer soñadores, altaneros y pretenciosos, demasiado interesados en publicitar su individualidad.[39] Para las personas abiertas, los que puntúan bajo pueden parecer intolerantes, aburridos y patanes (o como mínimo incultos).

Este rasgo se refiere fundamentalmente a la motivación para vivir experiencias nuevas y desconocidas y a la sensibilidad para la belleza y la estética. Esto se manifiesta a un nivel fisiológico básico. Por ejemplo, quienes puntúan más alto en este rasgo son propensos a estremecerse en respuesta a lo que consideran música o arte bellos.[40] E incluso puede protegerlos de los estragos de la demencia. Es como si una vida de mayor variedad intelectual creara una especie de reserva cognitiva o capacidad de reserva que amortiguara el deterioro.[41]

La amplitud de miras está relacionada con la inteligencia, pero no es lo mismo. También se manifiesta en nuestras actitudes hacia la política y la religión, por poner ejemplos. Las personas con una puntuación alta tienden a ser más liberales y a sentirse más atraídas por la espiritualidad que por la religión organizada; por el contrario, las personas con una puntuación baja son más tradicionales y conservadoras, y ven las cosas en términos de blanco y negro. Los individuos con una personalidad de mente abierta no son moralmente superiores como tales (excepto quizá en cuanto a que muestran menos prejuicios hacia los extraños), pero suelen cuestionar en mayor medida los valores morales y tienen mayor predisposición a cambiar de opinión o incluso a aceptar que muchas preguntas no tienen respuestas claras.

Conciencia: ¿tienes coraje y determinación?

A continuación te explicamos cómo calcular tu puntuación para el quinto y último de los Cinco Grandes rasgos de la personalidad: tienes que encontrar y sumar tus puntuaciones para los ítems 3, 8, 13, 18, 23 y 28. La puntuación más baja que puedes obtener es 6 (enhorabuena si es tu caso, porque dadas tus tendencias habituales, es bastante impresionante que hayas conseguido mantenerte concentrado el tiempo suficiente para llegar hasta aquí en el cuestionario), y la más alta es 30 (en cuyo caso supongo que probablemente es muy temprano por la mañana, el resto de tu familia está durmiendo y tú estás aprovechando para empezar pronto con el estudio).

Los que obtienen puntuaciones extremas tanto por arriba como por abajo de la conciencia son un poco como la hormiga y el saltamontes, respectivamente, de la fábula homónima de Esopo. La hormiga concienciada tiene el objetivo a largo plazo de no pasar hambre el próximo invierno. Y, lo que es más importante, tiene la motivación y el autocontrol para trabajar durante el verano acumulando comida para poder cumplir su objetivo. El saltamontes, por el contrario, sucumbe a las tentaciones hedonistas del verano y carece de autodisciplina y motivación para planificar el invierno.

A un nivel bastante trivial, si eres muy concienzudo, probablemente seas puntual, limpio y ordenado. Pero lo más significativo es que la conciencia, más que ningún otro rasgo, está relacionada con importantes resultados vitales, como el triunfo académico, el éxito y la satisfacción profesional,[42] relaciones personales duraderas, evitar problemas con la ley y una vida más larga y saludable. No es de extrañar, pues las personas muy concienciadas tienen el autocontrol y la perseverancia necesarios para centrarse en los estudios y el trabajo, seguir las normas, ser leales y resistirse a tentaciones a menudo perjudiciales, como fumar, comer en exceso, conducir a gran velocidad, mantener relaciones sexuales sin protección y tener aventuras extramatrimoniales.

Con las puntuaciones obtenidas en el cuestionario, ya tienes un desglose detallado del tipo de persona que eres en este momento. Si eres como la mayoría de la gente, habrá algunos aspectos con los que estés contento y otros que te gustaría cambiar. Ahora que ya conoces tu perfil oficial de personalidad, me vienen a la cabeza algunas preguntas obvias que te ayudaré a responder en el próximo capítulo: ¿cuáles fueron algunos de los primeros factores que influyeron en tu carácter?, ¿cómo pueden haber conformado tus padres, hermanos y amigos el tipo de personalidad con el que empezaste en la vida? Por supuesto, tu personalidad actual puede ser muy distinta de la que tenías cuando eras un joven de dieciocho años con entusiasmo y el mundo a tus pies. ¿Cómo te han marcado los altibajos de la vida y qué cambios puedes esperar en el futuro?

Diez pasos asumibles para cambiar tu personalidad

Para reducir el neuroticismo	Siempre que estés disgustado o enfadado, escribe cómo te sientes y etiqueta tus emociones. Las investigaciones sugieren que hacerlo tiene un efecto calmante y reduce su intensidad.	Lleva un diario de gratitud. Cada día, anota tres cosas de las que te sientas agradecido. La gratitud aumenta el estado de ánimo positivo y reduce el estrés.
Para aumentar la extraversión	Comprométete a invitar a un amigo a tomar algo esta semana. La soledad y el aislamiento social aumentan la introversión, y parte de la forma de combatirlo es planificar actividades sociales. Si no sabes por dónde empezar, prueba con alguna aplicación de amistad para encontrar gente afín en tu zona.	Proponte el reto de saludar a un desconocido esta semana y, si te sientes lo bastante seguro, intenta entablar una pequeña conversación. Los estudios sugieren que hablar con desconocidos nos resulta mucho más agradable de lo que pensamos y que, además, solemos causar mejor impresión de lo que creemos.
Para aumentar la conciencia	Antes de irte a dormir por la noche, anota las cosas que tienes que hacer al día siguiente. Esto no solo te ayudará a organizarte mejor, sino que un estudio reciente también ha descubierto que ayuda a reducir el insomnio al poner fin a las tareas pendientes.	Reflexiona honestamente sobre una tarea que hayas estado posponiendo y comprométete a hacerla esta semana. Si no sabes por dónde empezar, pregúntate: ¿cuál es la siguiente acción que debo realizar para llevarla a cabo?

Diez pasos asumibles para cambiar tu personalidad *(cont.)*

Para aumentar la simpatía	Envía una nota de agradecimiento a un amigo, pariente o colega. Un estudio reciente ha descubierto que los destinatarios de las notas de agradecimiento se benefician de ellas mucho más de lo que esperamos.	Haz un cumplido a alguien del trabajo (o de tu barrio). Los actos cívicos de este tipo tienden a propagarse a medida que la gente devuelve la amabilidad recibida.
Para aumentar la apertura	Empieza a ver series subtituladas en la tele; exponerte a otras culturas ampliará tu mente.	Únete a un club de lectura. La ficción literaria en particular se ha relacionado con una mayor capacidad para considerar el punto de vista de otras personas.

Capítulo 2

ADVERSIDADES

E l Verrio», un cuadro de Antonio Verrio, retrata la fundación de la Real Escuela de Matemáticas de Inglaterra en 1673. Estuvo colgado en el cavernoso comedor del internado Christ's Hospital durante cientos de años. Con sus casi treinta metros de largo, divididos en tres paneles, es uno de los cuadros más grandes del mundo. Muchas generaciones de profesores y pupilos se han maravillado ante él.

Algunos alumnos se quedan más asombrados que otros ante este enorme cuadro. Cuando yo estudiaba en el colegio, en los años noventa, uno de mis compañeros más bulliciosos, llamado George (nombre ficticio), clavó un cuchillo en un trozo de mantequilla y lo lanzó directamente contra el Verrio, aparentemente porque sí. La masa congelada permaneció un momento en la lona, antes de dejar una mancha grasienta al caer con una bofetada silenciosa en el suelo del comedor.

El *lanzamantecas* fue castigado duramente cuando ocurrió, pero menos de doce meses después fue nombrado capitán de nuestro colegio mayor (el alumno elegido por el jefe de estudios para ayudar a mantener el orden en el internado). Mis amigos y yo no éramos ángeles, pero sin duda éramos más discretos en nuestras travesuras que nuestro nuevo capitán. Decir que nos sorprendió su nombramiento es quedarse corto. Os cuento esta historia no por amargura persistente, sino porque, lo supieran o no, los profesores de mi colegio habían actuado con sagaz perspicacia en el marco de la psicología del cambio de personalidad.

Una de las principales teorías sobre cómo cambia la personalidad a lo largo de la vida se conoce como teoría de la inversión social: los papeles que uno asume, ya sea casarse, empezar un nuevo trabajo o convertirse en capitán de un internado, pueden moldear su personalidad, especialmente si los papeles le llevan a ser recompensados sistemáticamente por ciertas pautas de comportamiento nuevas.

Dar a mi compañero George, que era un poco granuja, la responsabilidad de ser el capitán de la casa mayor fue una decisión inteligente. La responsabilidad adicional, que el público creyese en su capacidad para ser bueno y que la disciplina fuese un requisito para cumplir con sus obligaciones se combinaron para aumentar su rasgo de conciencia (de hecho, ¡actualmente George trabaja como profesor!).

En este capítulo, te ofrezco un resumen de las muchas formas en que la personalidad tiende a cambiar a lo largo de la vida, no solo en los roles sociales que asume, como casarse y tener hijos, sino también en respuesta a las adversidades que se presentan, como divorciarse o perder el trabajo. Te mostraré cómo tendemos a cambiar a lo largo de las distintas etapas de la vida, a medida que maduramos y llegamos a la vejez. Ser consciente de estos cambios te permitirá anticiparte a ellos, aprovechar lo positivo y hacer lo posible por evitar lo negativo.

No eres un papel en blanco. El tipo de persona que eres no es enteramente producto de las cosas que has hecho o te han pasado. Tu personalidad es el resultado de una mezcla de experiencias y genética. De hecho, entre el 30 % y el 50 % de las diferencias de personalidad entre las personas se deben a los genes heredados de sus padres y el resto a las experiencias vividas.

Estas dos fuerzas moldeadoras no son totalmente independientes. Los rasgos con los que nacemos, en virtud de nuestros genes, son algo así como nuestro enfoque en la vida, y por eso también determinan el tipo de situaciones en las que nos encontramos. Por ejemplo, si tienes tendencia genética a ser extravertido, es lógico que pases más tiempo en situaciones sociales (lo que probablemente te hará aún más extravertido). Si tienes una inclinación genética a ser abierto o abierta de mente, es más probable que leas y descubras nuevas ideas y puntos de vista, lo que te hará aún más tolerante. Las personas muy agradables tienden a situarse en situaciones agradables y son hábiles a la hora de calmar discusiones, lo que hace que sea mucho más fácil ser simpático y fácil de llevar. De este modo, incluso las influencias genéticas más simples en la personalidad pueden influir en el tipo de experiencias que se viven.

Antes de examinar en detalle las formas en que se desarrolla el carácter a lo largo de la vida adulta, rebobinemos y consideremos el tipo de personalidad que tenías de bebé y de niño. En concreto, ¿qué factores influyeron en ti entonces? ¿Existe alguna relación entre cómo eras de niño y el tipo de persona que eres de adulto?

Tu historia de origen

Con las puntuaciones obtenidas en la prueba de personalidad del capítulo anterior, tienes un desglose detallado de tu perfil de personalidad. Dicho esto, siempre hay un hilo de continuidad en la vida de las personas. Incluso la forma en que te comportabas de bebé puede haber dado pistas sobre el tipo de persona en que te has convertido.

Los niños pequeños no tienen una personalidad completamente formada. En su lugar, los psicólogos hablan de «temperamento» infantil, que se define en función de tres rasgos. El «control del esfuerzo» se refiere a la capacidad de un bebé para concentrarse y resistir a las distracciones; por ejemplo, persistir en un reto de un juego determinado en lugar de revolotear impetuosamente de un juguete u objeto a otro (como una forma temprana de conciencia adulta). También está la «afectividad negativa», que se refiere esencialmente a cuánto llora un bebé y cuánto se asusta y frustra (es claramente el precursor del rasgo de neuroticismo adulto). Y, por último, está la «urgencia», que tiene que ver con el esfuerzo, la sociabilidad y los niveles de energía, y es la versión infantil de la extraversión.

Tu temperamento infantil no es, desde luego, inamovible, pero puede que algo de lo que te hace ser como eres haya empezado a manifestarse en esa etapa. Un reciente estudio ruso buscó vínculos entre el temperamento de las mismas personas cuando tenían pocos meses y su personalidad cuando eran niños de ocho años, evaluada en ambos casos por sus padres.[1] Encontraron algunas coincidencias sorprendentes. Por ejemplo, los bebés con más energía y que sonreían más se convirtieron en niños de ocho años más estables emocionalmente. Del mismo modo, los bebés con mayor capacidad de atención y concentración se convirtieron en el tipo de niños que mantienen sus habitaciones ordenadas y llegan a la escuela a tiempo. Pero no todo se mostraba tan emparejado; por ejemplo, los bebés sonrientes y más extravertidos no puntuaban más alto en extraversión cuando eran niños.

Cuanto más tarde se analice la personalidad de un niño, más relación tendrá probablemente con su carácter de adulto. Cuando los investigadores compararon los perfiles de personalidad adulta de algo más de mil personas de veintiséis años (todos ellos nacidos en Dunedin, Nueva Zelanda, entre 1972 y 1973) con las puntuaciones de comportamiento que esos mismos individuos habían obtenido cuando tenían tres años, encontraron muchas coincidencias sorprendentes. Por poner solo un ejemplo, los niños «confiados» se convirtieron en los adultos más extravertidos, y los niños apocados, en los menos extravertidos.[2]

Aunque no son inamovibles, los primeros hábitos de comportamiento, pensamiento y relación con el mundo también tienen consecuencias de largo alcance. Puede que hayas oído hablar de los icónicos experimentos con malvaviscos de Walter Mischel. Este psicólogo desafiaba a niños pequeños a resistirse a comer un malvavisco de aspecto delicioso que les ponía delante durante quince minutos mientras él salía de la habitación. Si no se comían el dulce cuando él volvía, se les recompensaba con la posibilidad de devorar dos malvaviscos. Más adelante, los niños que habían demostrado una gran capacidad de autocontrol en las pruebas de Mischel (lo que sugería que tenían una puntuación alta en el rasgo temperamental de control del esfuerzo) tendían a ser más sanos y a tener mejores resultados en sus estudios, carreras y relaciones. Del mismo modo, investigadores de Luxemburgo compararon recientemente las puntuaciones de conciencia que cientos de personas recibieron de sus profesores cuando tenían once años y descubrieron que cuanto más altas eran sus puntuaciones, mejor les iba su trayectoria cuarenta años después en términos de estatus, sueldo y satisfacción laboral.[3]

Veamos ahora cómo las experiencias de la propia infancia —padres, hermanos y amigos— pueden haber conformado el tipo de personalidad con el que se empieza en la vida.

Tus padres

«Te joden, tu madre y tu padre», escribió el poeta Philip Larkin.[4] Es una valoración muy dura. De hecho (excluyendo los casos de maltrato), la psicología moderna considera que la influencia de los padres sobre sus hijos es sorprendentemente moderada. Digo *sorprendentemente* porque existe una enorme industria del asesoramiento en torno a cómo los padres deben y no deben educar a sus hijos. Sin embargo, tomando prestada una metáfora de la psicóloga del desarrollo Alison Gopnik, deberíamos pensar en la crianza de los hijos menos como un adiestramiento intensivo de un animal (aunque a veces pueda parecerlo) y más como un jardinero que cuida suavemente de sus plantas, «proporcionando un entorno próspero, estable y seguro que permite que florezcan muchos tipos diferentes de flores».[5]

Piensa en tus propios padres. ¿Intentaban controlar todo lo que hacías? ¿Hasta qué punto? ¿Cuánto invadían tu intimidad? ¿Parecían fríos emocionalmente? ¿Nunca te elogiaban? Si has respondido afirmativamente a estas preguntas, significa que tus padres eran controladores y fríos.[6] Haz memoria. ¿Te colmaban de afecto? ¿Te hablaban? ¿Te animaban pero ponían límites y a veces te impedían hacer lo que querías? Si es así, parece más bien un estilo autoritario, que suele considerarse más beneficioso para el niño.

Los estudios sugieren que los hijos de padres más autoritarios tienden a ser más capaces de regular sus propias emociones (probablemente superarían la prueba del malvavisco de Mischel), tienen más probabilidades de resaltar en sus estudios y suelen comportarse mejor en general; por ejemplo, es menos probable que se metan en líos en la escuela.[7] Desde el punto de vista de la personalidad, esto se traduce en un menor neuroticismo y una mayor conciencia y apertura. La historia es parecida si nos fijamos en las investigaciones en las que se pregunta a los adultos por sus recuerdos sobre cómo les educaron sus padres: las personas menos afortunadas que dicen que sus padres eran fríos y controladores tienden a tener de adultos puntuaciones más altas en neuroticismo y más bajas en conciencia.[8]

El estilo de crianza también es importante para el desarrollo de la determinación, un concepto que ha cobrado fuerza en los últimos años porque se afirma que es el secreto del éxito en la vida. La determinación es en realidad un subcomponente de la conciencia. Se asocia con la pasión y la perseverancia, es decir, con la determinación de centrarse en uno o varios objetivos concretos y tener la fuerza de voluntad y la dedicación necesarias para alcanzarlos. En su libro definitivo sobre el tema, *Grit* (2016), la psicóloga Angela Duckworth, de la Universidad de Pensilvania, sostiene que los padres que apoyan mucho a sus hijos, pero que también son exigentes y les empujan a conseguir logros (lo que ella denomina «crianza sabia»), tienen más probabilidades de que estos crezcan con agallas.[9]

Otro concepto fascinante para tener en cuenta al pensar en cómo tus padres pueden haber moldeado tu personalidad es que algunos de nosotros podemos ser mucho más sensibles a estas influencias, buenas y malas, que otros. En un artículo publicado en 2005, el pediatra W. Thomas Boyce y el psicólogo Bruce Ellis acuñaron el hermoso término «niños orquídea» para describir a los niños que son especialmente vulnerables a marchitarse cuando se les trata con dureza, pero que florecen magníficamente cuando se les trata con cuidado y atención.[10] Se refieren a los niños menos sensibles, cuyo desarrollo es mucho más inmune a su educación, buena o mala, como «niños diente de león».

Echa un vistazo a estas afirmaciones basadas en la Escala del Niño Altamente Sensible; con cuantas más estés de acuerdo, más probable es que seas una orquídea:[11]

Me resulta desagradable tener muchos temas en marcha a la vez.

Me encantan los sabores agradables.

Me doy cuenta cuando han cambiado pequeñas cosas en mi entorno.

No me gustan los ruidos fuertes.

> Cuando alguien me observa, me pongo nervioso. Esto hace que mi rendimiento sea peor de lo normal.

Si crees que podrías tener un temperamento de orquídea y tus padres se inclinaban por el estilo autoritario o algo peor, lo siento por ti, pero espero que también te motive pensar que, en el entorno adecuado, aún podrías prosperar y florecer. De adulto, puede que tengas más control sobre las situaciones y las culturas en las que te mueves, lo que te daría la oportunidad de alcanzar tu potencial.

Tus hermanos

Otra idea muy extendida es que la personalidad está influida por el orden de nacimiento en la familia. Kevin Leman, psicólogo y autor sobre el tema, escribió: «Lo único por lo que puedes apostar tu sueldo es que el primogénito y el segundo de cualquier familia van a ser diferentes».[12] El argumento habitual es que los primogénitos reciben la atención exclusiva, y algo nerviosa (porque es su primer hijo), de los padres, lo que les forma para ser concienzudos; en cambio, los nacidos más tarde son caricaturizados como más despreocupados y buscadores de atención.

Estas sugerencias son intuitivamente convincentes y están respaldadas por pruebas anecdóticas. Pensemos que los primogénitos están sobrerrepresentados entre los expresidentes estadounidenses: veinticuatro de los cuarenta y seis primeros presidentes, entre ellos George W. Bush, Jimmy Carter, Lyndon Johnson y Harry Truman. Más recientemente, Bill Clinton era primogénito y Barack Obama fue criado como tal (tenía hermanastros mayores con los que no convivía). Por otra parte, los líderes europeos Angela Merkel y Emmanuel Macron son primogénitos. Entre los astronautas, veintiuno de los veintitrés primeros que fueron enviados al espacio eran primogénitos.[13] En el mundo de los negocios ocurre algo parecido: Sheryl Sandberg, Marissa Mayer, Jeff Bezos, Elon Musk y Richard

Branson, por nombrar solo a algunos famosos directores ejecutivos, son primogénitos.

Sin embargo, la idea de una personalidad primogénita fue desterrada de forma convincente por dos estudios definitivos publicados en 2015. Estas investigaciones se elaboraron con más cuidado que ninguna otra anterior. La mayoría de las indagaciones previas se habían basado en la calificación de la personalidad de los hermanos, que no es la más fiable de las medidas. El alcance de los nuevos estudios también era enorme. Uno incluía datos sobre rasgos de personalidad y orden de nacimiento de más de veinte mil personas.[14] El otro contaba con casi cuatrocientos mil participantes.[15] En conjunto, los nuevos estudios concluyeron que las pruebas anecdóticas son engañosas y que el orden de nacimiento tiene una relación escasa o insignificante con la personalidad. «La conclusión es ineludible», escriben en un comentario los expertos estadounidenses en personalidad Rodica Damian y Brent Roberts: «El orden de nacimiento no es un factor importante para el desarrollo de la personalidad».[16]

Aunque el orden de nacimiento no es relevante para el desarrollo de la personalidad, el espaciamiento de los nacimientos sí podría serlo: la diferencia de edad entre un hermano y otro. En un reciente estudio británico se realizaron pruebas de personalidad repetidas durante cuarenta y dos años a más de cuatro mil personas nacidas en 1970, todas ellas con un hermano mayor[17], y se demostró que cuanto mayor era la diferencia de edad entre los hermanos, más probable era que el hermano o hermana menor tuviera una personalidad introvertida y emocionalmente inestable.

Los investigadores de la Universidad de Maastricht se plantearon por qué el espaciamiento de los nacimientos tiene este efecto, y sugieren que tener hermanos de edades más cercanas es beneficioso porque pueden jugar y competir juntos, y es más probable que reciban atención y enseñanzas conjuntas de sus padres (en consonancia con esto, otras investigaciones han descubierto que los niños en edad preescolar con más hermanos tienden a obtener mejores resultados en los cuestionarios de teoría de la mente, que miden la capacidad de pensar en las cosas desde la perspectiva de otras personas, una parte clave de tener una personalidad agradable). Los investigadores de Maastricht llegaron incluso a sugerir que los gobiernos podrían fomentar diferencias de edad más cortas entre hermanos, por ejemplo, mediante incentivos relacionados con el permiso parental, como forma de promover personalidades más adaptables en los niños. Sin embargo, dado que la idea popular de que el orden de nacimiento afecta a la personalidad ha sido desmentida recientemente por investigaciones rigurosas, es prudente tratar los nuevos hallazgos sobre el espaciamiento de los nacimientos con cautela hasta que se reúnan más pruebas.

¿Y qué pasa si no tienes hermanos? Existe un estereotipo negativo muy extendido sobre los hijos únicos: como reciben toda la atención de sus padres y no tienen que compartirla, se vuelven malcriados y egoístas. Por supuesto, se trata de una generalización, pero —y lo digo a regañadientes, como hijo único que soy— puede que haya algo de verdad en ello, al menos según una investigación realizada en China, un país que durante años aplicó la política del hijo único como forma de controlar la superpoblación. Un estudio que comparaba los rasgos de personalidad y las tendencias de comportamiento de las personas nacidas justo antes o después de la introducción de la política china del hijo único descubrió que los del último grupo, predominantemente hijos únicos, tendían a ser «menos confiados, menos dignos de confianza, más reacios al riesgo, menos competitivos, más pesimistas y menos concienzudos».[18]

En otro estudio, investigadores chinos escanearon el cerebro de voluntarios adultos, algunos de los cuales eran hijos únicos y otros tenían hermanos, y luego estos voluntarios completaron pruebas de personalidad y un reto de creatividad. Los hijos únicos obtuvieron puntuaciones significativamente más bajas en el rasgo de simpatía que los participantes con hermanos (se describían a sí mismos como menos amistosos, compasivos y altruistas), y esto parecía correlacionarse con el hecho de que tenían menos materia gris en la parte frontal del cerebro que se ocupa de pensar sobre uno mismo en relación con otras personas.

En el lado positivo, los niños que jugaban solos superaban a los demás en la tarea de creatividad, que, entre otras cosas, consistía en idear usos inusuales para una caja de cartón. Así que quizá todo el tiempo que se pasa jugando solo de niño no es bueno para desarrollar una personalidad cálida y sociable, pero ayuda a fomentar una mente más creativa (lo cual coincide con mi experiencia personal: solía pasarme horas ideando elaboradas tramas con mis juguetes).

Tus amigos

La psicología popular da mucha importancia a los poderosos efectos del tipo de crianza y el orden de nacimiento, pero son las primeras amistades las que probablemente influyeron más en tu personalidad. De hecho, si volvemos a analizar los estudios sobre gemelos y adopciones que han revelado la moderada influencia de la crianza en la personalidad, también han demostrado que, en términos de factores ambientales (es decir, influencias no genéticas), lo más importante son las experiencias únicas que tenemos cada uno, más que las que compartimos con nuestros hermanos.

Para comprobar la influencia de las amistades tempranas, investigadores de la Universidad Estatal de Michigan enviaron observadores a las aulas varias veces entre octubre y mayo.[19] Estos evaluaron dos clases de preescolares —una de tres años y otra de cuatro— en función de su temperamento y de los niños con los que jugaban. El fascinante hallazgo fue que los niños adquirían los rasgos de los amigos con los que jugaban más a menudo, sobre todo en cuanto a la cantidad de emociones positivas que solían mostrar y el grado de planificación y control de impulsos que mostraban (o dejaban de mostrar) en su forma de jugar y relacionarse con los demás. Por ejemplo, un niño que pasaba mucho tiempo jugando con un amigo feliz y que se portaba bien tenía más probabilidades de mostrar mayor felicidad y buen comportamiento cuando se le volvía a observar unos meses más tarde. En consonancia con la idea de que la personalidad es más plástica que la escayola, también se observó que la mayoría de los niños mostraban un nivel moderado de cambio en sus rasgos a lo largo del estudio. «La naturaleza dinámica del desarrollo de la personalidad es evidente ya entre los tres y los cinco años de edad», afirmaron los investigadores.

La importante impronta de nuestros iguales en nuestra personalidad continúa en la adolescencia. Uno de los estudios más amplios que se han realizado sobre intervenciones para ayudar a adolescentes en situación de riesgo que mostraban signos tempranos de comportamiento difícil y antisocial descubrió que, más importante que el comportamiento de los padres o los esfuerzos de los profesores por ayudar, era el tipo de amigos con los que se juntaban: mezclarse con compañeros agradables y meticulosos era clave para garantizar la eficacia de cualquier iniciativa organizada.[20] También en la edad adulta temprana hay estudios que demuestran que los veinteañeros tienden a adquirir los rasgos de sus amigos; por ejemplo, tener un amigo o amiga muy extravertida tenderá a aumentar tu propia extraversión.[21]

Piensa en tus propias amistades. ¿Tu mejor amigo era rebelde o trabajador? ¿Formabas parte de un grupo que admiraba el tomar riesgos, la experimentación y actuar en contra de las normas, o era un grupo de amigos ambiciosos y disciplinados? Por supuesto, hasta cierto punto, tu propia personalidad habrá influido en el tipo de semejantes con los que te acabaste juntando. Sin embargo, la amistad también tiene mucho que ver con la suerte y la conveniencia; un estudio psicológico clásico de los años cincuenta demostró que la proximidad desempeña un papel clave: es más probable que se acabe siendo amigo de los niños que vivían al lado que de los que viven a dos manzanas de distancia. Recordar esas primeras relaciones puede ayudarte a entender tu personalidad actual, pues es muy probable que algunas de las características de tus amigos se te hayan contagiado.

PRUEBAS Y TRIBULACIONES

Uno de los principales motivos por los que la naturaleza de la infancia no se corresponde perfectamente con la personalidad adulta es nada más y nada menos que la adolescencia, esa tumultuosa etapa de la vida en la que nos encontramos a nosotros mismos y en la que la personalidad suele experimentar grandes cambios.

Hay evidencia de que la personalidad retrocede durante un breve periodo en la adolescencia temprana (muchos padres seguramente darán fe de ello) en el sentido de que la mayoría de los adolescentes tienden a mostrar reducciones temporales en su autodisciplina, sociabilidad y tolerancia —lo que sugiere que hay algo de verdad en el cliché del adolescente malhumorado que prefiere escuchar música solo en una habitación desordenada que salir con sus amigos—. Además, en las chicas, pero no en los chicos, suele producirse un aumento inicial y temporal de la inestabilidad emocional. Los psicólogos aún no han podido determinar la razón de esta diferencia de género, aunque sugiere que la adolescencia temprana puede ser una etapa emocionalmente más complicada para ellas o que les resulta más difícil que a ellos obtener el apoyo que necesitan de sus padres o de otras relaciones.

Después, sea cual sea tu sexo, cuando te acercaste al final de la adolescencia y al principio de la edad adulta, tu personalidad probablemente empezó a madurar de nuevo: de media, las personas de esta edad suelen empezar a apaciguarse emocionalmente y a mostrar una mayor disciplina y autocontrol. E incluso una vez alcanzada la edad adulta, es probable que la personalidad haya seguido madurando. Para investigar estos cambios a lo largo de la vida, los psicólogos han comparado los perfiles medios de personas en distintas etapas de la vida. Una impresionante investigación reciente comparó la personalidad de más de un millón de voluntarios de diez a sesenta y cinco años.[22] También han realizado muchos estudios en los que han medido repetidamente la personalidad de las mismas personas a lo largo de muchos años o incluso décadas.

Sea cual sea el enfoque que adopten, los investigadores suelen llegar a la misma conclusión: a medida que las personas envejecen, tienden a volverse menos ansiosas y temperamentales, más amistosas y empáticas, pero también menos extravertidas, sociables y abiertas de mente. Mientras tanto, la autodisciplina y la capacidad de organización tienden a aumentar durante la primera mitad de la vida adulta, alcanzando su punto álgido en la mediana edad y luego volviendo a disminuir, posiblemente en parte debido a lo que se ha llamado el efecto *dolce vita*: la disminución de las responsabilidades y preocupaciones en la edad madura.

En la jerga de la ciencia de la personalidad, a medida que se envejece, se puede esperar un aumento de la estabilidad emocional y la simpatía, pero un descenso de la extraversión y la tolerancia (el grado de conciencia suele aumentar primero y descender después). Merece la pena tener en cuenta estos patrones típicos en relación con el desarrollo de tu propia personalidad. Echa un vistazo a tus puntuaciones de personalidad del capítulo 1 y piensa de nuevo en los rasgos que te gustaría cambiar.

Si eres una mujer joven a la que le gustaría ser más estable emocionalmente y más concienzuda, por ejemplo, la buena noticia es que probablemente descubrirás que así es como cambiarás de forma natural a medida que madures hacia la mediana edad (es decir, sin tomar medidas conscientes para alterar tus rasgos). Si haces esfuerzos deliberados por cambiarte a ti misma —por ejemplo, siguiendo los consejos que se dan más adelante en este libro—, entonces estarás trabajando innecesariamente, por así decirlo. Por el contrario, si eres una persona mayor y te enorgulleces de tu amplitud de miras, puede resultarte útil saber que la tendencia típica es que este rasgo disminuya según avances en la etapa de la vida en la que te encuentras.

Estos son los cambios de rasgos generales que se pueden esperar a lo largo de la vida. Pero ¿qué ocurre con el impacto en la personalidad de experiencias más específicas, como el divorcio, el matrimonio, el desempleo y el duelo?

Pocos acontecimientos en la vida son tan turbulentos como el divorcio. Después de años pensando en un «nosotros», el divorcio obliga a un cambio brusco de la identidad propia. Se dice que Elizabeth Barrett Browning le dijo a su marido, Robert Browning: «Te quiero no solo por lo que eres, sino por lo que soy cuando estoy contigo». No es de extrañar que los psicólogos hayan descubierto que el divorcio es uno de los principales acontecimientos vitales que pueden dejar huella en la personalidad. Tomemos como ejemplo lo que les ocurrió a la exchica Bond y supermodelo Monica Bellucci y a su marido, el actor francés Vincent Cassel. Eran una auténtica superpareja, la versión europea de Brad Pitt y Angelina Jolie. Pero tras dieciocho años juntos, catorce de ellos como marido y mujer, dos hijos y apariciones conjuntas en al menos ocho películas, anunciaron su ruptura en 2013.

Las consecuencias afectaron a Bellucci y Cassel como a cualquier otra pareja menos famosa. Bellucci dice que la separación la obligó a volverse «más estructurada, más centrada»; en términos de personalidad, más concienzuda y menos neurótica. «Antes era solo emoción», dijo en una entrevista de 2017.[23] «Esta es una nueva parte de mí que estoy descubriendo ahora a mis cincuenta años». Mientras tanto, Cassel se mudó de París, donde había vivido con Bellucci, a Río de Janeiro. «Más tarde en la vida, un hombre tiene la posibilidad de reinventarse una y otra vez», dijo.[24]

Las investigaciones sobre los efectos del divorcio en la personalidad han arrojado resultados dispares. Un estudio estadounidense analizó dos veces la personalidad de más de dos mil hombres y mujeres estadounidenses durante un periodo de entre seis y nueve años.[25] Entre las mujeres, las que se habían divorciado en ese tiempo tendían a mostrar signos de mayor extraversión y apertura a la experiencia, quizá porque les resultaba una experiencia liberadora (aunque esto no coincide del todo con la descripción que hace Bellucci de su cambio de personalidad tras el divorcio, también consta que dijo que «se sentía muy viva» y «con mucha energía» después de la separación).[26] En cambio, los hombres de este estudio que se divorciaron mostraron cambios de personalidad que sugerían que se habían vuelto más inestables emocionalmente y menos concienzudos, como si la relación les hubiera dado un apoyo y una estructura que ahora echaban mucho de menos.

Otras investigaciones han descubierto patrones diferentes. Por ejemplo, un estudio alemán de quinientos hombres y mujeres descubrió que, para ambos sexos, el divorcio tendía a provocar una reducción de la extraversión, quizá porque cuando los matrimonios se rompen, algunas personas tienden a perder los amigos que habían hecho como pareja. Otro estudio, en el que participaron más de catorce mil alemanes, descubrió que el divorcio aumentaba la predisposición de los hombres a la experiencia, lo que parecería estar en línea con la mudanza de Vincent Cassel a Brasil y su creencia en la posibilidad de reinventarse.[27]

La investigación sobre el divorcio muestra cómo podemos utilizar la ciencia del cambio de personalidad para anticipar el impacto de los grandes acontecimientos de la vida. El estudio alemán que reveló que los hombres y las mujeres tienden a ser más introvertidos después del divorcio es un caso ilustrativo. Si alguna vez tienes la desgracia de divorciarte (o de romper otra relación importante), o incluso si estás pasando por esa experiencia ahora, te vendrá bien saber que uno de los posibles resultados es que te volverás más introvertido justo en el momento de tu vida en el que en realidad te vendría bien ser más extravertido.

De hecho, otras investigaciones muestran cómo sentirse solo, ya sea por divorcio o por cualquier otro motivo, puede tener este efecto contraproducente en la personalidad. Otro estudio realizado en Alemania, esta vez con más de doce mil mujeres y hombres, descubrió que quienes se describían como solitarios al principio tendían a mostrar una menor extraversión y simpatía al final del estudio en comparación con el principio.[28]

Esto no es demasiado sorprendente, ya que otras investigaciones sobre los efectos psicológicos de la soledad muestran que tiende a hacernos muy sensibles a los desaires sociales y al rechazo. Probablemente se trate de una secuela evolutiva; un cierto grado de paranoia habría dado cierta ventaja a nuestros antepasados, que se encontraban solos en un mundo peligroso. Pero el desafortunado efecto secundario es que las personas solitarias detectan más rápidamente las señales de rechazo, como que les den la espalda o las caras de enfado, y sus cerebros están muy sintonizados con palabras sociales negativas como *solo* y *solitario*.[29]

Otra experiencia vital importante que, según los estudios, puede tener un impacto aún mayor en la personalidad es perder el trabajo. Si eres como muchas otras personas para las que el trabajo es una parte importante de su identidad y estructura su vida y alguna vez experimentas la desgracia de perder tu trabajo (como ya sabrás si te ha ocurrido), te darás cuenta de que de repente todo el tiempo será tuyo, y ahora no tendrás respuesta a la inevitable pregunta «¿Y tú a qué te dedicas?», de la gente nueva que conozcas en fiestas. Todo esto podría provocar grandes cambios en tu forma de pensar, sentir y comportarte: las bases de los rasgos de tu personalidad.

Es probable que los efectos concretos sobre la personalidad varíen con el tiempo en función de la duración del desempleo. Un equipo de psicólogos dirigido por Christopher Boyce lo demostró estudiando a miles de alemanes que realizaron pruebas de personalidad con cuatro años de diferencia.[30] Durante ese tiempo, 210 de los voluntarios perdieron su trabajo y se quedaron en paro, mientras que otros 251 lo perdieron pero encontraron un nuevo empleo al cabo de un año.

Los resultados fueron diferentes para hombres y mujeres: los hombres recién desempleados mostraron un aumento inicial de sus niveles de simpatía, quizá porque se esforzaban por adaptarse y causar buena impresión a sus amigos y familiares. Sin embargo, permanecer en el paro durante años les pasó factura y acabaron siendo menos agradables que los hombres que trabajaban. Con el paso de los años, los desempleados también se volvieron menos concienzudos. Podemos imaginar que esto se manifiesta de varias formas, como ser menos ambiciosos, menos centrados, más perezosos y menos entusiastas, menos puntuales y estar menos orgullosos de su aspecto. En cambio, las mujeres que habían sido despedidas mostraron un descenso temprano de su simpatía y su conciencia cayó en picado, pero luego se recuperaron si permanecían desempleadas durante muchos años. Los investigadores creen que esto podría deberse a que las mujeres pueden encontrar nuevas formas de estructurar sus días y encontrar recompensa al trabajo duro que están relacionadas con los roles de género tradicionalmente femeninos.

Lo bueno es que los participantes del estudio que habían vuelto a trabajar antes de que este concluyera no mostraron diferencias de personalidad en comparación con los que habían seguido trabajando hasta el final, lo que sugiere que los que encontraron un nuevo empleo se habían recuperado de cualquier efecto adverso del desempleo.

Lo preocupante es que la desocupación crónica provocó cambios contraproducentes en la personalidad de los hombres, de forma similar a lo que ocurre cuando la soledad reduce el rasgo de extraversión. Sin embargo, la investigación reveló que cuanto más tiempo pasaban los hombres en paro, más descendían sus puntuaciones en estos rasgos; una espiral preocupantemente negativa.

Afortunadamente, las experiencias y las oportunidades de la vida también pueden cambiarnos de forma positiva (recordemos a mi rebelde compañero de clase, que prosperó cuando le nombraron capitán del internado). El actor nominado al Óscar Tom Hardy lo sabe mejor que nadie. Rebelde hasta la médula, su adicción a la bebida y las drogas, que comenzó en la adolescencia, alcanzó su clímax en 2003 cuando, a los veintiséis años, se despertó de una noche de borrachera en una alcantarilla del Soho londinense, cubierto de su propio vómito y sangre. Desde entonces ha pasado página y es uno de los actores más trabajadores y respetados de Hollywood. Para ello, atribuye el mérito a las oportunidades que se le presentaron gracias a su trabajo: «Actuar era algo que podía hacer y, como me di cuenta de que se me daba bien, quise invertir tiempo y esfuerzo. Ahora tengo la suerte de ganarme la vida con ello, me encanta y aprendo cada día».[31]

La experiencia de Hardy coincide con las investigaciones sobre los efectos positivos del trabajo y el empleo en la personalidad, que son opuestos a los efectos perjudiciales de la pérdida de empleo. Cuando los jóvenes empiezan su primer trabajo, su concienciación aumenta considerablemente en comparación con antes de comenzar.[32] La explicación psicológica es que los trabajos nos imponen exigencias que moldean nuestra forma de pensar, sentir y comportarnos, de modo que, con el tiempo, cambiamos para satisfacerlas. En la mayoría de los trabajos, esto se traduce en ser más ordenados, tener autodisciplina y control de los impulsos —las características que conforman el rasgo de la concienciación y que nos ayudan a entregar los proyectos a tiempo y a fomentar unas relaciones fluidas con compañeros y clientes—. Los estudios también demuestran que los ascensos pueden tener un efecto similar al de los primeros empleos: es de suponer que, a medida que aumentan las exigencias de un puesto, nos obligan a adaptarnos, lo que conduce a un mayor aumento de la concienciación y la apertura a la experiencia.[33]

Otro acontecimiento importante, normalmente feliz, que ocurre en la vida de muchos de nosotros es la convivencia y, para algunos, el matrimonio. En cuanto a la mudanza, un hallazgo constante entre las parejas heterosexuales es que los hombres tienden a ser más concienzudos después, tal vez en un intento de igualar las expectativas de orden y limpieza de sus parejas (las mujeres, por término medio, puntúan más alto en conciencia).[34]

¿Y los efectos del matrimonio? Cualquier soltero que haya estado alguna vez rodeado de una cena de parejas casadas podría preguntarse si el hecho de casarse modifica de algún modo la personalidad de las personas para que se sientan satisfechas consigo mismas (como en la escena de la película *El diario de Bridget Jones* en la que Bridget está rodeada de parejas condescendientes que fingen preocupación por su soltería). Los psicólogos no han respondido del todo a esta pregunta, pero otro estudio alemán en el que los investigadores analizaron los cambios de personalidad de casi quince mil personas a lo largo de un periodo de cuatro años evidenció que los voluntarios que se casaron durante el transcurso de la investigación mostraron reducciones en la extraversión y la apertura a la experiencia: una prueba concreta, quizá, de que el matrimonio hace a las personas al menos un poco más aburridas de lo que eran antes.[35]

También hay pruebas de que el matrimonio puede actuar como una especie de campo de entrenamiento para ciertas habilidades de la personalidad, sobre todo el autocontrol y la capacidad de perdonar, presumiblemente provocados por todas esas veces que tienes que morderte la lengua antes que arriesgarte a una discusión, o hacer la vista gorda cuando tu cónyuge te deja los platos sin fregar o flirtea con el vecino. Los psicólogos holandeses lo demostraron pidiendo a casi doscientas parejas de recién casados que rellenaran cuestionarios poco después de casarse y luego cada año durante los cuatro años siguientes.[36] Estos voluntarios casados mostraron mejoras significativas en ambos rasgos; de hecho, los aumentos que mostraron en autocontrol fueron similares a los observados en personas que participan en programas de entrenamiento diseñados específicamente para aumentar la autodisciplina.

Por supuesto, los efectos de la personalidad en el matrimonio dependerán en cierta medida del carácter y el comportamiento de tu cónyuge y de la trayectoria de la relación. Otro estudio realizado con cerca de quinientas madres holandesas de cuarenta y tantos años, en el que se midió su personalidad repetidamente a lo largo de seis años, descubrió que las que declaraban tener más experiencias cotidianas de amor y apoyo por parte de sus parejas (y/o sus hijos) también tendían a mostrar con el tiempo un aumento de su propia simpatía y apertura, así como una reducción de su neuroticismo.[37] Es otra muestra de cómo la personalidad evoluciona y se adapta en función de las circunstancias.

Por desgracia, también hay algunos acontecimientos felices en la vida que no necesariamente tendrán consecuencias positivas para tu personalidad. El momento más feliz que he vivido ocurrió un soleado día de abril de 2014: nacieron mis gemelos. Los dos monstruitos (una niña y un niño) me han aportado un orgullo y una felicidad incalculables, e intentar cuidarlos lo mejor que puedo ha redefinido el sentido de mi vida. Me ha dado un propósito y una dirección claros que antes no tenía. Pero desde aquel día de abril, también es justo decir que la vida ha sido una especie de torbellino. Es curioso recordar cómo era antes de tener hijos y preguntarse qué hacíamos mi mujer y yo con todo nuestro tiempo libre. Las constantes demandas sobre nuestra libertad, las preocupaciones y la carga de responsabilidades son todo un reto.

Quizá sean estos retos, y sobre todo el estrés de intentar estar a la altura de los ideales de ser una buena madre o un buen padre, los que expliquen en parte por qué las investigaciones han demostrado que la paternidad puede tener efectos adversos en la personalidad, sobre todo en relación con la autoestima (un aspecto del rasgo del neuroticismo). Por ejemplo, en un estudio reciente, más de ochenta y cinco mil madres noruegas rellenaron cuestionarios durante el embarazo y varias veces durante los tres años posteriores al parto.[38] Como era de esperar, la mayoría de ellas estaban animadas durante los seis primeros meses después del parto y su autoestima aumentó durante este tiempo. Pero durante los dos años y medio siguientes, su autoestima fue bajando cada vez más. La buena noticia es que esta situación no parecía ser permanente. Algunas de las madres participaron más de una vez en la encuesta y, cuando volvieron al estudio años después de un parto, sus niveles de autoestima solían volver a la normalidad.

Sin embargo, otras investigaciones en las que han participado miles de personas han revelado que la paternidad parece estar asociada a efectos adversos en la personalidad, como la disminución de la conciencia y la extraversión.[39] El efecto sobre la extraversión tiene un sentido obvio: es difícil ser divertido y sociable cuando apenas se ha dormido y se tiene un bebé constantemente a cuestas. Pero el efecto adverso sobre la conciencia es un enigma. Se podría pensar que la enorme responsabilidad de tener un hijo aumentaría la conciencia, al igual que ha ocurrido con el trabajo y los ascensos laborales.

Una explicación plausible es que con los niños las exigencias son demasiado abrumadoras y confusas.

Por último, ¿qué decir del inevitable y a menudo devastador impacto del duelo? En un relato de primera mano especialmente conmovedor publicado por *The Guardian*, Emma Dawson describe el dolor que experimentó tras la pérdida de su hermana menor, de tan solo treinta y dos años, como «trenes de carga gigantescos que se clavan en tu alma».[40] Documenta que «se siente como si alguien te hubiera succionado todo lo que tienes: tus entrañas, tu corazón, tu oxígeno, todo tu ser», y detalla el aislamiento (por evitar hablar con los amigos), la ansiedad (incluidos los pensamientos sobre su mortalidad), la culpa (por no haber sido capaz de proteger a su hermana) y la ira (desencadenada, por ejemplo, por la frustración ante su hijo de tres años por romper cosas que pertenecían a su difunta hermana).

Desde el punto de vista de los rasgos de personalidad, es sorprendente la escasez de investigaciones sistemáticas sobre los efectos del duelo. De los pocos estudios que se han realizado, algunos no han encontrado patrones estándar de cambio en los afligidos en comparación con los participantes de control, tal vez porque los efectos del duelo son simplemente tan variados y complejos que no se han descubierto efectos consistentes en la personalidad. Un estudio halló pruebas de un aumento del neuroticismo tras una pérdida, lo que reflejaría el aumento de la ansiedad y la ira que describió Emma Dawson.[41] Más recientemente, unos investigadores alemanes siguieron a un mismo grupo de personas durante décadas y descubrieron una serie de cambios de personalidad relacionados con la pérdida del cónyuge.[42] Por ejemplo, antes de la pérdida, las personas mostraban un aumento de la extraversión —supuestamente debido a todo el esfuerzo social que suponía cuidar de su pareja y relacionarse con los profesionales médicos—, seguido de una reducción de la extraversión después de la pérdida. Y como era de esperar, las personas mostraron un mayor neuroticismo hasta el momento de la pérdida, pero recuperaron gradualmente su estabilidad emocional en los años siguientes. Los resultados son otro claro ejemplo de la interacción dinámica entre personalidad y experiencia.

La vida no es completamente aleatoria

La dinámica entre los acontecimientos vitales y la personalidad no es unidireccional: aunque las experiencias dan forma a nuestros rasgos, estos también influyen en el tipo de vida que uno lleva. Recientemente, unos investigadores suizos evaluaron la personalidad de cientos de participantes y luego los entrevistaron seis veces a lo largo de tres décadas.[43] Descubrieron que las personas con determinados perfiles de personalidad (especialmente las más inestables emocionalmente y las menos concienzudas) no solo eran más propensas a desarrollar depresión y ansiedad a lo largo del estudio, sino que también era más probable que sufrieran rupturas sentimentales y perdieran su empleo: experiencias perturbadoras que, como hemos visto, pueden retroalimentarse y moldear la personalidad.

De todos los tipos de personalidad, las personas muy agradables o simpáticas parecen ser las más hábiles a la hora de moldear sus propias experiencias. Esto explica por qué parecen estar siempre de buen humor. Los investigadores lo confirmaron recientemente en el laboratorio de psicología midiendo el tiempo que los participantes dedicaban a mirar una serie de imágenes positivas o negativas (como la de un bebé adorable o una fotografía de calaveras) y pidiéndoles que eligieran entre una serie de actividades agradables o menos agradables, como escuchar una conferencia sobre repostería o la disección de un cuerpo, o ver una película de terror o una comedia.[44] En comparación con los demás, los que obtuvieron puntuaciones más altas en simpatía mostraron un patrón consistente en preferir exponerse a situaciones y experiencias positivas.

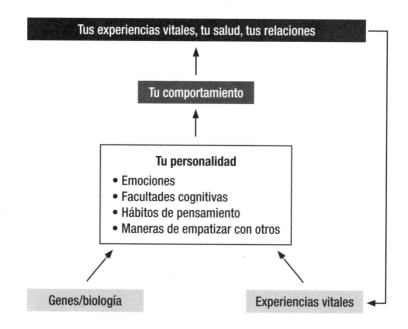

La personalidad moldea y es moldeada por la vida. Si decides modificar tu comportamiento, tus hábitos y tus rutinas, podrás cambiar tus rasgos e influir en el tipo de vida que llevarás.

Así pues, los rasgos de tu personalidad influyen claramente en el tipo de experiencias que vives. También afectan a cómo reaccionas ante dichas experiencias. Pensemos en el matrimonio. Décadas de investigación han demostrado que, aunque casarse suele conllevar un aumento temporal de la felicidad, pronto se retoma el punto de partida a medida que los recién casados se adaptan a su nuevo estilo de vida. Aunque otro estudio reciente ha descubierto que esto no es así para todo el mundo. A menudo hablamos de que algunas personas «están hechas» para ser marido o mujer (mientras que otras parecen más adecuadas para una vida de soltería). En consonancia con este punto de vista, un estudio publicado en 2016 descubrió que, para algunos individuos, el matrimonio sí parece conducir a un aumento duradero de la felicidad: en concreto, las mujeres más concienzudas e introvertidas y los hombres más extravertidos mostraron aumentos prolongados en la satisfacción vital tras el matrimonio, presumiblemente porque el nuevo estilo de vida matrimonial se adaptaba a estos tipos de personalidad, aunque esto queda por comprobar en futuras investigaciones.[45]

Espero haberte dado en este capítulo una idea vívida de cómo tu personalidad se está formando de manera constante por tus experiencias, y estas, a la vez, por tu personalidad. En el próximo capítulo me centraré en una experiencia demasiado común en la vida que es especialmente poderosa en este sentido: las lesiones cerebrales y las enfermedades mentales y físicas. Las lesiones y las enfermedades pueden provocar cambios de carácter especialmente drásticos y permanentes, por lo que es importante considerar sus efectos en detalle.

Pero, antes de seguir adelante, tómate unos minutos para reflexionar una vez más con una visión de conjunto sobre la historia de tu vida y cómo te ha moldeado hasta ahora.

EJERCICIO: ¿CUÁL ES LA HISTORIA DE TU VIDA?

La dificultad de sacar enseñanzas de la investigación sobre cómo los acontecimientos vitales pueden cambiarnos radica en que ningún estudio puede captar por sí solo la complejidad de la vida real. Además de las grandes experiencias vitales, hay que tener en cuenta muchas influencias sutiles que se van acumulando. Y los grandes impactos no nos afectan de forma aislada, sino en el contexto de todo lo que nos ha precedido. El pasado es un prólogo. Los acontecimientos profundos pueden marcar los capítulos de tu vida, pero para comprender realmente las fuerzas que han dado forma a quién eres hoy, necesitas contemplar toda tu historia. «Si cada acontecimiento vital es una estrella», escribe la psicóloga Tasha Eurich en *Insight*, su exitoso libro sobre autoconocimiento, «la historia de nuestra vida es la constelación».[46]

He aquí un ejercicio de escritura que puedes realizar para reflexionar sobre la historia de tu vida.[47] La forma en que lo hagas revelará cosas fascinantes sobre tu personalidad y sobre cómo ha sido moldeada por lo que has vivido. Mientras que la prueba de personalidad del final del primer capítulo revelaba tu personalidad en una serie de puntuaciones de rasgos, reflexionar sobre tu vida y describir tu propia historia te da una idea de lo que Dan P. McAdams, profesor de psicología de la Northwestern University, llama «identidad narrativa».[48]

En primer lugar, piensa en tu vida y piensa en dos momentos importantes o «experiencias cumbre»; dos momentos malos (o experiencias negativas); dos puntos de inflexión (pueden ser decisiones, experiencias emotivas, como conocer a alguien, o acontecimientos que fueron como una encrucijada en la trayectoria de tu vida); dos primeros recuerdos clave; y, por último, dos recuerdos más significativos. La idea es que te tomes tu tiempo y escribas uno o dos párrafos sobre cada una de estas diez escenas de tu vida. Escribe quién, qué, dónde y cuándo tuvo lugar el acontecimiento, qué sentías y por qué elegiste ese episodio o escena.

Cuando hayas terminado, vuelve a leer tus relatos y comprueba si hay algún tema general: el deseo de encajar, por ejemplo; el esfuerzo constante por mejorar; un anhelo de forjar nuevas relaciones; la sensación de que lo bueno se convierte en malo (algo que se conoce como «secuencias de contaminación»); o quizá lo contrario, retos convertidos en oportunidades (también conocidas como «secuencias de redención»).

La complejidad y las contradicciones en tu narrativa son una buena señal porque revelan un relato sofisticado y honesto de tu vida; en resumen, un mayor conocimiento de ti mismo. Las contradicciones también pueden dar sentido a cosas que haces y que parecen, al menos superficialmente, contrarias a los rasgos de tu personalidad. Por ejemplo, si un tema clave en tu vida es ayudar a los demás, esto podría explicar por qué pasas mucho tiempo relacionándote con otras personas aunque seas introvertido. «Aceptar la complejidad, los matices y las contradicciones [de la historia de tu vida] te ayudará a apreciar tu realidad interior en todo su hermoso desorden», dice Eurich en *Insight*.

No es de extrañar que, en general, los estudios demuestren que las personas cuyos relatos están llenos de más secuencias de redención son más felices, mientras que las que tienen mayor número de secuencias de contaminación son más propensas a estar deprimidas (y a puntuar más alto en neuroticismo). Hay que tener en cuenta que los mismos tipos de sucesos pueden recordarse de formas opuestas. Por ejemplo, sufrir acoso en el colegio puede recordarse como un momento de desdicha y trauma (una secuencia de contaminación), pero también puede recordarse como algo que llevó a un aumento de la resiliencia personal y, en última instancia, al descubrimiento de amistades genuinas y más significativas (como una secuencia de redención).

La complejidad de tu relato, en cuanto a la cantidad de giros y perspectivas diferentes que presentas, es un indicador de tu apertura, y las menciones frecuentes a la creación de relaciones son un signo de una gran simpatía. La forma en que cuentas tu historia es tu identidad narrativa y es casi como otro aspecto de tu personalidad, superior a tus rasgos. Es importante recordar que la identidad narrativa, al igual que los rasgos de personalidad, tiende a ser estable a lo largo del tiempo, pero no es inamovible.

Si vuelves a repetir este ejercicio dentro de un año, puede que te des cuenta de que tu mente divaga por distintos acontecimientos clave de tu pasado. Y si vuelves a alguno de esos eventos, puede que escribas sobre ellos desde una perspectiva diferente. De hecho, si en esta ocasión tus relatos estaban llenos de historias oscuras y finales tristes, la próxima vez podrías proponerte deliberadamente replantear al menos parte de lo que has vivido, viendo los contratiempos como oportunidades de aprendizaje y las tribulaciones pasadas como una fuente de fortaleza. Este es precisamente el objetivo de lo que se conoce como *terapia narrativa*, porque la forma en que pensamos sobre nuestras historias pasadas puede influir en nuestro carácter actual y en el curso de los episodios venideros. Se ha demostrado que cuando las personas cuentan historias personales más positivas, su bienestar aumenta.[49] «La historia más importante que contamos», dice McAdams, es «la historia de nuestra vida».[50]

Diez pasos asumibles para cambiar tu personalidad

Para reducir el neuroticismo	Dedica unos minutos a escribir cómo una experiencia difícil de tu vida te ha cambiado para mejor. Se ha demostrado que centrarse en esas secuencias redentoras de la historia de tu vida aumenta la resiliencia.	Tómate el tiempo necesario para abrazar a tu pareja, a un amigo o a un colega. El contacto afectuoso es emocionalmente poderoso. De hecho, investigaciones recientes sugieren que una de las principales razones por las que las personas que tienen más relaciones sexuales son más felices es porque se abrazan más.
Para aumentar la extraversión	Considera la posibilidad de unirte algún taller o clase para fomentar tu capacidad de hablar en público. El asesor de oratoria John Bowe lo compara con Alcohólicos Anónimos para tímidos.	Planea esta semana preguntar a uno de tus colegas si quiere salir a tomar un café, mantener una charla telefónica informal o una videollamada. Las investigaciones sugieren que cuando los introvertidos actúan de forma más extravertida y sociable, disfrutan de la experiencia más de lo que creen.

Diez pasos asumibles para cambiar tu personalidad *(cont.)*

Para aumentar la conciencia	Comprométete a ir al gimnasio con un amigo. Es menos probable que incumplas tus planes si eso significa defraudar a otra persona. Además, es probable que disfrutes más del gimnasio si vas con alguien con quien te gusta pasar el tiempo. Por cierto, cualquier compromiso que hagas para cambiar tu comportamiento tiene más probabilidades de mantenerse si le pides a un amigo íntimo o a un pariente que firme el acuerdo por escrito. Hay algo en sentirse responsable ante otra persona que nos importa que aumenta nuestra determinación.	Pon las tentaciones, como el vino o las galletas, fuera de la vista en la cocina, y ten a mano opciones más sanas. Las investigaciones sobre la fuerza de voluntad sugieren que las personas que parecen más autodisciplinadas son en realidad mejores evitando la tentación en primer lugar.
Para aumentar la simpatía	La próxima vez que alguien te irrite, tómate un momento para pensar en cómo las circunstancias pueden haber afectado negativamente al comportamiento de esa persona. Somos muy buenos teniendo en cuenta la situación para juzgarnos a nosotros mismos, pero tendemos a ser mucho menos indulgentes con los demás.	Dedica unos minutos a escribir las características que admiras en las personas con las que vives y trabajas.
Para aumentar la apertura	Ve un documental sobre la naturaleza, como *Planeta Tierra* de la BBC. El asombro que experimentes aumentará tu humildad y apertura mental.	La próxima vez que vayas a un restaurante, prueba algo nuevo.

Capítulo 3

CAMBIO PATOLÓGICO

Cuando Alice Warrender recuperó el conocimiento la noche del 19 de febrero de 2011 en Fulham, Londres, no tenía ni idea de qué la había tirado de su bicicleta o si simplemente se había caído. Según la prensa, tuvo suerte de que hubiera sanitarios cerca atendiendo otro incidente.[1] Allí le hicieron un TAC que reveló que la joven de veintiocho años, propietaria de una empresa digital y amiga de la duquesa de Cambridge, tenía un coágulo de sangre en el cerebro. Al día siguiente, la operaron durante más de cinco horas para extraerlo.

La historia de Alice no es tan inusual. Cada año en el Reino Unido, cientos de miles de personas ingresan en el hospital con daños cerebrales, y en Estados Unidos la cifra anual se cuenta por millones. En el peor de los casos, las lesiones cerebrales pueden provocar la muerte o el coma, parálisis, pérdida del habla y la comprensión u otras discapacidades. La ardua rehabilitación de Alice durante los meses siguientes fue en gran medida un éxito, aunque sufrió muchas de las complicaciones que suelen asociarse incluso a las lesiones cerebrales leves, como dolores de cabeza, problemas de memoria y letargo extremo.

Otro efecto importante que Alice experimentó tras su accidente, que además es la razón por la que comparto su historia, fue que su personalidad había cambiado drásticamente, otro hecho común entre los supervivientes de lesiones cerebrales.[2] La idea de que una lesión cerebral provoque un cambio de personalidad no es demasiado sorprendente si tenemos en cuenta que, a nivel físico, nuestros rasgos se basan en parte en el funcionamiento de las redes neuronales de nuestro cerebro. Si una lesión o enfermedad altera el funcionamiento de estas redes o el delicado equilibrio entre ellas, es casi inevitable que se produzcan cambios en nuestros hábitos de pensamiento, nuestro comportamiento y nuestra forma de relacionarnos con los demás.

Las probabilidades de que tú mismo o alguien que conozcas sufra algún tipo de lesión o enfermedad que provoque un cambio de personalidad son muy elevadas, lo que significa que, junto a las adversidades de la vida de las que hablamos en el capítulo anterior, el cambio patológico es otra parte fundamental de la historia de lo que nos conforma.

En este capítulo comparto las historias de personas que han experimentado profundos cambios de personalidad tras una lesión cerebral, demencia o una enfermedad mental, y analizaré las últimas investigaciones sobre cómo y por qué sucede esto. Los relatos ofrecen otra sorprendente lección sobre la maleabilidad de la personalidad y la fragilidad del yo.

PHINEAS GAGE «YA NO ERA GAGE»

En cuanto a los efectos de las lesiones o daños cerebrales sobre la personalidad, durante gran parte de la historia médica y psicológica se ha hecho hincapié, comprensiblemente, en el lado negativo. De hecho, probablemente el caso neurológico más famoso, el de Phineas Gage, a menudo se ha presentado como el ejemplo clásico de estos disruptivos y dramáticos efectos.

Gage era un concienzudo trabajador ferroviario que, en 1848, sobrevivió a una explosión accidental en los ferròcarriles de Rutland y Burlington, en el centro de Vermont, que provocó que una barra de hierro de un metro y medio de longitud le atravesara la parte frontal del cerebro y saliera por el otro lado. Esa parte del cerebro es fundamental para muchas funciones especialmente relacionadas con la personalidad, como la toma de decisiones y el control de los impulsos. No es de extrañar, por tanto, que uno de los primeros médicos que atendió a Gage, John Harlow, escribiera que su «mente había cambiado radicalmente, de forma tan clara que sus amigos y conocidos decían que «ya no era Gage»». Concretamente, Harlow escribió que el Gage que antes era «equilibrado… sagaz e inteligente» ahora era «caprichoso… irreverente», «impaciente ante la restricción o el consejo» y «pertinazmente obstinado, caprichoso y vacilante».[3]

Los historiadores han revisado recientemente la historia de la recuperación de Gage: ahora creen que su recuperación fue mucho más completa de lo que se pensaba. No obstante, el cuadro de cambio inicial de personalidad que presentó Harlow coincide con el síndrome del lóbulo frontal, que suele observarse en individuos que sufren cualquier tipo de daño en dicha parte del cerebro. Aunque la personalidad no se ve afectada de manera uniforme, pueden surgir cuatro patrones distintos de cambio (dependiendo de los circuitos neuronales precisos que se hayan visto comprometidos):[4]

• Falta de control de las emociones (como irritabilidad e impaciencia) y alteraciones del comportamiento social, como agresividad, insensibilidad u otras conductas inapropiadas.

- Poco criterio y problemas de planificación.

- Una disminución de las emociones, apatía y comportamiento retraído.

- Preocupación excesiva y sensación de incapacidad para hacer frente a la situación.

Se trata de grupos superpuestos más que de categorías completamente diferenciadas. La mayoría de las personas con síndrome del lóbulo frontal comparten problemas en diversos grados con aspectos como la planificación, la falta de adecuación social, la angustia y la apatía. En términos de los principales rasgos de personalidad, esto se traduciría en un aumento del neuroticismo y una reducción de la conciencia y la amabilidad.

En la vida cotidiana, estos cambios pueden manifestarse de formas dramáticas, aunque paradójicamente mundanas. Por ejemplo, el hombre de mediana edad descrito por el neuropsicólogo Paul Broks, que un día decidió que su vida no iba a ninguna parte y empezó a hacer viajes espontáneos a la playa, a cometer pequeños hurtos, a comprarse una guitarra eléctrica Fender Stratocaster y, finalmente, a dejar a su mujer y su trabajo y trasladarse a un balneario para trabajar en un bar.[5] El caso tenía todo el aspecto de una crisis de mediana edad hasta que el hombre empezó a tener convulsiones y un escáner cerebral reveló un enorme tumor en los lóbulos frontales, un crecimiento que, como dice Broks, había estado «recalibrando su personalidad insidiosamente».

Las investigaciones sugieren que este tipo de cambios, en los que una persona empieza a actuar como si tuvieran un Pepito Grillo completamente distinto, son los que más angustian a familiares y amigos. Más que otros aspectos de la personalidad, la facultad moral se considera el núcleo del verdadero yo de una persona.[6]

Sorprendentemente, cada vez se reconoce más que las lesiones cerebrales también pueden provocar cambios beneficiosos en la personalidad. Esto es lo que experimentó Alice

Warrender, la mujer que presenté al principio del capítulo. Dijo al *Daily Mail*: «Creo que me he convertido en una persona más agradable […] Soy más paciente y más abiertamente sensible, tengo una calma que nunca había tenido antes».[7] En términos de rasgos, Alice había aumentado su simpatía y reducido su neuroticismo.[8]

Algunos elementos cambio de personalidad positivo tras un daño neurológico también son evidentes en la extraordinaria historia de Lotje Sodderland, protagonista y codirectora del documental de Netflix de 2016 *My Beautiful Broken Brain*. En 2011, a los treinta y cuatro años, Sodderland, productora de documentales, sufrió un derrame cerebral relacionado con una malformación congénita en el cerebro de la que no era consciente. Sodderland, que vivía sola, se despertó muy confusa, incapaz de hablar y con episodios de pérdida y recuperación del conocimiento. No recibió atención médica de urgencia hasta que se desmayó en el baño público de un hotel que tenía cerca.

Tras una operación cerebral y muchos años de dura rehabilitación, Sodderland ha recuperado muchas de sus funciones cognitivas básicas y puede llevar una vida feliz. Aunque afirma que su «esencia» no ha cambiado desde antes del ictus, su personalidad sí se ha visto claramente alterada en otros aspectos, y ha tenido que adaptarse a ser mucho más sensible emocionalmente. No obstante, ha experimentado un despertar estético (lo que sugiere, al mismo tiempo, un marcado aumento del neuroticismo y de la predisposición a la experiencia).

«Todas las facetas de la experiencia se intensifican», explica Sodderland al *Times*. «Los sonidos son mucho más fuertes, las imágenes son mucho más brillantes y las emociones son mucho, mucho más intensas, así que cuando estás feliz estás extasiada y cuando estás triste es devastador y no puedes manejarlo. Tienes estos altibajos como una tormenta inclemente».[9]

Suena desagradable, pero Sodderland ha encontrado formas de adaptarse y ahora vive lo que ella describe como una sencilla «vida monacal».[10] «Prefiero mi nueva vida con mi nuevo cerebro», declaró al *Times*. «Estoy agradecida por haberme visto obligada a reevaluar el valor de mi vida, pero también a simplificarla, a averiguar en qué puedo concentrar mi energía porque no puedo hacerlo todo».

Que un golpe en la cabeza o una hemorragia cerebral puedan provocar algún tipo de cambio beneficioso en la personalidad parece descabellado, como sacado de una película de Hollywood (como en *Un mar de líos*, la comedia romántica clásica de culto de los años ochenta, en la que el personaje de Goldie Hawn, una socialité malcriada, se vuelve cariñosa y compasiva tras golpearse la cabeza en un accidente de yate). Sin embargo, psicólogos de la Universidad de Iowa han realizado recientemente la primera investigación sistemática sobre los efectos positivos de la personalidad tras una lesión cerebral.[11] Descubrieron que de noventa y siete pacientes previamente sanos que habían sufrido una lesión neural, veintidós experimentaron cambios positivos en su personalidad.[12] Por ejemplo, una mujer de setenta años, conocida como la paciente 3534, que sufrió lesiones cerebrales frontales durante la extirpación de un tumor, fue descrita por su marido, de cincuenta y ocho años de edad, como una mujer «adusta, irritable y gruñona», pero que después de las lesiones tenía una personalidad «más alegre, extravertida y habladora». Otro paciente, un hombre de treinta años, sufrió lesiones cerebrales como consecuencia de una intervención quirúrgica para corregir un aneurisma y pasó de tener mal genio y estar «malhumorado» a ser bromista, «despreocupado y de trato afable».

¿Por qué la mayoría de las personas experimentan cambios adversos en su personalidad tras una lesión cerebral, pero una minoría significativa parece disfrutar de algunos efectos positivos? No hay una respuesta sencilla, pero es probable que esté relacionada con el patrón preciso del daño y cómo este interactúa con los rasgos de personalidad previos a la lesión.

Los rasgos típicos del síndrome del lóbulo frontal causado por una lesión cerebral que he descrito antes, como la apatía y la desinhibición, podrían tener un efecto calmante y socializador beneficioso para algunas personas con una personalidad anteriormente muy nerviosa y retraída.

Los resultados también sugieren que el cambio positivo es más probable cuando el daño afecta a la parte más frontal del cerebro que participa en la toma de decisiones y en la adopción de las perspectivas de los demás. La implicación es que el daño cerebral puede conducir a una reconexión en esta región con efectos beneficiosos sobre la función psicológica —que por cierto, se trata de la misma parte del cerebro a la que a veces se dirige deliberadamente la neurocirugía para tratar depresiones muy graves o trastornos obsesivo-compulsivos—.

Las historias de estos pacientes nos recuerdan una lección más profunda: que la personalidad tiene una base fisiológica, por lo que no es un mero concepto abstracto, sino que surge en gran parte del entramado de nuestro cerebro. Además, esa base física se parece mucho más al plástico que a la arcilla cocida. Por lo general, esos cambios son sutiles, pero incluso los más nimios pueden acumularse con el tiempo, y resulta alentador pensar que, cuando se desarrollan hábitos nuevos y constructivos, se puede empezar a moldear a propósito las redes neuronales que subyacen al tipo de persona que uno es. Al contrario, en el caso de los supervivientes de lesiones cerebrales, el cambio puede ser aleatorio, repentino y dramático. La suerte está echada y, aunque los efectos sobre la personalidad suelen ser perjudiciales, los cambios son bienvenidos para unos pocos afortunados.

«DEJÓ DE SER EL TIPO QUE CONOCÍAMOS»

El querido actor y cómico Robin Williams tenía una de las personalidades más fuertes y contradictorias del mundo del espectáculo. Sobre el escenario, en público, era el extravertido más exagerado y desenfrenado. No obstante, en una entrevista con James Lipton en 2001, admitió que en su tiempo libre era introvertido, callado y «ensimismado».[13] Pero incluso teniendo en cuenta esta extraordinaria oscilación en su carácter, las personas más cercanas a él empezaron a notar a partir de 2012 (un año después del tercer matrimonio de la estrella, con Susan Schneider, y dos años antes de su muerte por suicidio en 2014) que su personalidad estaba empezando a experimentar cambios.

Williams había luchado contra la depresión y los problemas con la bebida en el pasado, pero en 2012, tras cinco años sobrio y libre de medicación psiquiátrica, empezó a mostrar signos de ansiedad crónica. «Pasaba menos tiempo en la sala verde hablando con otros artistas. Le costaba más superar sus miedos», recuerda su viuda, Susan Schneider Williams.[14]

A partir de ahí, su ansiedad no hizo más que intensificarse. Durante un fin de semana de otoño del año siguiente, Susan describe cómo «su miedo y ansiedad se dispararon hasta un punto alarmante». Y añade: «Como llevaba muchos años al lado de mi marido, conocía sus reacciones habituales ante el miedo y la ansiedad. Lo que vendría después estaba muy fuera de lo normal para él».[15]

En la misma época, el cómico Rick Overton, amigo de Williams, empezaba a temer que algo anduviera mal. Ese año seguían actuando juntos en espectáculos de improvisación en Los Ángeles, y Overton recuerda cómo Williams cobraba vida en el escenario, pero por las noches, después, veía que a su amigo «se le apagaban los ojos». «No puedo imaginarme el pesar que tenía», dice Overton. «Ni siquiera puedo soñarlo».[16]

Los cambios en el personaje de Williams empeoraron aún más en 2014, el año de su muerte. En abril, en el plató de la que sería su última aparición en el cine, *Noche en el museo: el secreto del faraón*, sufrió un ataque de pánico en toda regla. Su maquilladora, Cheri Minns, recuerda que después le declaró: «Ya no sé cómo hacerlo. No sé cómo ser gracioso». Le dijo a su mujer que quería «reiniciar su cerebro».[17]

Al mes siguiente diagnosticaron a Williams la enfermedad de Parkinson, una dolencia neurológica progresiva que se manifiesta sobre todo en dificultades para moverse. Pero, según su esposa, él se mostraba escéptico de que esto pudiera explicar por completo todos los cambios que experimentaba, o justificar por qué «su cerebro estaba fuera de control».[18]

En agosto, Williams visitó a su hijo Zak y a su nuera. Según su biógrafo, Dave Itzkoff, «apareció como un adolescente manso que se da cuenta de que se le ha pasado el toque de queda», es decir, totalmente fuera de lugar. El que había sido un rimbombante *showman* se había convertido en una sombra de sí mismo. Y entonces, el 11 de agosto de 2014, se quitó la vida, «sumiendo al planeta en una nube de tristeza», en palabras de Itzkoff. «En ese momento ya no era Robin», recuerda Overton. «Dejó de ser el tipo que conocíamos. Esa parte se apagó».

No fue hasta la autopsia cuando se aclararon las razones del profundo cambio de personalidad de Williams. Padecía demencia difusa con cuerpos de Lewy (*difusa* significa que se había extendido por el cerebro), una forma relativamente rara de demencia que solo puede diagnosticarse de forma concluyente en la autopsia, basándose en la identificación de cúmulos de proteínas que interfieren en el funcionamiento de las células cerebrales. Hay indicios de que la enfermedad de Parkinson también está asociada a cambios en el carácter, especialmente a un elevado neuroticismo y una menor extraversión.[19] Con la demencia con cuerpos de Lewy, los cambios son mucho más drásticos y efectivamente corresponden con las trágicas descripciones de las personas cercanas a Williams en los años anteriores a su muerte.

Del mismo modo que los daños neurológicos provocados por traumatismos craneoencefálicos, hemorragias internas o tumores cerebrales pueden causar cambios de personalidad, la historia de Robin Williams ofrece una trágica demostración de cómo las enfermedades neurodegenerativas también pueden hacerlo. «Mi marido estaba atrapado en la retorcida arquitectura de sus neuronas, e hiciera lo que hiciera, no podía sacarlo», escribió Susan Schneider Williams en un artículo para la revista *Neurology* con el acertado título de «El terrorista dentro del cerebro de mi marido».[20]

Alrededor de millón y medio de personas padecen demencia con cuerpos de Lewy en Estados Unidos, por lo que es relativamente rara. Sin embargo, otra forma de demencia que también puede causar cambios de personalidad y es mucho más común es la enfermedad de Alzheimer, que afecta a casi seis millones de estadounidenses. Aunque se asocia de forma más evidente con problemas de memoria, los familiares y cuidadores de quienes padecen la enfermedad informan de que su llegada precipita marcados aumentos del neuroticismo y una reducción de la conciencia.[21] Obviamente, estos cambios son muy angustiosos, aunque algunos familiares y las propias personas con demencia encuentran consuelo en resquicios resilientes de la mente, como el gusto por el arte y la música, que no suelen verse afectados por la enfermedad.

Otras investigaciones han comparado a personas con Alzheimer con voluntarios sanos de edad y antecedentes similares.[22] Los investigadores han descubierto que las personas con Alzheimer suelen tener niveles mucho más altos de neuroticismo y niveles más bajos de apertura, amabilidad, conciencia y extraversión (con este tipo de comparación, es posible que al menos algunas de estas diferencias de grupo estuvieran presentes antes de la enfermedad; ciertamente, tanto una menor apertura como una menor conciencia están asociadas a un mayor riesgo de desarrollar demencia).

Es probable que los cambios de personalidad que se produzcan se deban, al menos en parte, al modo en que el Alzheimer provoca la pérdida de células en regiones del cerebro relacionadas con estos rasgos de personalidad. Por ejemplo, se ha demostrado que un menor volumen cerebral en el hipocampo, cerca de los oídos, y en el córtex prefrontal dorsolateral, cerca de la sien, se correlaciona con un mayor neuroticismo.[23] El Alzheimer provoca la muerte celular en estas mismas regiones.[24]

La cuestión de cuándo empieza exactamente el Alzheimer a alterar la personalidad se ha convertido en un tema muy conflictivo entre los expertos, porque algunos creen que estos cambios podrían servir para detectar la enfermedad en una fase temprana, lo que aumentaría las posibilidades de poner en marcha medidas para hacerle frente y prestar el apoyo necesario. Los escépticos se remiten a estudios que demuestran que los cambios de personalidad no empiezan hasta que la enfermedad se ha manifestado, pero los defensores de las pruebas de personalidad se remiten a otros estudios que demuestran que sí se dan cambios antes de que se diagnostique la demencia, sobre todo aumentos notables del neuroticismo.[25]

Sin dejarse intimidar por los escépticos, en 2016, Zahinoor Ismail, de la Universidad de Calgary, y sus colegas propusieron una lista de verificación de treinta y cuatro ítems que recogen diferentes signos de cambio de personalidad que, según dijo Ismail al *New York Times*, son un «síntoma oculto» de la enfermedad.[26] A continuación figuran algunos ejemplos del cuestionario, el cual lo rellena un médico o un pariente cercano del paciente. Cuanto mayor número de signos de cambio perduren seis meses o más, mayor es la probabilidad de que el paciente tenga lo que los creadores de esta lista denominan «deterioro conductual leve», que esencialmente es una forma de cambio patológico de la personalidad. He puesto entre paréntesis cómo se relacionan los dominios de la lista de comprobación con los principales rasgos de personalidad:

Cambios en el interés, la motivación y el ánimo (menor predisposición a la experiencia y extraversión, en términos de rasgos de personalidad).

¿Ha perdido la persona el interés por sus amigos, familia o por las tareas domésticas?

¿Le falta interés por temas que normalmente habrían despertado su curiosidad?

¿Se ha vuelto una persona menos espontánea y activa? Por ejemplo, ¿es menos probable que inicie o mantenga una conversación?

Cambios en el estado de ánimo o síntomas de ansiedad (aumento del neuroticismo)

¿El sujeto ha desarrollado tristeza o parece estar bajo de ánimo? ¿Tiene episodios de llanto?

¿Ha disminuido su capacidad para experimentar placer?

¿Se ha vuelto en una persona más ansiosa o preocupada por cosas que son rutinarias (por ejemplo, eventos, visitas, etc.)?

Cambios en la capacidad para retrasar la gratificación y controlar el comportamiento, los impulsos, el consumo y/o cambios en el comportamiento de búsqueda de recompensas (reducción de la conciencia)

¿Se ha vuelto la persona en alguien más impulsivo y parece actuar sin pensar?

¿Muestra una nueva imprudencia o falta de juicio al conducir (por ejemplo, exceso de velocidad, virajes erráticos, cambios bruscos de carril, etc.)?

¿Ha desarrollado recientemente problemas para regular el consumo de tabaco, alcohol o drogas, el juego o ha empezado a robar en tiendas?

Nuevos problemas para seguir las normas sociales y tener buenas maneras en público, tacto y empatía (disminución de la conciencia y de la amabilidad)

¿Es ahora la persona menos preocupada por cómo sus palabras o acciones afectan a los demás?

¿Se ha vuelto insensible a los sentimientos de los demás?

¿Parece que el sujeto carece del juicio social que tenía antes sobre qué decir o cómo comportarse en público o en privado?

Otras formas de demencia están asociadas a sus propios cambios de personalidad. Por ejemplo, la demencia frontotemporal, causada por la pérdida de células cerebrales en la parte frontal del cerebro y en los lóbulos temporales, tiende a provocar un comportamiento impulsivo y socialmente inapropiado, en cierta medida reflejo de los efectos del daño cerebral frontal. En cambio, la demencia con cuerpos de Lewy (la enfermedad que sufrió Robin Williams) se asocia a un «aumento de la pasividad»:[27]

Pérdida de la capacidad de respuesta emocional

Pérdida de interés por las aficiones

Aumento de la apatía

Hiperactividad sin propósito (ser muy activo, pero no de forma dirigida hacia ningún objetivo)

Si lees las listas de comprobación anteriores y la de la página 84 y te preocupa haber experimentado algunos de estos cambios o que alguien cercano a ti lo haya hecho, se prudente y consulta a un médico, que no cunda el pánico. Como ya he mencionado, el enfoque de los cambios de personalidad para detectar formas de demencia sigue siendo controvertido, no solo por el debate sobre si dichos cambios realmente preceden a la demencia, en lugar de ser una consecuencia de ella, sino también porque algunos expertos temen que estas listas puedan conducir a un sobrediagnóstico erróneo y a una ansiedad indebida.

Al fin y al cabo, como he descrito en el capítulo anterior, pueden producirse cambios similares por otras razones más mundanas, como perder el trabajo o divorciarse. Así que, aunque en teoría buscar cambios en la personalidad como forma de detectar precozmente el Alzheimer o la demencia con cuerpos de Lewy puede parecer una buena idea, en la práctica resulta problemático.

«CLARAMENTE NO ERA ELLA»

En un inicio famosa por sus coloridos y llamativos bolsos, la empresaria y diseñadora estadounidense Kate Spade empleó su nombre y genio creativo para crear toda una marca de estilo de vida. Se decía que el estilo de sus productos, desde papelería hasta moda, reflejaba su propia personalidad: vibrante, divertida y dulce. Millones de mujeres, entre ellas Michelle Obama y Nicole Kidman, se sintieron atraídas por su aura alegre y retro. Sin embargo, sin que nadie lo supiera, excepto sus más allegados, Spade había pasado gran parte de su vida luchando contra demonios internos. El 5 de junio de 2018, a los cincuenta y cinco años, se sintió desbordada y se ahorcó en su apartamento de Manhattan.

En los días siguientes, su marido y socio, Andy Spade, emitió un comunicado público. «Está claro que no era ella», dijo al mundo, explicando que sufría depresión y ansiedad.[28] La talentosa diseñadora, que en una ocasión había explicado que los accesorios de moda debían «asumir la personalidad de quien los lleva, y no al revés», había sucumbido a la tragedia de que su propio carácter se viera ensombrecido por la depresión.

Historias como la de Kate Spade son trágicamente comunes. En 2016, más de diez millones de estadounidenses sufrieron al menos un episodio de depresión mayor[29] y casi cincuenta mil personas se quitaron la vida.[30] Cuando la gente escribe sobre sus experiencias de depresión y ansiedad, el efecto distorsionador que estas aflicciones tienen sobre la personalidad es un tema común.

La personalidad surge de los hábitos de pensamiento y de la forma de relacionarse con los demás, los mismos aspectos del yo que se ven afectados por la depresión clínica y la ansiedad, ya que absorben la energía y secuestran la mente, generando pensamientos negativos y temerosos y aversión a socializar. Por tanto, es casi inevitable que una de las principales consecuencias de las enfermedades mentales sea la reducción de la extraversión y el aumento del neuroticismo. En un artículo sobre su depresión para la revista *Vice*, el cómico australiano Patrick Marlborough lo explicaba sucintamente: «Cuando tu mente está aturdida y tu día es un ciclo de inacción y pensamientos desesperados, puede ser difícil reunir fuerzas para ir al concierto de un amigo, tomar un café o responder a un mensaje de texto».[31]

Estos relatos de primera mano están respaldados por extensos estudios que han medido los rasgos de las personas antes de que se deprimieran y, de nuevo, después de que desarrollaran la depresión, los cuales han confirmado que las personas con un alto grado de neuroticismo son más vulnerables a la ansiedad y la depresión, pero también que padecer estos problemas de salud mental aumenta el neuroticismo. Por ejemplo, un estudio holandés en el que participaron miles de voluntarios analizó la depresión clínica y la ansiedad y descubrió que ambas tenían el efecto de aumentar el neuroticismo, mientras que la depresión en particular también provocaba descensos en la extraversión y la conciencia.[32]

También existe un diagnóstico psiquiátrico conocido como *trastorno bipolar* que puede implicar no solo los bajones de la depresión, sino también fases maníacas de gran energía, excitación, distracción o irritabilidad. Para las personas con trastorno bipolar que alternan entre fases de depresión y manía, es como si hubieran sufrido un cambio radical de personalidad. En el caso de la manía, puede parecer que de repente se han convertido en personas extravertidas e hiperactivas —un profeta autoproclamado con niveles altísimos de rasgos de apertura, por ejemplo— o puede que empiecen a tener una mecha ridículamente corta, como una persona con escasa amabilidad.[33] «La manía trae consigo la idea de que eres una persona increíble, que puedes hacer cualquier cosa, alguien que merece estar con la gente», dijo una joven llamada Cat a *The Guardian* en 2017. «El lado malo de la manía es esa pérdida de control».[34]

Una personalidad muy neurótica aumenta el riesgo de padecer trastorno bipolar, al igual que ocurre con la depresión unipolar y la ansiedad. Sin embargo, en lo que respecta específicamente al trastorno bipolar, algunos expertos han argumentado, de forma controvertida, que existe un tipo de «personalidad hipomaníaca» más particular que predispone a las personas a desarrollar trastorno bipolar en algunos (o múltiples) momentos de su vida. He aquí algunos de los ítems de la escala desarrollada por Mark Eckblad y Loren Chapman en la década de 1980, que se utiliza para medir este tipo de personalidad:[35]

- A menudo me he sentido feliz e irritable al mismo tiempo.

- A menudo hay momentos en los que estoy tan inquieto que me resulta imposible quedarme quieto.

- Con frecuencia me pongo tan contento y enérgico que casi me da vértigo.

- En las reuniones sociales, suelo ser el alma de la fiesta.

- Me encantaría ser político y hacer campaña.

- La mayoría de mis mejores trabajos los realizo durante breves episodios de inspiración apabullante.

- A veces he sentido que nada puede ocurrirme hasta que haga aquello para lo que estoy predestinado en la vida.

Las personas con personalidad hipomaníaca tienden a estar de acuerdo con este tipo de afirmaciones. Los tres primeros ítems se refieren a la tendencia a tener un estado de ánimo hipomaníaco: estar muy nervioso y tener una energía desbordante. El cuarto y quinto punto se refieren a la grandilocuencia y a considerarse el alma de cualquier encuentro. Y los dos últimos se refieren a sentirse muy creativo.

Este cuestionario y la idea de que puede predecir el riesgo de desarrollar trastorno bipolar son discutibles porque algunos psicólogos creen que no solo mide un estilo de personalidad de toda la vida, sino que también podría estar detectando síntomas de manía. Dicen que no es una sorpresa que el cuestionario prediga el riesgo de desarrollar trastorno bipolar si en realidad es sensible a los síntomas actuales de la enfermedad.[36] Otra controversia, relacionada tanto con la depresión unipolar como con la bipolar, se refiere a si los efectos de estas enfermedades mentales sobre la personalidad desaparecen una vez que los síntomas han remitido o si son más duraderos. Esta idea es conocida como *hipótesis de la cicatriz*.

Los resultados hasta la fecha son dispares. Aunque la mayoría de los estudios han descubierto que los cambios de personalidad que se producen durante la enfermedad depresiva unipolar —incluidos el aumento del neuroticismo y la introversión— vuelven a los niveles previos a la enfermedad una vez que los voluntarios se han recuperado, otros pocos han descubierto indicios de cambios perjudiciales más duraderos.[37] Por ejemplo, un estudio que monitorizó durante cinco años a cientos de pacientes psiquiátricos en Finlandia descubrió que los episodios acumulados de depresión provocaban aumentos prolongados del neuroticismo, especialmente lo que los investigadores denominaron *evitación del sufrimiento* (explicaron que una persona «evasiva al sufrimiento» sería «pesimista, inhibida y fatigable»).[38] Otras investigaciones con personas que han padecido trastorno bipolar han descubierto que tienden a puntuar más alto en impulsividad, agresividad y hostilidad que las personas que han padecido depresión unipolar, y que tienden a puntuar más alto que las personas sin enfermedad mental en neuroticismo y apertura, pero más bajo en amabilidad, conciencia y extraversión; de nuevo, quizás indicativo de un efecto cicatrizante (aunque es posible que estas diferencias de personalidad también estuvieran presentes antes de la enfermedad).[39]

La idea de que la depresión deje cicatrices en la personalidad suena desagradable, pero los investigadores finlandeses afirmaron que estos efectos podrían ser positivos en este sentido evolutivo: si las circunstancias adversas provocaron la depresión en primer lugar, podría decirse que aumenta las posibilidades de supervivencia desarrollar un estilo de personalidad más atento y precavido. El problema, por supuesto, es que mientras que cambiar a un estilo de personalidad más atento y precavido puede haber sido ventajoso para nuestros antepasados en momentos de peligro, no es necesariamente tan útil en la vida moderna, especialmente en un mundo que tiende a recompensar el comportamiento osado y sociable. Lamentablemente, si el efecto cicatrizante de la depresión es una realidad —y recordemos que el jurado aún no se ha pronunciado—, implicaría que uno de los efectos de la enfermedad es atrapar a las personas en una espiral negativa, aumentando su riesgo de recaída (al aumentar su rasgo de neuroticismo, que incrementa aún más la vulnerabilidad a la enfermedad).

Desde un punto de vista más optimista, el tratamiento con antidepresivos, ansiolíticos y diversas formas de psicoterapia puede revertir al menos algunos de los efectos nocivos de las enfermedades mentales sobre la personalidad. En concreto, se ha demostrado que los fármacos antidepresivos que actúan sobre la serotonina (los llamados ISRS o inhibidores selectivos de la recaptación de serotonina) aumentan la extraversión y reducen el neuroticismo. En un estudio en el que se realizó un seguimiento de pacientes deprimidos durante un año, los

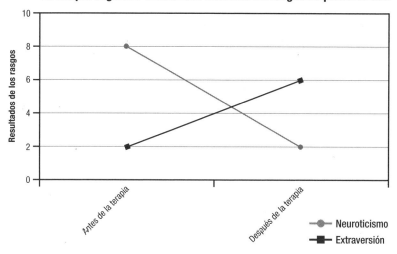

La terapia cognitivo-conductual modifica los rasgos de personalidad

Las investigaciones con pacientes que reciben terapia cognitivo-conductual han demostrado que la experiencia modifica sus rasgos de personalidad, especialmente el neuroticismo y la extraversión.

Fuente: datos de Sabine Tjon Pian Gi, Jos Egger, Maarten Kaarsemaker, y Reinier Kreutzkamp, «Does Symptom Reduction After Cognitive Behavioural Therapy of Anxiety Disordered Patients Predict Personality Change?» *Personality and Mental Health* 4, no. 4 (2010): 237–245.

que tomaron paroxetina mostraron un aumento de la extraversión 3,5 veces mayor y una reducción del neuroticismo 6,8 veces mayor que los que tomaron placebo.[40] Un análisis más profundo sugirió que al menos algunos de estos cambios en los rasgos se deben a que los fármacos alteran directamente la base biológica de la personalidad, en lugar de ser una mera consecuencia de la reducción de los síntomas de la depresión.

Lo mismo ocurre con la ansiedad. Por ejemplo, un estudio de pacientes con ansiedad que se sometieron a terapia cognitivo-conductual (TCC) —una forma de psicoterapia que se centra en los sesgos de la forma en que las personas piensan sobre sí mismas y sobre el mundo que las rodea— descubrió que mostraban una reducción del neuroticismo y un aumento de la extraversión (véase la figura de la página 91).[41] Esto no se debía totalmente a un alivio de los síntomas de ansiedad, sino que parecía ser un efecto directo de la terapia sobre la personalidad, probablemente debido al cambio de los hábitos de pensamiento y comportamiento de los pacientes.

El periodista y escritor británico Oliver Kamm describió estos efectos de la TCC basándose en su experiencia de trabajo con un psicólogo clínico para superar su propia depresión y ansiedad: «El tratamiento no era Freud, sino Sócrates», escribe, «un proceso de diálogo para poner a prueba y cambiar formas destructivas de pensar. El psicólogo me explicó que mi depresión era una enfermedad grave, pero que en el fondo no tenía ningún misterio: nacía de un error cognitivo. Para recuperarme y evitar una recaída, tenía que cuestionarme las creencias que habían provocado mi colapso mental y sustituirlas por otras mejores».[42]

Las enfermedades mentales pueden anular el carácter de una persona, transformando a una persona osada y extravertida en un ermitaño ansioso. Pero estos cambios son reversibles y, con el apoyo y el tratamiento adecuados, es posible —al menos en bastantes ocasiones— curar una personalidad dañada.

EL TRAUMA PUEDE QUEBRANTAR PERSONALIDADES,
PERO TAMBIÉN PROVOCAR CAMBIOS POSITIVOS

Como muchas otras madres que se enfrentan a la pérdida de inocencia de sus hijos, el día que Tara descubrió que su hija adolescente, Kate, tomaba píldoras anticonceptivas, se quedó estupefacta, incluso molesta. Pero a diferencia de la mayoría de las otras madres, el efecto de esta intensa emoción desencadenó en Tara un cambio radical de personalidad, de tal manera que de repente mudó hacia la identidad, rasgos e intereses rebeldes de una adolescente apodada «T».

Cuando Kate regresó a casa, encontró a T en su dormitorio, rebuscando en su armario en busca de ropa que estuviera de moda. Con el típico pavoneo adolescente, T invitó a Kate a ir de compras con ella, utilizando tarjetas de crédito que le había cogido a su identidad principal, Tara. Kate no se asustó tanto como cabría esperar: reconoció a T como uno de los *alter ego* de su madre, identidades alternativas a las que se cambiaba en momentos de estrés. De hecho, Kate incluso le dio un fuerte abrazo; al fin y al cabo, era la favorita de las distintas personalidades de su madre.

Esta escena aparece en la comedia dramática de Showtime *Los Estados Unidos de Tara*, que ha sido elogiada por la exactitud de su descripción de un trastorno psiquiátrico conocido como trastorno de identidad disociativo (TID), anteriormente denominado trastorno de personalidad múltiple, uno de los diagnósticos psiquiátricos más polémicos de la historia. Las personas con TID alternan entre distintas personalidades e identidades, a menudo muy variadas, o al menos lo aparentan, y a veces afirman que apenas recuerdan sus experiencias en los distintos papeles.

El personaje ficticio de Tara Gregson, interpretado por Toni Collette, y sus tres *alter ego* (además de T, sus otros heterónimos son Alice, el arquetipo de madre santurrona y sin vicios, y Buck, un varonil veterano de guerra que fuma y lleva gafas; a lo largo de la serie aparecen más personalidades), puede sonar descabellado para algunos. Sin embargo, hay muchos casos en la vida real igual de dramáticos.

El TID evoca recuerdos de *El extraño caso del Dr. Jekyll y el Sr. Hyde*, de Robert Louis Stevenson. De hecho, «Conozca al Dr. Jekyll…» es el título de un reciente estudio de caso publicado en la literatura médica que presenta a un psiquiatra jubilado también diagnosticado de TID: una de sus personalidades era Lewis, un chaval promiscuo de diecinueve años, y otro era Bob, un niño de cuatro años deprimido y en silla de ruedas.[43] Cuando el psiquiatra, al que el artículo se refería como Dr. S, tuvo relaciones extramatrimoniales, afirmó no recordarlas y culpó a Lewis, y cuando intentó suicidarse a los sesenta años, culpó a Bob.

Está claro que el TID es un trastorno extraordinario que desafía nuestra propia concepción del yo. Ante un fenómeno tan misterioso y dramático, no es de extrañar que los expertos no se pongan de acuerdo sobre cómo interpretar lo que ocurre. La opinión preponderante es que se trata de una especie de mecanismo de defensa contra un gran trauma, generalmente sufrido en la infancia, y especialmente cuando el niño no tiene una figura de apego seguro —un adulto que le quiera y le cuide—. La teoría es que el niño desarrolla una o más personalidades alternativas como forma de escapar de su trauma y afrontar mejor el mundo hostil en el que se encuentra, una estrategia para hacer frente a la situación que luego persiste en la edad adulta. Tal y como Melanie Goodwin (que padece TID y es directora de la organización benéfica First Person Plural) declaró a la revista *Mosaic*: «Si te encuentras en una situación totalmente insoportable, te disocias para seguir vivo. El trauma puede congelarte en el tiempo. Y como el trauma es continuo a lo largo de los años, se producen muchas pequeñas congelaciones de forma intermitente».[44]

En consonancia con este relato, la mayoría de los casos de TID suelen presentar una historia traumática. Por ejemplo, el psiquiatra con TID, el Dr. S, estuvo confinado en cama durante muchos meses cuando era niño, su hermano pequeño murió y su madre era fría y distante. Melanie Goodwin afirma que sufrió abusos de niña desde los tres años. Y uno de los casos más famosos de TID, el de Chris Costner Sizemore (que entre otras personalidades tenía a Eve White y Eve Black, cuya historia se convirtió en la película de 1957 *Las tres caras de Eva*), afirma que antes de cumplir los tres años fue testigo de cómo su madre sufría graves lesiones, vio cómo sacaban a un hombre ahogado de una zanja y vio cómo aserraban a otro por la mitad en un accidente en un aserradero. Para seguir estos patrones típicos, el personaje ficticio de Tara Gregson fue enriquecido con una historia de abusos y violaciones en la serie de televisión.

No obstante, algunos psicólogos clínicos, como los ya fallecidos Scott Lilienfeld y Steve Lynn, se muestran escépticos ante la posibilidad de que las personas con TID desarrollen realmente personalidades separadas. Señalan, por ejemplo, que pruebas realizadas de manera exhaustiva demuestran que las personas con TID no tienen realmente amnesia en las experiencias de sus diferentes personajes, sino que solo creen que la tienen. Estos escépticos no creen que los pacientes con TID estén fingiendo (al menos no conscientemente), sino que la enfermedad se explica mejor teniendo en cuenta los problemas de los pacientes para comprender sus propias emociones y su conciencia. A su vez, esto contribuye, junto con sus problemas de sueño y sus dificultades emocionales, a que luchen por formar una conciencia de sí mismos coherente. Según esta explicación sociocognitiva, algunas personas —especialmente aquellas influenciables, propensas a la fantasía, a extrañas experiencias perceptivas y a los cambios rápidos de emociones— dan sentido a su confuso mundo mental recurriendo a una narrativa de múltiples personalidades separadas, una narrativa que (al menos en algunos casos) está formada por la noción de personalidades diferenciadas que han encontrado en la ficción o en las ideas que les proponen sus terapeutas.

Para complicar aún más las cosas, tener una infancia traumática también puede dar lugar a un diagnóstico de personalidad estrechamente relacionado con este anterior, conocido como trastorno límite de la personalidad o trastorno de inestabilidad emocional de la personalidad. Al igual que ocurre con el TID, las personas con este tipo de personalidad también experimentan frecuentes cambios de humor, dificultades para relacionarse y problemas para crear una conciencia de sí mismos, pero no suelen creer que tienen personalidades separadas como tales (las personas con trastorno límite de la personalidad tienen un riesgo mucho mayor de lo normal de desarrollar también TID).

La buena noticia, coherente con la tesis central de este libro sobre la promesa y el potencial del cambio positivo de la personalidad, es que se han producido grandes avances en la forma de ayudar a las personas con este tipo de trastornos. En el caso del TID, el objetivo de los terapeutas es crear una relación de confianza con el paciente, ofrecerle apoyo en el procesamiento de sus traumas pasados, enseñarle técnicas para regular mejor sus emociones y, por último, ayudarle a reconciliar e integrar sus diferentes personalidades.[45] En lo que respecta al trastorno límite de la personalidad, durante muchos años existió la creencia pesimista de que no podía tratarse porque se creía que los problemas infundían la personalidad de la persona, y como se consideraba que la personalidad era invariable, también se consideraba que la afección era permanente.

Afortunadamente, hoy en día, mediante el uso de la terapia dialéctico-conductual (TDC) y enfoques similares, se reconoce ampliamente que es posible que las personas con una personalidad límite modifiquen sus hábitos mentales y emocionales (por ejemplo, aprendiendo a tolerar y gestionar mejor las emociones negativas), adquieran nuevas habilidades sociales y cambien gradualmente sus rasgos en una dirección más sana y feliz.

La TDC toma prestados principios budistas para enseñar a las personas con personalidad límite una perspectiva equilibrada, a aceptar aquellos aspectos de sí mismas que no pueden cambiar y a trabajar en el ajuste de las partes que sí pueden. Se lleva a cabo mediante sesiones individuales con un terapeuta y trabajo en grupo para desarrollar habilidades sociales y emocionales. Otro enfoque es la terapia basada en la mentalización, que ayuda a la persona a comprender mejor las razones de su propio comportamiento y el de los demás, con el fin de que pueda establecer relaciones más significativas y sanas. Por ejemplo, un terapeuta puede ayudar a su cliente a comprender mejor cómo su propio comportamiento puede afectar a las personas que le rodean y cómo puede responder adecuadamente a las emociones que muestran y sienten los demás.

Así pues, aunque los traumas pueden dañar la personalidad, con suficiente dedicación y apoyo, y mediante el aprendizaje de nuevas habilidades sociales, hábitos y técnicas emocionales, también es posible recuperar el control y lograr un cambio de personalidad duradero y ventajoso.

También es alentador saber que, al igual que las lesiones cerebrales pueden provocar cambios beneficiosos en la personalidad, las experiencias traumáticas de algunas personas pueden desencadenar cambios positivos en su carácter, un proceso que los psicólogos denominan *crecimiento postraumático*. La idea es que el trauma puede desencadenar una reevaluación de la propia vida, un cambio de prioridades y una nueva perspectiva. Los investigadores han documentado este tipo de cambio positivo postraumático en muchos grupos, desde pacientes con cáncer hasta supervivientes de catástrofes naturales.

Para medir el crecimiento postraumático, los psicólogos suelen utilizar una escala, desarrollada por primera vez por los expertos estadounidenses Richard Tedeschi y Lawrence Calhoun, que evalúa el cambio en cinco áreas:[46]

- Relación con los demás (¿Tienes una mayor sensación de cercanía con los demás? ¿O ahora te das cuenta de que hay personas maravillosas en las que puedes confiar?)

- Nuevas posibilidades (¿Has desarrollado nuevos intereses? ¿O reconocido nuevas oportunidades que antes no existían?)

- Fortaleza personal (¿Te sientes más fuerte? ¿Estás más capacitado para afrontar las dificultades que te plantea la vida?)

- Factor de cambio espiritual (¿Ha aumentado tu fe religiosa?)

- Apreciación de la vida (¿Valoras cada día más que antes?)

En cuanto a los principales rasgos de personalidad, el crecimiento postraumático puede manifestarse como un aumento de la apertura, la amabilidad y la conciencia, así como una disminución del neuroticismo, aunque hasta la fecha pocas investigaciones se han centrado en los cambios de rasgos *per se* en este contexto (una excepción importante fue un estudio que midió el cambio de personalidad entre los cónyuges afligidos de pacientes que habían fallecido de cáncer de pulmón: durante el proceso de duelo se volvieron más extravertidos, agradables y concienzudos a medida que se adaptaban a su pérdida).[47]

Es posible que yo también haya experimentado un pequeño crecimiento postraumático. En 2014, con el nacimiento previsto de mis gemelos a solo dos semanas, mi nuevo empleador, una *start-up* tecnológica de rápido crecimiento con sede en Nueva York, me comunicó que estaba despedido. No fue una catástrofe natural ni un accidente de coche, pero imagínate que pierdes tu trabajo dos semanas antes de que tus gemelos lleguen al mundo.

Me había incorporado al equipo un mes antes para dirigir el nuevo blog de la *start-up*, tentado por la oportunidad de cambio, un enorme aumento de sueldo y unas increíbles ventajas para los empleados como nunca antes había encontrado (mi favorita era la tarjeta Starbucks con cargo a la empresa). No la acepté a la ligera, pero mis allegados estaban de acuerdo conmigo en que era una oportunidad apasionante.

Fui contratado por el recién nombrado director de *marketing* para escribir artículos basados en la psicología que ofrecieran consejos e inspiración a los diseñadores, lo que sonaba muy bien para mí. Desgraciadamente, poco después de empezar, quedó claro que el fundador y director general tenía otras ideas (sin duda, esta confusión es bastante común en una empresa que cambia rápidamente y que, añado, ahora tiene un enorme éxito). Tuvieron la amabilidad de suavizar la noticia con un pago de despedida, pero cuando me notificaron el despido, tuve una horrible sensación de pánico creciente en el estómago. Decírselo a mi mujer fue un trauma en sí mismo.

Sin embargo, en los días y semanas siguientes sentí que mis prioridades cambiaban. Empecé a ver las ventajas de mi anterior puesto, menos emocionante pero mucho más estable, que finalmente conseguí recuperar en un par de meses (esa es otra historia). Es cierto que eché de menos la tarjeta de Starbucks, pero vi el valor de mi antiguo y estable trabajo, y experimenté un nuevo sentido del equilibrio entre mis ambiciones profesionales y mis crecientes responsabilidades familiares (de hecho, el despido significó que tuve un periodo extralargo de baja por paternidad). Todo lo ocurrido me sirvió como una cura de humildad, pero también, de alguna manera, me hizo más sabio y feliz.

El concepto de crecimiento postraumático confiere realidad científica al viejo dicho de que no hay mal que por bien no venga. Si estás pasando por un momento especialmente duro o si alguna vez lo pasas en el futuro, puedes encontrar consuelo en esta idea de que la experiencia puede acabar cambiándote a mejor. Como escribió recientemente en X el psicólogo Scott Barry Kaufman: «Las adversidades son una mierda, pero superarlas es impresionante. Cuanto más podemos superar, más resilientes nos volvemos».[48]

Algunos psicólogos se muestran escépticos ante la posibilidad de que el crecimiento postraumático sea un fenómeno real. Sugieren, por ejemplo, que podría tratarse simplemente de un caso en el que los supervivientes de un trauma ven el lado positivo de las cosas en lugar de cambiar realmente para mejor. Pero creo que hay bastante verdad en el concepto, especialmente si ya hemos conseguido aumentar nuestra resiliencia o estabilidad emocional. Por ejemplo, un metaanálisis reciente (un estudio que adopta una visión global combinando los resultados de investigaciones existentes) concluyó que el crecimiento postraumático es un fenómeno real para algunos niños y jóvenes con cáncer.[49] Otras investigaciones recientes también descubrieron que, de media, las personas que han experimentado adversidades tienden a ser más compasivas (un tipo de mayor amabilidad),[50] y las personas que han vivido más traumas tienen un control mental mayor que la media sobre sus pensamientos y recuerdos (un componente importante del rasgo de concienciación).

He compartido con vosotros ejemplos aterradores e inspiradores de los cambios de personalidad que pueden surgir a raíz de lesiones y enfermedades tanto mentales como físicas. Estas historias y los hallazgos de la investigación demuestran aún más la fragilidad y plasticidad de la personalidad: cómo el tipo de persona que uno es se basa en procesos biológicos que son susceptibles a accidentes, el estrés o patologías. El lado positivo es que a veces estos cambios pueden ser a mejor o, si no son deseados, pueden revertirse con el tratamiento, la ayuda y el apoyo adecuados. Si tú mismo o alguien que conoces se ve afectado por las afecciones planteadas en este capítulo, te animo encarecidamente a que busques ayuda profesional si aún no lo ha hecho. En definitiva, los casos de cambio patológico son otro ejemplo de que la personalidad es un trabajo en curso, un proceso continuo, no un resultado final.

Diez pasos asumibles para cambiar tu personalidad

Para reducir el neuroticismo	Escribe las emociones con las que estás luchando en un lado de un pequeño papel. En el otro, escribe lo que más valoras en la vida. Ahora reflexiona sobre cómo ambas cosas están vinculadas, y que si rompes el papel (para desterrar las dificultades emocionales), también perderás todo lo que más te importa. La lección, extraída de la terapia de aceptación y compromiso, es que una vida rica y llena de sentido no es necesariamente el camino más fácil o feliz.	Muchas apps te enseñan meditación de atención plena y técnicas similares; Headspace es una de ellas. Comprométete a meditar dos o tres veces por semana, y esto te ayudará a sentirte más relajado y a reducir tu neuroticismo.
Para aumentar la extraversión	Únete a un grupo que te ponga en contacto con otras personas, como una clase de improvisación, un coro o el equipo de fútbol local. Si la actividad supone un reto o se realiza en equipo, te ayudará a establecer vínculos con los demás. Incluso los más introvertidos suelen descubrir que disfrutan del contacto social más de lo que esperaban.	Hazte voluntario en una organización benéfica que te interese. Esto te acercará a otras personas que persiguen los valores que te importan. Un efecto colateral es que te habituarás a un mayor contacto social.

Diez pasos asumibles para cambiar tu personalidad *(cont.)*

Aumentar la conciencia	La próxima vez que necesites concentrarte, intenta ir a un lugar donde otras personas muestren la concentración que necesitas. Puede ser ir a trabajar a una biblioteca o a un espacio de coworking, o sentarte deliberadamente junto a tu colega más trabajador. Las investigaciones sugieren que estar al lado de alguien que está muy concentrado puede contagiar tu propio comportamiento.	Adopta medidas prácticas para que te resulte lo más fácil posible cumplir tus compromisos. Por ejemplo, si tu objetivo es asistir a una clase de gimnasia a primera hora de la mañana una vez a la semana, asegúrate de preparar la bolsa del gimnasio la noche anterior para que por la mañana solo tengas que salir por la puerta. En general, cuanto menos arduos sean tus objetivos, más fácil te resultará cumplirlos.
Para aumentar la simpatía	Envía a un amigo o familiar un mensaje de apoyo al menos una vez a la semana. Las investigaciones demuestran que recibir un mensaje de este tipo puede ayudar a las personas a afrontar tareas difíciles y reducir sus niveles de estrés.	Comprométete a tener un gesto amable con un desconocido al menos una vez a la semana. No solo beneficiará a los demás, sino que está demostrado que practicar la amabilidad con regularidad aumentará tu propio bienestar físico y mental.
Para aumentar la apertura	Intenta llevar un «registro de belleza» semanal durante unos meses. Al final de cada semana, escribe unas líneas sobre algo de la naturaleza que te haya parecido bello; haz lo mismo con algo hecho por el ser humano que te haya parecido bonito; y, por último, escribe unas líneas sobre el comportamiento humano (buenas acciones) que te haya conmovido.	Cuando te enfrentes a una decisión complicada, intenta describir tu situación desde la perspectiva de una tercera persona (por ejemplo, «Estaba cómodo y feliz en su trabajo actual, pero la nueva oportunidad era emocionante y suponía un reto mayor»). El uso de esta antigua técnica retórica, conocida como ileísmo, puede aumentar la apertura de tu mente y tu capacidad de ver las cosas desde la perspectiva de los demás.

Capítulo 4

DIETAS, SUBIDONES Y RESACAS

A los tres minutos y medio de empezar el discurso, las lágrimas empezaron a resbalar por sus mejillas. El hombre, al que algunos apodan «Sr. Spock» por su fría indiferencia, estaba llorando. Cuando hizo una pausa para serenarse, la sala enmudeció. A continuación, una salva de aplausos.

Fue en Chicago, cuando el presidente Barack Obama daba las gracias a su equipo de campaña al día siguiente de ganar la reelección en 2012.[1] «Cualquier cosa buena que hagamos en los próximos cuatro años», les dijo, «palidecerá en comparación con lo que vosotros acabaréis logrando durante años y años, y esa ha sido mi fuente de esperanza».

El vídeo se hizo viral y comentaristas de todo el mundo hablaron sobre esta abierta y sorprendente demostración de sentimientos del «Obama sin drama». Aunque hay muchos otros ejemplos en los que las emociones se apoderan del antiguo presidente. En 2015, por ejemplo, luchó contra las lágrimas cuando pronunció un panegírico por Beau Biden, el hijo del vicepresidente Joseph Biden Jr.[2] Y en 2016, internet volvió a alborotarse cuando las lágrimas de Obama fluyeron libremente durante su discurso sobre el control de armas. De hecho, en muchas ocasiones durante los años anteriores, Obama había luchado por contener sus emociones al hablar de este tema.

Son tantos los casos en los que Obama se emociona que, en retrospectiva, puede parecer extraño leer los titulares que sus muestras de emoción solían provocar, como el del *New York Times* en 2015, que publicó «Obama baja la guardia en inusuales muestras de emoción»,[3] o un artículo del *Washington Post* de 2016 que comenzaba con esta cruda introducción de una sola línea: «El presidente Obama lloró en público el martes», como si este suceso emocional por sí solo tuviera interés periodístico.[4]

En otro sentido, sin embargo, las reacciones del público y de los medios de comunicación a las emociones de Obama no son una sorpresa, pues conformar ideas preconcebidas contundentes y un tanto simplistas (o caricaturescas) sobre la personalidad de los demás es algo que hacemos con frecuencia. Tanto si pensamos en un presidente como en un amigo, casi siempre nos escandalizamos cuando las personas que creemos conocer se comportan de un modo que nos parece poco característico para ellos.

No cabe duda de que la personalidad de Obama se ha caracterizado —al menos la mayor parte del tiempo— por el aplomo y el control emocional. Como dijo Kenneth Walsh, expresidente de la Asociación de Corresponsales de la Casa Blanca, en 2009: «Obama es una persona equilibrada. No parece enfadarse, deprimirse o frustrarse mucho, ni perder el control de sus emociones».[5] Y en un análisis en profundidad para *The Atlantic*, James Fallows observó cómo «tanto si las cosas van muy bien como si van muy mal… [Obama] siempre presenta el mismo rostro imparcial».[6]

En términos de los cinco grandes rasgos de personalidad, Obama seguramente tendría una puntuación alta en introversión y aún más alta en estabilidad emocional (neuroticismo bajo). ¿Qué decir entonces de sus lágrimas desbordantes en múltiples ocasiones? ¿Cuál es el verdadero Obama? Pues ambos. Obama es humano y a veces la intensidad de la situación se sobrepone a nuestra personalidad.

¿QUÉ EXPLICA TU COMPORTAMIENTO: LA SITUACIÓN O TU PERSONALIDAD?

La aparente contradicción en el comportamiento de Obama resume perfectamente un debate que obsesionó a la psicología de la personalidad durante décadas a finales del siglo XX. En un extremo se situaban quienes afirmaban que la personalidad carece de sentido porque la situación es todopoderosa. Es probable que el ejemplo más tristemente conocido relacionado con la idea de que la situación determina el comportamiento sea el experimento de Philip Zimbardo en la prisión de Stanford, realizado en 1971, el cual se tuvo que cancelar después de que los voluntarios reclutados para hacer de guardias empezaran a maltratar a otros que actuaban como prisioneros, como si sus personalidades habituales hubieran sido absorbidas por el poder de la situación.

Más tarde, el argumento situacionista se matizó. El psicólogo Walter Mischel y sus colegas propusieron una explicación del comportamiento que hacía hincapié en la forma idiosincrásica en que el contexto social afecta a las personas. En un estudio sobre niños que participaban en un campamento de verano de seis semanas, demostraron que el comportamiento de los niños variaba mucho en función de con quién estuvieran, pero, sobre todo, que la forma en que esto se manifestaba era diferente según los campistas.[7] Por ejemplo, un niño se enfadaba mucho más que sus compañeros cuando un adulto le reñía y, sin embargo, ese mismo niño era superguay cuando sus amigos se burlaban de él. Su compañero, por el contrario, podría mostrar el patrón opuesto. La implicación era que sería engañoso etiquetar a un niño como agresivo o tranquilo, como si estos fueran rasgos fundamentales de su carácter.

A raíz de este tipo de estudios, algunos comentaristas llegaron a declarar que la noción de personalidad era un mito. Aunque como he argumentado al principio de este libro, no hay duda de que la personalidad —la constelación de nuestras tendencias habituales de pensamiento, sentimientos y comportamiento— es real y claramente muy importante, ya que predice todo tipo de resultados en la vida, desde los ingresos salariales hasta la longevidad. Hoy en día, pocos expertos respaldan la idea de que la personalidad sea un mito. El debate académico ha avanzado y se aproxima a un consenso que considera que tanto la personalidad como la situación son igual de importantes para explicar el comportamiento.[8]

Verás como la doble influencia de la situación y la personalidad se manifiesta entre tus amigos y familiares. A largo plazo, tu amigo extravertido lo será aun más y buscará más placer que tu primo introvertido, pero eso no significa que tu amigo charlatán sea extravertido y esté dispuesto a reírse cada momento del día.

Los psicólogos demostraron recientemente esta mezcla de coherencia y adaptabilidad en el comportamiento cuando grabaron en vídeo a cientos de estudiantes universitarios que participaban en tres tipos distintos de situaciones sociales, en un grupo con dos desconocidos, espaciadas una semana.[9] La primera fue una reunión no estructurada (se dijo a los estudiantes que podían «hablar de lo que quisieran»), mientras que la segunda y la tercera semana consistieron en tareas estructuradas —una cooperativa y otra competitiva— con un incentivo económico. Cada semana, los investigadores contaron en qué medida los estudiantes mostraban sesenta y ocho comportamientos diferentes, como risa, relajación, sonrisa, mostrarse locuaces e irritados.

En algunos aspectos, el comportamiento de los estudiantes varió mucho según la situación, tal y como cabía esperar. Por ejemplo, de media se dieron más información sobre sí mismos en la reunión informal. Sin embargo, también se observaron claras consistencias en el comportamiento: los estudiantes que se mostraron más reservados que los demás en una situación también se mostraron relativamente reservados en las otras. Los comportamientos más automáticos, como sonreír, fueron los que mostraron una mayor coherencia en los distintos contextos, lo cual tiene sentido, porque es más probable que la personalidad se manifieste en los comportamientos sobre los que tenemos menos control.

Estos hallazgos recientes dan sentido a la personalidad del presidente Obama. Sí, a veces se emociona, pero probablemente lo hace con menos frecuencia que muchos de nosotros, a lo largo del tiempo y en muchas situaciones diferentes. Esto se debe a su bajo nivel de neuroticismo y extraversión, aunque las situaciones también son importantes. Incluso si eres emocionalmente tranquilo e impasible como el presidente Obama, habrá ciertos contextos que te hagan comportarte fuera de lo normal, sobre todo situaciones intensas que anulen tu disposición habitual (como cuando das un discurso a tus partidarios más cercanos después de un tumultuoso y agotador periodo de campaña).

Por poner un ejemplo más extremo, si alguien te apunta a la cabeza con una pistola, no importa si tienes un neuroticismo alto o bajo: sentirás miedo, aunque si eres muy neurótico, probablemente sentirás un miedo más intenso y serás más vulnerable a desarrollar estrés postraumático. Afortunadamente, para muchos de nosotros, el tipo de situaciones fuertes que desafían la personalidad y que es probable que nos encontremos en la vida cotidiana no incluyen una pistola en la cabeza, sino un papel social o laboral claramente definido y exigente; por ejemplo, dar un discurso en una boda, visitar al médico para que nos dé los resultados de un análisis o tener una entrevista de trabajo.

Las personas que trabajan en el mundo del deporte o del espectáculo ofrecen ejemplos histriónicos. Ya he mencionado que la estrella del tenis Rafael Nadal es casi como dos personas diferentes: Superman en la pista y Clark Kent fuera de ella. Muchos boxeadores son parecidos, sobre todo porque se encierran durante meses para entrenar antes de un combate. Por ejemplo, el excampeón mundial de los pesos pesados, el neozelandés Joseph Parker, ha declarado que es una persona totalmente distinta en durante épocas de entrenamiento, momentos en los que lleva un estilo de vida riguroso y una dieta estricta (indicativo de una conciencia extrema), y que cuando no se está preparando, disfruta comiendo tarta y tocando la guitarra (un cambio hacia una conciencia menor, una mayor extraversión y apertura).

Algunos deportistas hablan de cambios de personalidad más repentinos que se desencadenan en cuanto entran en el campo. Pensemos en el legendario jugador de críquet australiano Dennis Lillee, famoso por sus agresivos lanzamientos rápidos. Extravertido y simpático fuera del campo, era hostil e intimidatorio en él. «En cuanto cruzaba la línea del campo, mi personalidad cambiaba», declaró al *Telegraph*. «Para mí era una batalla. Australia contra Inglaterra era una guerra. Quieres intentar aplastarlos contra el suelo».[10] Otro excampeón de boxeo de los pesos pesados, el estadounidense Deontay Wilder, ha descrito su propio cambio repentino de personalidad así: «Cuando estoy en una pelea de verdad se produce una transformación. Ya no soy Deontay. A veces me asusto a mí mismo cuando estoy así. Da miedo».[11]

En algunas ocasiones se produce una fuga de personalidad entre personajes: el actor Benedict Cumberbatch ha descrito cómo interpretar a Sherlock Holmes le llevó a ser más brusco e impaciente en sus relaciones personales mucho después del rodaje (un cambio hacia una menor simpatía).[12]

No solo las estrellas del deporte, los cantantes y los actores muestran diferencias de personalidad. Por ejemplo, Brian Little, profesor de personalidad, ha descrito cómo se transforma temporalmente en una persona extravertida cuando está dando conferencias. O, por poner un ejemplo completamente distinto del mundo de la empresa y el activismo, fijémonos en Florence Ozor, una de las líderes del movimiento Bring Back Our Girls (movimiento social creado para dar visibilidad a la difícil situación de las escolares secuestradas por Boko Haram en 2014) y fundadora de su propia Fundación Florence Ozor, cuyo objetivo es empoderar a las mujeres en Nigeria. Como describe Tasha Eurich en su libro *Insight*, Ozor es una persona tremendamente introvertida, pero aprendió pronto en su trabajo como activista que para lograr el cambio que quería necesitaba actuar como una extravertida, al menos cuando desempeñaba ese papel. «Nunca volveré a huir de algo porque me asuste ser el centro de atención», se prometió a sí misma.[13]

Lo esencial para entender la dinámica entre situaciones y rasgos es que ambos influyen en cómo nos comportamos en un momento dado. La personalidad, sin embargo, siempre se expresará a largo plazo (aunque recuerda que tu carácter puede evolucionar de forma más permanente con el tiempo).

El resto de este capítulo trata sobre la interacción situación-personalidad: cómo los diferentes contextos, estados de ánimo, sustancias y otras personas afectan a la forma en que nos comportamos en determinados momentos y cómo esto interactúa con nuestros rasgos a largo plazo.

INESTABILIDAD VS. ADAPTABILIDAD

Al considerar el poder de la situación, algo que hay que tener en cuenta es que algunos de nosotros mostraremos más variabilidad a corto plazo que otros en función de nuestras puntuaciones en los cinco grandes rasgos de personalidad. Especialmente si eres muy neurótico, puede que tu comportamiento sea más impredecible y cambiante, mientras que si eres extravertido, probablemente seas más constante. Una distinción clave a este respecto es entre la inestabilidad y la adaptabilidad.

El comportamiento de las personas muy neuróticas de una ocasión a otra suele ser voluble y difícil de predecir. Esto se debe en gran parte a sus emociones y estados de ánimo erráticos. Por el contrario, el comportamiento de los extravertidos resilientes es más estable y fácil de predecir porque tienden a comportarse de forma más similar en diferentes situaciones. Cuando su comportamiento cambia, suele ser para adaptarse a las exigencias de la situación social.

Los psicólogos lo demostraron recientemente cuando pidieron a estudiantes universitarios que utilizaran un teléfono inteligente para registrar su comportamiento y sentimientos durante todas sus interacciones sociales a lo largo de cinco semanas.[14] Descubrieron que las personas muy neuróticas eran mucho más impredecibles en su amabilidad de un encuentro al siguiente, incluso si se trataba exactamente del mismo contexto social (esto probablemente ayuda a explicar por qué puede ser difícil convivir con una persona muy neuróticas y que estas tiendan a pasar por más rupturas sentimentales). Al mismo tiempo, los perfiles muy neuróticos mostraron menor adaptabilidad a diferentes situaciones; es decir, no parecían tener la flexibilidad necesaria para adaptar su comportamiento social a diferentes contextos de forma coherente y ventajosa.

Por el contrario, los extravertidos y las personas muy agradables eran más constantes: en general, eran más felices y amistosos a lo largo del tiempo, pero también mostraban una mayor flexibilidad en las situaciones, adaptando su comportamiento al contexto social (imagínate al extravertido agradable que es siempre charlatán y divertido cuando está con amigos, pero que también tiene la habilidad de mostrar compasión y preocupación en una situación más solemne).

La gente que te rodea

Uno de los aspectos más importantes de cualquier situación es con quién estamos. Seguro que se te ocurre al menos una persona que, cuando estás con ella, saca a relucir un lado especialmente intenso o que habitualmente está oculto de tu carácter.

Cuando era pequeño, esa persona era mi abuela. Por lo general me portaba bastante bien, pero con Nanna era un ángel. Me sorprende que no me salieran alas y un halo. En su compañía, me comportaba como si tuviera varios años más de los que realmente tenía: nunca me ponía tonto ni desobediente, siempre servicial y educado. Era insoportablemente precoz: asentía con la cabeza cada vez que ella hablaba de que hoy en día se están perdiendo los modales o expresaba su desaprobación por las palabrotas de la televisión, como si yo tuviera noventa en lugar de nueve años. Era como una profecía autocumplida: yo sabía que ella creía que yo no había roto un plato en mi vida, y por tanto ese se convirtió en un papel que me autoimponía.

Es un ejemplo extremo, pero la mayoría de nosotros tendemos a adaptar nuestro comportamiento en función del papel social que desempeñamos. Puede que empieces a comportarte más como un hermano con tu jefe, al que le gustan mucho los deportes, o que te vuelvas introvertido cuando estás con la criticona madre de tu novio. La palabra *personalidad* viene de *persōna*, que en latín significa 'máscara'. Los psicólogos llevan tiempo estudiando estos cambios de carácter a corto plazo, y algunos de los patrones parecen ser bastante universales.

En un estudio típico, cientos de participantes evaluaron sus rasgos de personalidad cuando estaban con sus padres, con sus amigos y con sus compañeros de trabajo.[15] Como era de esperar, se calificaron a sí mismos como más extravertidos cuando estaban con amigos, más concienzudos cuando estaban con compañeros de trabajo y más neuróticos (emocionalmente inestables y necesitados) cuando estaban con sus padres. La extraversión mostró la mayor variación entre contextos sociales (lo cual no es realmente sorprendente si se tiene en cuenta que se trata en gran medida de un rasgo social), mientras que la conciencia mostró la menor variación.

En otro estudio, que incluía entrevistas en profundidad a ocho personas sobre su experiencia de llevar una máscara social con sus padres, amigos o compañeros, los entrevistados describían lo agotador que puede resultar tener que enmascararse.[16] Por ejemplo, Mary, una gestora de fondos de alto riesgo de treinta y cinco años, habló del agotador esfuerzo que supone adoptar una imagen concienzuda en el trabajo: «No es algo que quiera hacer, pero de repente ya lo has hecho, es como si estuvieras en una cinta y no pudieras parar porque si no te caes». Trudy dice que su personalidad casi retrocede cuando está con su familia: «Todo mi carácter vuelve a ser como era antes y me vuelvo muy insegura, muy tímida, esperando que me regañen todo el tiempo… Algunas partes de mi carácter extravertido salen a la luz, pero como rápidamente las atacan, me vuelvo más retraída». De las entrevistas se desprende que es más fácil ser «uno mismo» con los amigos que con los compañeros de trabajo o los padres, aunque a veces también puede ser agotador con los amigos, sobre todo si no estás de humor para ser sociable o alegre.

Algo que creo que es mucho más difícil de precisar para la investigación es cómo individuos concretos pueden tener efectos específicos en nuestros propios caracteres, como solía hacer mi Nanna conmigo. A veces esto puede ser ventajoso. Mi vida social se inició en la universidad porque en mi primer año entablé una temprana amistad con una fiestera que sacó el lado extravertido que llevaba dentro. De hecho, diría que en general siempre me ha gustado estar rodeado de gente que me hace sentir más extravertido, mientras que me puede resultar incómodo estar con gente que exacerba mi timidez.

Podría decirse que una de las características que definen a los buenos amigos es que te ayudan a ser (o al menos a sentirte) el tipo de persona que te gustaría ser.

¿Eres un camaleón social?

Los efectos temporales de la compañía que nos rodea sobre nuestra personalidad pueden ser mayores para unos que para otros. A finales de los años setenta, el psicólogo Mark Snyder sugirió que es posible dividir a las personas en dos categorías: algunos nos comportamos como camaleones, muy motivados para causar buena impresión y hábiles para adaptar nuestro comportamiento a la situación del momento (a los que denominó «autovigilantes estrictos»), mientras que otros se preocupan más por ser auténticos y mostrar su verdadero yo, independientemente de con quién estén o de lo que ocurra («autovigilantes débiles»).

Snyder afirma que los autovigilantes estrictos se preguntan: «¿Qué requiere de mí esta situación?», y son expertos en captar señales sociales para averiguarlo. Por el contrario, los autovigilantes débiles se preguntan: «¿Cómo puedo ser yo mismo en esta situación?», y dirigen su atención hacia su interior en busca de respuestas. No es de extrañar, por tanto, que los compañeros de trabajo consideren más simpáticos y fáciles de tratar a los autovigilantes estrictos, y que esto les ayude a progresar. Snyder dijo a *The Cut*: «Es la diferencia entre vivir una vida que se basa en proyectar imágenes diseñadas para promover fines particulares, o si se trata de que vivas una vida que consiste en ser fiel a tu propio sentido de ti mismo».[17]

La diferencia entre estos tipos de personalidad también se refleja en las actitudes. Un autovigilante estricto modificará sus preferencias y opiniones sobre temas controvertidos para adaptarse a la mentalidad del grupo en el que se encuentre, mientras que un autovigilante débil se enorgullecerá de mantenerse firme y de ser auténtico. Los estrictos también tienden a tener más amigos, pero de una calidad más superficial, prefiriendo estar con el tipo de persona que más se ajuste a lo que exija la situación (para ellos vale más ir al partido de fútbol con su nuevo amigo, que es un gran aficionado al fútbol, que con el de toda la vida, al que no le gusta tanto). Los autovigilantes débiles son lo contrario: tienen menos amistades, pero más profundas, y prefieren estar con la persona que más les gusta, tanto si coincide con la ocasión como si no.

El concepto de *autovigilancia* se aplica incluso a las citas: cuando miran anuncios personales, los autovigilantes estrictos se preocupan más por el aspecto físico de sus posibles parejas (piensan que simplemente se adaptarán a la personalidad de su cita); los débiles, en cambio, se preocupan más por las descripciones de la personalidad porque para ellos la compenetración es muy importante e imposible de fingir.

Probablemente te hagas una idea de en qué categoría te encuentras, pero para hacerte una idea más precisa, aquí tienes un breve test que he adaptado de uno que Snyder ideó con su colega Steven Gangestad:[18]

1. En las fiestas digo cosas que creo que van a gustar a los demás.	¿Sí o no?
2. Si voy a defender algo, tengo que creer lo que digo.	¿Sí o no?
3. Se me daba bien el teatro en el colegio y sería un buen actor.	¿Sí o no?
4. Soy como una persona diferente dependiendo de la compañía en la que esté.	¿Sí o no?

5. No se me da muy bien ganarme a los demás. ¿Sí o no?

6. Me gusta cambiar de opinión si eso puede ayudarme a progresar o a complacer a alguien que me gusta. ¿Sí o no?

7. Tengo problemas para interpretar un personaje que se adapte a diferentes situaciones sociales. ¿Sí o no?

8. Tengo ansiedad social y no se me da muy bien hacer nuevos amigos. ¿Sí o no?

9. Alguien podría caerme muy mal, pero no lo sabría porque soy bueno ocultando mis sentimientos. ¿Sí o no?

10. Me resultaría muy difícil mirar a alguien a los ojos y decir una mentira descarada. ¿Sí o no?

¿Eres un camaleón social? Cuenta el número de veces que has respondido afirmativamente a los puntos 1, 3, 4, 6, 9. Ahora cuenta las veces que has respondido afirmativamente a los puntos 2, 5, 7, 8, 10. Si el primer número es mayor que el segundo, tiendes a llevar una máscara social (eres un autovigilante estricto); si el segundo número es mayor, tiendes más a ser tú mismo, independientemente de con quién estés (eres un autovigilante débil).

Puede que te resulte útil ver a las personas de esta forma binaria; quizás incluso les dé sentido a los conflictos entre tus amigos y familiares. Los autovigilantes débiles y estrictos tienden a no tener muy buena opinión los unos de los otros: los débiles ven a los estrictos como farsantes y los estrictos ven a los débiles como rígidos y torpes.

Para mí, es sin duda una forma divertida e interesante de pensar en cómo las personas se relacionan con el mundo. Pero debo señalar que, desde una perspectiva científica, hay problemas con el concepto de *autovigilancia*. Algunos expertos afirman que la autovigilancia es, en realidad, una expresión de la extraversión; es decir, que los autovigilantes son muy extravertidos, más capaces de jugar con la multitud y mantener una apariencia de felicidad para sus amigos (lo que coincide con lo que he explicado antes sobre la diferencia entre estabilidad y adaptabilidad en el comportamiento, siendo los extravertidos muy adaptables).

Además, si eres propenso a la ansiedad social, como es mi caso, puede que las dos categorías te parezcan inadecuadas y sientas que caes de lleno entre las dos. Ciertamente siento la presión de causar una buena impresión (incluso tengo ansiedad de desempeño cuando hablo con Siri). Pero me gustaría no sentirla, y siempre me reprendo por esforzarme demasiado en ser amable en lugar de ser más abierto y honesto. ¿Me convierte eso en un autovigilante estricto reticente? Probablemente no, porque se supone que estos perfiles son hábiles desempeñando diferentes roles sociales y supuestamente no se estresan ante los retos sociales. Dados estos problemas con el concepto, yo recomendaría ver tu puntuación de autovigilancia como algo divertido y que invita a la reflexión, en lugar de tomártelo demasiado en serio.

¿ESTÁS DE MAL HUMOR?

Estaba en una pequeña fiesta con unos veinteañeros a los que apenas conocía, con una resaca terrible y tratando de pasar desapercibido. «Ah, eres una de esas personas», me dijo el tipo de enfrente, sacándome de mi trance. «No hablas mucho, ¿verdad?», añadió, obviamente poco impresionado.

Este tipo maleducado parecía haber hecho algunas rápidas suposiciones sobre mi personalidad y, por su tono, no le gustó mucho lo que vio. Odio admitir que sus palabras dolieron. Vale, puede que sea introvertido —al menos lo era entonces—, pero nadie debería tener que disculparse por ello. Pero, sobre todo, me molestó que supusiera que mi comportamiento revelaba una verdad inherente sobre mí, en lugar de reflejar simplemente mi estado de ánimo, que en ese momento estaba nublado por el alcohol que me martilleaba la cabeza. Sí, ahora me comportaba de forma callada e introvertida, ¡pero debería haberme visto en la pista de baile la noche anterior!

A menudo suponemos que el comportamiento actual de otras personas refleja su personalidad subyacente —el «tipo de persona» profundamente arraigado que son— y descartamos la contribución de las circunstancias particulares, incluido su estado de ánimo. Por el contrario, y de forma bastante conveniente, cuando se trata de nuestro propio comportamiento, en infinitas ocasiones somos mucho más conscientes de los efectos del estado de ánimo y las emociones, como la modelo polaca Natalia Sikorska, que se libró de la cárcel en 2017 tras intentar robar en el Harrods de Londres. Se había comportado como una persona completamente diferente a la que suele ser, según declaró ante el tribunal londinense, debido al estrés y al choque cultural de volver de unas vacaciones en Estados Unidos.[19] Pobre Natalia. Menudo calvario.

Para ser justos con mi resaca y con Natalia (la modelo), es cierto que el estado anímico influye mucho en cómo se manifiesta nuestra personalidad en un momento dado. En un estudio reciente, un grupo de psicólogos envió a cientos de estudiantes encuestas breves por correo electrónico varias veces al día durante dos semanas.[20] Cada correo electrónico incluía un breve test de personalidad y un espacio para que los estudiantes informaran de sus niveles de estado anímico positivo y negativo y dijeran qué estaban haciendo, incluyendo si estaban estudiando o haciendo algo más divertido.

Las puntuaciones de personalidad de los alumnos variaban hasta cierto punto de un momento a otro; lo más importante es que esto se explicaba en gran medida por las diferencias en su estado de ánimo. Cuando los estudiantes se sentían más felices, tendían a puntuar más alto en extraversión y apertura mental. Por el contrario, cuando se sentían menos felices y más tristes

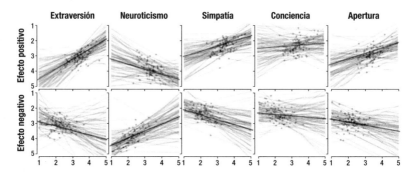

Cómo varía la personalidad de las personas en el momento (valorada de 1 a 5, de baja a alta) según su estado de ánimo (fila superior: estados de ánimo positivos; fila inferior: estados de ánimo negativos; cada línea representa a un voluntario diferente).

Fuente: reproducido por Robert E. Wilson, Renee J. Thompson, y Simine Vazire, «AreFluctuationsin Personality States More Than Fluctuations in Affect?» *Journal of Research in Personality* 69 (2017): 110–123.

o deprimidos, puntuaban más alto en neuroticismo y más bajo en simpatía. Curiosamente, la conciencia no guardaba relación alguna con el estado de ánimo, pero esto puede deberse a que la asociación era opuesta en las distintas personas (por lo que los efectos se habrían anulado en todos los estudiantes).

En lo que a mí respecta, sé que mi conciencia decae momentáneamente cuando estoy deprimido: es más probable que me ponga a ver vídeos de YouTube que a escribir. Sin embargo, puedo imaginar que otras personas se concentran más cuando están hartas, quizás utilizando el trabajo o las tareas domésticas como distracción.

La personalidad de los estudiantes también cambiaba cuando hincaban los codos: se volvían menos extravertidos, menos agradables, menos abiertos y más neuróticos (¿se les puede culpar?), pero también más concienzudos. Y lo que es más importante, estos cambios de rasgos en el momento se explicaban casi por completo por los efectos del estudio en su estado anímico.

La influencia del estado de ánimo en nuestra personalidad me hace preguntarme si algunos de los efectos en la personalidad de la compañía que esté presente, que nos rodee en un determinado momento, podrían explicarse en gran medida por cómo nos hacen sentir distintos individuos. De hecho, los psicólogos han propuesto recientemente que existe algo llamado *presencia afectiva*, la tendencia constante que tenemos a influir en el estado de ánimo de quienes nos rodean, algo así como dejar una huella emocional en ellos. Un estudio de cientos de estudiantes de empresariales que se conocían bien descubrió que algunas personas populares levantaban constantemente el ánimo de quienes les rodeaban, mientras que otras (especialmente las de bajo nivel de agradabilidad y, sorprendentemente, también las de alto nivel de extraversión) hacían que los demás se sintieran más hastiados.[21]

También es probable que la película que acabas de ver o la canción que acabas de escuchar (y seguramente también el libro que acabas de leer) produzcan efectos de mal humor en tu personalidad momentánea. En otro estudio, los investigadores pidieron a unos voluntarios que rellenaran un cuestionario de personalidad antes y después de ver un fragmento triste de la película *Filadelfia*, acompañado de una pieza de música clásica sombría y conmovedora, el *Adagio para cuerdas* de Barber, o antes y después de ver un videoclip feliz de familias reunidas tras la caída del Muro de Berlín, acompañado de la inspiradora *Eine Kleine Nachtmusik* de Mozart.[22] Las personalidades de los voluntarios se mostraron menos extravertidas y más neuróticas después de ver el vídeo triste, y hubo un ligero aumento de su extraversión después de ver el vídeo alegre.

Hay muchas cosas en la vida que no podemos controlar, pero sí podemos elegir lo que escuchamos y vemos en la tele (aunque tengas que arrancarle el mando a tu pareja), y solemos tener al menos cierta influencia sobre con quién pasamos el tiempo. Ser más conscientes de cómo influyen estas decisiones en nuestro estado de ánimo y, por tanto, en nuestra personalidad en determinados momentos, forma parte de una estrategia psicológica sencilla pero poderosa de la que voy a hablarte a continuación.

LA ESTRATEGIA DE SELECCIÓN DE SITUACIONES

Dónde estás, qué haces y con quién estás afecta a tu personalidad en el momento. Con el tiempo, estas influencias pueden acumularse y dar forma al tipo de persona que eres. Pero no tienes por qué aceptar esta situación pasivamente. Citando a la poetisa Maya Angelou: «Ponte derecho y date cuenta de quién eres, de que sobresales por encima de tus circunstancias».[23] Sin duda tenía razón en el sentido de que podemos ser astutos a la hora de decidir cómo emplear nuestro tiempo: podemos moldear nuestras circunstancias para que trabajen a nuestro favor, no en nuestra contra. Por ejemplo, si quieres desarrollar una personalidad más abierta, sociable y cálida, una forma importante de conseguirlo es esforzarte por ponerte en situaciones que te levanten el ánimo. Esto puede parecer obvio, pero si lo piensas honestamente por un momento, ¿con qué frecuencia planificas tu tiempo con una estrategia?

¿Qué planes tienes para el próximo fin de semana? ¿Has pensado realmente en cómo te hará sentir lo que piensas hacer? Es muy probable que su agenda se base mucho más en la costumbre o la comodidad. Por supuesto, puede que tengas responsabilidades ineludibles. Sin embargo, para muchos de nosotros que vivimos en sociedades libres y tenemos incluso unos ingresos modestos, es posible pensar más deliberadamente de lo habitual sobre lo que planeamos hacer, teniendo en cuenta cómo nos sentiremos y, por tanto, a largo plazo, permitiéndonos ejercer una influencia más deliberada sobre el tipo de personas en que nos convertiremos. En lugar de apretar los dientes mientras soportas otro periodo de aburrimiento o incluso una tormenta de angustia emocional, intenta hacer un mayor esfuerzo para planificar con antelación y buscar los lugares soleados que prometen mayor alegría.

Algunos psicólogos de la Universidad de Sheffield (Inglaterra) han puesto a prueba este método recientemente.[24] Dieron a la mitad de sus voluntarios la siguiente instrucción de selección de situaciones antes del fin de semana, y les pidieron que la repitieran tres veces y se comprometieran a hacerlo: «Si estoy decidiendo qué hacer este fin de semana, seleccionaré actividades que me hagan sentir bien y evitaré hacer cosas que me hagan sentir mal». El lunes, todos los voluntarios hicieron un desglose de lo que habían hecho durante el fin de semana y de las emociones que habían experimentado. La principal conclusión fue que los que siguieron las instrucciones experimentaron más emociones positivas durante dicho periodo. Esto fue especialmente cierto en el caso de los voluntarios con personalidades más neuróticas, que afirmaron tener dificultades para regular sus emociones. Si te gustaría ser menos neurótico, este podría ser un método especialmente útil para ti.

Sin embargo, la estrategia de selección de situaciones no es fácil. Un obstáculo importante y desfavorable para adoptar este enfoque más estratégico sobre la vida y el desarrollo de nuestra personalidad es que, muchas veces, no somos muy buenos anticipando cómo nos harán sentir las distintas situaciones. Los psicólogos llaman a esta habilidad *previsión afectiva*, y han descubierto que tendemos a sobrestimar el impacto de acontecimientos raros y dramáticos en nuestras emociones positivas y negativas. Creemos que ganar la lotería nos dejará en un estado permanente de euforia, o que suspender el examen de la semana que viene nos dejará devastados, pero en realidad, nos adaptamos rápidamente a estos acontecimientos aislados y volvemos a nuestro punto de partida.

Al mismo tiempo, tendemos a subestimar el efecto acumulativo de las experiencias repetidas, ya sean menores y mundanas. Me refiero a cosas sencillas y cotidianas, como la ruta que sigues para ir al trabajo. Piensa que, si caminas por el parque, puede que tardes más en llegar al trabajo, pero te levantará un poco el ánimo cada día. Los estudios sugieren que tan solo diez minutos de ejercicio al día pueden aumentar nuestra felicidad.[25]

¿O qué me dices de esa compañera con la que siempre sales a comer? Claro que es fácil charlar con esa persona a la que conoces desde hace años, pero si es gruñona por naturaleza —o tiene una «presencia afectiva» deficiente— seguro que te hace sentir desmotivado cada día.

Y luego está todo el tiempo que pasas viendo la tele por la noche. Como veterano de innumerables series, sé lo tentador que es coger el mando a distancia. Pero ver el último drama sobre traficantes de drogas o asesinos en serie probablemente no te ayudará mucho a mejorar tu estado anímico ni a encontrarle sentido a la vida.[26]

Incluso podrías considerar tus decisiones sobre cuándo irte a la cama como parte de la estrategia de selección de situaciones. Dormir lo suficiente es una de las formas más seguras de mejorar el estado de ánimo. Un estudio reciente en el que participaron más de veinte mil personas descubrió que dormir solo una hora menos de la cantidad óptima —entre siete y nueve horas— se asociaba a un riesgo entre un 60 y un 80 % mayor de experimentar estados de ánimo negativos, como desesperanza y nerviosismo.[27] A pesar de ello, muchos de nosotros posponemos una y otra vez irnos a la cama a una hora adecuada y preferimos quedarnos despiertos viendo *Juego de Tronos* o chateando en las redes sociales, un malestar moderno que los psicólogos han bautizado como procrastinación a la hora de acostarse.[28] Establecer unas sencillas normas básicas, como no tener dispositivos digitales en el dormitorio, puede ayudarte a superar este mal hábito.

A algunas personas les resultará más fácil que a otras adoptar un enfoque más estratégico en la vida. En particular, los que son muy agradables suelen tener un instinto astuto para decidir cómo emplear su tiempo, participando con frecuencia en situaciones agradables, lo que les ayuda a ser más cálidos, optimistas y a evitar los conflictos. Los que no hemos sido bendecidos con este instinto podemos aprender mucho de él haciendo un mayor esfuerzo por elegir contextos beneficiosos para nuestro estado anímico y el desarrollo de nuestra personalidad.

Una sencilla regla general puede ser intentar realizar cualquier actividad con compañía que te ayude a comportarse de la forma más extravertida y amistosa posible. Un fascinante estudio en el que participaron más de cien estudiantes universitarios que registraron su comportamiento y ánimo en un diario nocturno durante dos semanas descubrió que se sentían más felices los días en que habían sido relativamente más sociables, amistosos y meticulosos.[29] Y lo que es más importante, esto ocurría independientemente de su perfil de personalidad habitual, ya fueran personas introvertidas o extravertidas. Probablemente, esto se deba a que comportarse de estas maneras ayuda a satisfacer nuestras necesidades humanas básicas de sentirnos conectados con los demás, competentes y dueños de nuestras vidas.

RUIDOS DE BARRIGA Y CORAJE HOLANDÉS

Hay un asunto en este capítulo que aún no he abordado. Gran parte del tiempo, nuestro comportamiento y estado de ánimo se ven influidos no solo por con quién estamos y qué estamos haciendo, sino también por lo que nos llevamos a la boca para comer, beber o fumar. Casi huelga decir que las sustancias que afectan a nuestro funcionamiento cerebral también inducirán cambios a corto plazo en la personalidad. Al fin y al cabo, alteran nuestro pensamiento y nuestro comportamiento. Pero

¿cuáles son estos efectos?, ¿varían en función de nuestro tipo de personalidad habitual?

El ejemplo más mundano es el hambre (o la bajada de azúcar). El hambre afecta a nuestra función cerebral de forma similar a la respuesta de lucha o huida, aumentando nuestra inclinación a asumir riesgos (mayor extraversión temporal y menor conciencia) y volviéndonos impacientes e intolerantes (menor simpatía). En otras palabras, nuestro ánimo se nubla y nos enfadamos por el hambre.

Mi demostración favorita de esto es un estudio en el que parejas heterosexuales introducían alfileres en un muñeco vudú de su pareja cada noche antes de acostarse: cuanto más enfadados se sentían con su pareja, más alfileres debían introducir en el muñeco.[30] Los investigadores también controlaron los niveles de azúcar en sangre de los participantes. Descubrieron que en las noches en que estos niveles eran más bajos, los participantes tendían a clavar más alfileres en el muñeco. Merece la pena tener en cuenta estos efectos del hambre sobre el estado de ánimo y la personalidad momentánea si planeas ponerte a dieta o tiendes a saltarte el desayuno.

El alcohol es un ejemplo aún más drástico de cómo las sustancias pueden afectar a la personalidad. A un nivel básico, como puede que hayas experimentado de primera mano, los efectos neurológicos del alcohol implican que nos volvemos desinhibidos y más impulsivos; en términos de personalidad, somos más extravertidos y menos concienzudos. Se trata de un patrón que se ha confirmado científicamente pidiendo a la gente que valore su propia personalidad cuando está sobria y cuando está borracha[31] y que pida a un amigo que también lo haga.[32] Otros estudios han grabado en vídeo a personas que se emborrachaban levemente y luego observadores desconocidos han valorado la personalidad de estas personas ebrias.[33]

En general, esta investigación ha confirmado lo que ya sabíamos: estar borracho suele hacernos más extravertidos, pero rebajar todos los otros rasgos: somos menos agradables, menos abiertos, menos concienzudos y neuróticos (es decir, más estables emocionalmente). El único matiz de la investigación es que los observadores solo detectaron en los bebedores un aumento de la extraversión (especialmente una mayor capacidad de entablar conversación, asertividad y niveles de actividad) y, en menor medida, un menor neuroticismo. En cambio, no detectaron otros cambios de personalidad (autodeclarados), como una menor apertura, quizá porque estos dependen más de cambios en nuestros pensamientos y sentimientos privados.

La mayoría de los estudios sobre los efectos del alcohol han calculado la media de los cambios de personalidad provocados por cantidades moderadas de bebidas espirituosas, pero, por supuesto, no todos respondemos exactamente igual. Cuando los psicólogos analizaron recientemente las variaciones entre personas en cuanto a cómo cambiaba su personalidad en respuesta al alcohol, descubrieron cuatro tipos principales de personalidad ebria y les dieron algunos nombres graciosos.[34] A ver si te reconoces:

Ernest Hemingway: no cambias tanto como los demás cuando estás borracho y sobre todo conservas tu apertura a la experiencia y al intelecto.

Mary Poppins: eres encantador cuando estás borracho, lo que se manifiesta es que tu habitual simpatía sobria no se ve especialmente afectada (esta fue la categoría más rara de la investigación).

El profesor chiflado: eres introvertido cuando estás sobrio y muestras un drástico aumento de la extraversión y menor concienciación cuando estás borracho (odio admitirlo, pero este soy yo).

Mr. Hyde: es desagradable estar contigo cuando está borracho, muestras grandes disminuciones en simpatía y conciencia, por lo que es más probable que corras riesgos y ofendas a los demás (en la investigación, aparentemente hay más mujeres que hombres en esta categoría).

Antes de colgarte con orgullo la etiqueta de Hemingway o Mary Poppins, quizá merezca la pena comprobar cómo te clasifican tus amigos. Apuesto a que muchos de nosotros tenemos una visión algo dudosa de nuestra propia personalidad estando borrachos. De hecho, una divertida encuesta realizada recientemente entre cientos de estudiantes universitarios británicos así lo sugería. Los investigadores descubrieron que los estudiantes tendían a describirse a sí mismos, más que a los demás, como personas que actúan de la misma forma cuando están borrachas que cuando están sobrias, y también se consideraban a sí mismos, pero no a los demás, como «buenos borrachos». «Cuando bebo me siento muy feliz y divertido, no soy como los demás, que se pasan con la bebida y ya no pueden controlarse», era un comentario típico.[35]

Una pregunta natural relacionada con esto, especialmente si eres del tipo Profesor chiflado y buscas volverte temporalmente más extravertido, es si es sensato utilizar el alcohol para alterar tu carácter deliberadamente. Por supuesto, cualquier beneficio momentáneo debe sopesarse frente a los nocivos efectos médicos y sociales del abuso del alcohol, como el aumento del riesgo de cáncer y de los problemas matrimoniales. También hay que tener en cuenta que, en lo que respecta al cambio de personalidad, las investigaciones que han analizado los efectos del consumo crónico de alcohol de riesgo también han descubierto que sí, provoca un aumento de la extraversión, pero también una disminución de la amabilidad, la conciencia y un aumento del neuroticismo, lo que no es la combinación más atractiva.[36]

Pero incluso dejando de lado el grave problema de la dependencia insana del alcohol, otra cosa que hay que tener en cuenta si se está pensando en beber para inducir cambios en nuestros rasgos a corto plazo (no solo para ser más extravertidos, sino quizá también menos neuróticos y ansiosos) es que sus efectos pueden ser específicos de cada contexto. Por ejemplo, el estado de ánimo. Aunque solemos pensar que el consumo moderado de alcohol eleva nuestro estado de ánimo, estudios más matizados han demostrado que sus efectos son bastante más específicos: nos hace sentir más conectados con el momento presente, más centrados y menos afectados por la inercia emocional o las experiencias recientes.

Esta es una buena noticia si te encuentras en una situación feliz, haciendo algo que te gusta y con gente que te agrada, porque entonces es probable que beber aumente tu placer. En situaciones sociales, aparentemente también hace que los estados de ánimo positivos se contagien más de una persona a otra. Pero si en ese momento estás deprimido o angustiado, o simplemente estás sentado a solas con tus propias preocupaciones, ten en cuenta que es probable que beber te haga sentir peor.

Hay que tener en cuenta un matiz similar en relación con los efectos calmantes del alcohol. Para lo que el alcohol parece especialmente bueno es para ayudar a reducir nuestro miedo general a la incertidumbre, de ahí que a veces pueda ser un tónico eficaz para la ansiedad social. Sin embargo, no es tan eficaz para aliviar el miedo ante una amenaza concreta que sabes que se avecina, como una presentación de trabajo o el discurso de padrino que tienes que pronunciar. También hay que tener en cuenta que, aunque una o dos copas calmen los nervios antes de una charla, es probable que el alcohol perjudique el rendimiento debido a sus efectos nocivos sobre las habilidades mentales,[37] aunque, al parecer, puede aumentar la fluidez al aprender a hablar un idioma extranjero, presumiblemente porque reduce la timidez.[38]

Los efectos a corto plazo del alcohol sobre la personalidad también pueden depender del tipo de rasgos habituales. Las investigaciones que han filmado a desconocidos conociéndose con el beneficio de una bebida alcohólica han descubierto que son los extravertidos los más propensos a decir que la bebida les mejoraba el humor y les ayudaba a sentirse socialmente más cercanos a las otras personas, quizá porque los extravertidos ya están disfrutando y el alcohol tiende a acentuar su estado de ánimo actual. Esta diferencia en los efectos de la bebida sobre introvertidos y extravertidos también podría ayudar a explicar por qué los extravertidos son más propensos a abusar de ella: les resulta más placentero, por lo que existe una mayor tentación de consumirla más.

ENGANCHADO A LA CAFEÍNA

No te sorprenderá saber que la cafeína es el psicoestimulante más consumido en el mundo. Los psicoestimulantes son una categoría de drogas en la cual también se incluye sustancias ilegales como la cocaína y las anfetaminas, que aumentan la actividad del cerebro y del sistema nervioso. En Estados Unidos, entre el 80 % y el 90 % de los adultos consumen cafeína con regularidad, sobre todo café, pero también té, bebidas energéticas y chocolate. Los bebedores habituales de café —os estoy mirando a vosotros, escritores y estudiantes— estarán muy familiarizados con sus efectos sobre la mente, especialmente el aumento del estado de alerta y la concentración y, por lo tanto, momentáneamente al menos, sobre la personalidad.

La cafeína ejerce su efecto estimulante bloqueando rápidamente la acción de la sustancia química cerebral adenosina, que normalmente actúa calmándonos al ralentizar la respiración y bajar la tensión arterial. Al bloquear esta sustancia química, la cafeína nos acelera. Numerosos estudios demuestran que, en dosis moderadas (por ejemplo, una o dos tazas), el café agudiza la mente, sobre todo en las llamadas funciones mentales de bajo nivel, como el tiempo de reacción y la capacidad de mantener la atención durante un largo periodo de tiempo.[39]

Y esto es aún más cierto para las personas que se sienten fatigadas, como los estudiantes o los guardias de seguridad que trabajan toda la noche.

¿Qué significa esto para el cambio de personalidad a corto plazo? Está claro que estos efectos mentales y físicos de la cafeína pueden aumentar nuestra conciencia en el justo momento. Si te quedas dormido frente a la hoja de cálculo de la pantalla del ordenador o te cuesta motivarte para ir al gimnasio, el café o una bebida energética con cafeína deberían ayudarte, llevándote a comportarte temporalmente como alguien más consciente y extravertido (dado que los extravertidos suelen tener mayores niveles de energía y actividad).

Sin embargo, no todo son buenas noticias. Los efectos de la cafeína dependen de la dosis y, como habrás comprobado, si bebes demasiada puede ponerte nervioso y ansioso. Algunos de los primeros estudios sugirieron que los extravertidos que buscan emociones eran más propensos a disfrutar de los beneficios de beber café que los introvertidos,[40] basándose en la idea de que tienen niveles más bajos de energía nerviosa de base, por lo que corren menos riesgo de que el café les ponga demasiado ansiosos (si esto es cierto, explicaría por qué aquellas personas que disfrutan buscando cosas nuevas beben más café que los introvertidos que buscan la calma).[41] Algunos estudios posteriores no lograron reproducir esta interacción entre los efectos de la cafeína y la personalidad, aunque sigue pareciendo probable que, al menos en lo que respecta a las experiencias subjetivas de las personas (más que a los efectos objetivos sobre el rendimiento), la personalidad marque la diferencia.[42] Por ejemplo, en otro estudio se descubrió que los extravertidos decían que el café les hacía sentir más enérgicos, mientras que los que puntuaban alto en neuroticismo decían que les hacía sentir más ansiosos.[43]

De hecho, si eres muy neurótico y propenso al exceso de ansiedad, quizá debas tener mucho cuidado con el consumo excesivo de cafeína. Existe incluso una enfermedad psiquiátrica oficial: el trastorno de ansiedad inducido por la cafeína. Es poco probable que tomar demasiado café te convierta en un manojo de nervios si en general eres una persona relajada, pero si eres propenso a la ansiedad, hay pruebas de que puedes ser más sensible a los efectos físicos y psicológicos de la cafeína y que esta, por tanto, puede desencadenar ataques de nerviosismo extremo o incluso de pánico.[44]

Estos posibles efectos ansiolíticos se aplican tanto a las populares bebidas energéticas como Red Bull y Monster como al café expreso de toda la vida. Las bebidas energéticas contienen más cafeína que un expreso doble, así como grandes cantidades de azúcar, y en Estados Unidos y el Reino Unido se ha pedido que se prohíba su venta a niños y adolescentes.[45]

La preocupación por las bebidas energéticas alcanzó su punto álgido en Gran Bretaña a principios de 2018, después de que los padres de un joven culparan a su consumo excesivo —quince latas al día— de su suicidio.[46] No era una afirmación tan descabellada. Las investigaciones han vinculado las bebidas energéticas con recaídas en personas con problemas de salud mental —que muy probablemente tengan una puntuación elevada en neuroticismo— en parte por los efectos inductores de ansiedad de la cafeína, pero también porque pueden interferir químicamente con los efectos de la medicación psiquiátrica.[47] Otro motivo de preocupación es la tendencia popular a consumir bebidas energéticas acompañando al alcohol, lo que puede llevar a las personas a subestimar su grado de embriaguez y, al mantenerlas despiertas durante más tiempo, propiciar borracheras.

Otra cuestión a tener en cuenta es que, como ocurre con la mayoría de las drogas que alteran la mente, existe un efecto de abstinencia a medida que el cerebro se va descafeinando, que puede incluir dolores de cabeza y mal humor.[48] Esta es otra de las formas en las que el consumo de café podría, una vez pasados sus efectos beneficiosos, provocar un aumento temporal del neuroticismo.

En algunos cafés, la cafeína no es la única droga que se encuentra. Me acuerdo de la vez que mi futura esposa y yo estuvimos en Ámsterdam como parte de un viaje de investigación para su tesis de licenciatura, y (lo has adivinado) estábamos deseando visitar los cafés para probar la delicia local del «pastel espacial» y el «té espacial», horneados y preparados con cannabis.

Nos sentíamos como rebeldes: el cannabis era, y sigue siendo, ilegal en el Reino Unido.[49] Recuerdo cómo nos mirábamos a los ojos emocionados esperando a que empezara la aventura. A decir verdad, al principio fue un poco decepcionante: no pasó gran cosa. Por aquel entonces no lo sabíamos, pero los efectos del cannabis que alteran la mente tardan mucho más en producirse cuando se consume de esta forma en lugar de fumando. Sin embargo, seguía siendo divertido. En lugar de disfrutar de un viaje alucinante, acabamos riéndonos mientras ambos intentábamos detectar cualquier indicio de efecto en las palabras y el comportamiento del otro.

Aunque cientos de millones de personas en todo el mundo consumen cannabis, se trata de una perspectiva muy diferente a la de la cafeína o el alcohol. Su composición y efectos son mucho más complicados y algo misteriosos. Los principales compuestos psicoactivos son el delta-9-tetrahidrocannabinol (THC) y el cannabidiol (CBD), que actúan con efectos contrapuestos sobre los receptores cannabinoides del cerebro y del resto del cuerpo. Pero una hoja de marihuana típica contendrá más de cien sustancias químicas relacionadas, cada una con sus propios efectos mentales y corporales que la ciencia médica aún está descubriendo. Esta complejidad y variedad química podría explicar por qué los efectos subjetivos del cannabis varían tanto. Las personas afirman que les afecta de muchas maneras diferentes, como haciéndoles sentir tranquilos y eufóricos, ralentizando o acelerando el tiempo, y que les permite experimentar revelaciones o percepciones poco comunes.

En términos de funcionamiento mental básico ponderado en un laboratorio psicológico, los efectos del cannabis contrastan claramente con los de la cafeína. Deteriora la memoria y la capacidad de mantener y cambiar la atención.[50] A largo plazo, algunos expertos también creen que existe el *síndrome amotivacional* del cannabis, coherente con el estereotipo del fumeta que está demasiado relajado para molestarse en hacer nada. Un estudio reciente de cientos de estudiantes universitarios descubrió que los que fumaban hierba mostraban menos iniciativa y persistencia, incluso después de controlar cualquier diferencia de personalidad subyacente con respecto a los no consumidores.[51] Desde el punto de vista de la personalidad, estos resultados podrían interpretarse en el sentido de que el cannabis puede afectar a tu nivel de conciencia, tanto en el momento como a largo plazo, si lo consumes repetidamente.

Si se combina el consumo de cannabis con el de otras drogas, los riesgos se multiplican. El mundo del *rock and roll*, en el que este estilo de vida es tan común, proporciona un sinfín de muestras anecdóticas de cómo el consumo de drogas puede tener efectos adversos en la personalidad. Por ejemplo, Charlie Watts, de los Rolling Stones, que durante años bebió mucho, fumó cannabis y consumió heroína, entre otros vicios, contó al *New York Times* cómo su consumo de drogas fue una «pesadilla» para sus seres queridos y cómo su «personalidad cambió por completo».[52]

Para ser justos, en lo que se refiere al cannabis en concreto, también hay muchos relatos anecdóticos positivos de sus efectos en el mundo de la música, incluyendo cómo puede estimular la creatividad. Por ejemplo, el cofundador de los Beach Boys, Brian Wilson, atribuye a la marihuana el mérito de haberle ayudado a terminar su álbum *Pet Sounds*, que marcó un hito en 1966: «Escuché «Rubber Soul» y fumé un poco de marihuana y me quedé tan alucinado que me fui directamente a mi piano y escribí «God Only Knows» con un amigo mío», declaró en 2015 a la web musical de Denver *The Know*.[53]

Algunos estudios respaldan la idea de que el cannabis tiene este efecto agudo de expansión de la mente, lo que implicaría un aumento temporal de los rasgos de predisposición a la experiencia, especialmente para las personas que normalmente son de mentalidad más cerrada.[54] Otras investigaciones han descubierto que, incluso estando sobrios, los consumidores de cannabis obtienen mejores resultados en pruebas de creatividad que los no consumidores, lo que posiblemente indica un impacto más duradero del cannabis en su apertura a la experiencia. Otra posibilidad es que las personas que ya tienen una mentalidad más abierta sean más propensas a consumir cannabis, como afirma un estudio reciente.[55] La misma investigación también descubrió que los consumidores de cannabis son más extravertidos que los no consumidores, pero menos concienzudos.

En cuanto a los efectos de la hierba sobre la ansiedad, algunas personas nerviosas juran que les ayuda, pero también hay pruebas de que puede causar problemas a este respecto.[56] Parte de la razón de los efectos mixtos es que la hierba simplemente varía mucho químicamente dependiendo de dónde la consigas, en términos de su contenido y potencia (vale la pena señalar que la potencia del cannabis recreativo ha aumentado drásticamente en las últimas décadas, según la Administración para el Control de Drogas de EE. UU.).[57] Su efecto también variará dependiendo de tu propia personalidad (aunque no se ha investigado a fondo exactamente cómo), de tus expectativas y de la frecuencia y el tiempo que consumas esta droga.

La psicóloga Susan Stoner, autora de un informe reciente sobre los efectos del cannabis en la salud mental para la Universidad de Washington, resumió el asunto recientemente declarando a la revista *Vice* que «es pura especulación lo que una cepa o producto determinado puede hacer a una persona concreta con respecto a la ansiedad».[58] Algunos consejos sugieren que deberías intentar conseguir hierba con más CBD y menos THC si quieres que tenga un efecto calmante, pero dado el estado de la ciencia, seguramente te la estás jugando si intentas consumir cannabis para reducir tu rasgo de neuroticismo, ya sea en el momento o a largo plazo.

Otra clase de drogas con efectos poderosos sobre la personalidad son los psicodélicos, como el LSD (también conocido como ácido), la psilocibina (presente en las «setas mágicas»), la ketamina y el MDMA o éxtasis.

Los psicodélicos alteran la conciencia y provocan alucinaciones. A nivel neuronal, aumentan los niveles de entropía en el cerebro, lo que significa que hay menos sincronía y más imprevisibilidad en la actividad observada en diversas regiones cerebrales. Se cree que estos cambios facilitan nuevos aprendizajes y la ruptura de viejos hábitos de pensamiento. También reducen la actividad en la llamada red de modo por defecto del cerebro, que participa en la autorreflexión y la autoconciencia. Se cree que esto conduce a la disolución del ego, facilitando una sensación de unidad con el mundo. «Me sentí como un grano de arena en la playa: insignificante y esencial a mi manera», afirmó un consumidor sobre su primer *viaje*. [59]

Casi por definición, la forma en que estas drogas provocan que los consumidores vean el mundo de forma diferente sugiere un aumento temporal del rasgo de apertura a la experiencia. De hecho, las investigaciones con hongos mágicos han informado de cambios en la personalidad de al menos seis meses de duración, incluyendo aumentos en «la cercanía interpersonal, la gratitud, el sentido o propósito de la vida, la trascendencia de la muerte, las experiencias espirituales cotidianas, la fe religiosa y el afrontamiento» (en términos de rasgos de personalidad, aumento de la apertura, reducción del neuroticismo y aumento de la agradabilidad).[60] Más de la mitad de los voluntarios describieron su sesión con la droga como la «experiencia espiritual más significativa de su vida».[61] Otras investigaciones recientes han sugerido que la MDMA puede ayudar a aumentar la eficacia de la psicoterapia y que lo hace incrementando la apertura de las personas, ayudándolas a ver experiencias traumáticas previas bajo una nueva luz.[62]

Recuerda que las drogas psicodélicas son ilegales en la mayoría de los lugares, y mientras que en los estudios de investigación se utilizan cantidades cuidadosamente estipuladas, es mucho más difícil controlar la dosis en una situación recreativa. Si se consumen sin el cuidado suficiente, el LSD, el MDMA y

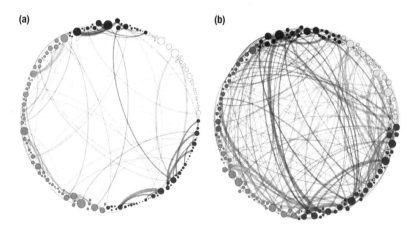

(a)   (b)

Imagen simplificada de un estudio de 2014 que muestra la conectividad neuronal en un cerebro normal (a) y en un cerebro bajo los efectos de la psilocibina (b), en el que hay una mayor comunicación entre diversas áreas cerebrales que normalmente no están conectadas. Se cree que estos cambios cerebrales subyacen a las profundas alteraciones de la personalidad provocadas por los viajes psicodélicos, como una mayor apertura mental y la disolución del ego.

Fuente: Reproducido de Giovanni Petri, Paul Expert, FedericoTurkheimer, Robin Carhart-Harris, David Nutt, Peter J. Hellyer y Francesco Vaccarino, «Homological Scaffolds of BrainFunctional Networks», *Journal of the Royal Society Interface* 11, nº 101 (2014): ID 20140873.

las setas conllevan diversos peligros, desde *flashbacks* hasta deshidratación y ansiedad.[63] También existe el riesgo de «malos viajes», especialmente en ausencia de un guía y si además se tiene un alto nivel de neuroticismo.[64] Tanto en la investigación terapéutica como en el estudio sobre el cambio de personalidad más duradero, los voluntarios no se limitaron a tomar la droga; también recibieron un intenso apoyo de terapeutas y consejeros formados que actuaban como guías. De hecho, el estudio sobre las setas que he mencionado también incorporaba meditación y formación espiritual. Los profesionales de este campo se han referido durante mucho tiempo a la importancia de establecer un «escenario» correcto, tanto en lo referente a la mentalidad y como al entorno, para dar forma al tono de la experiencia psicodélica. Sería un error, por tanto, considerar que tomar ácido o drogas afines es una vía fácil o rápida hacia una personalidad más abierta, basándonos en esta investigación.

Un enfoque más seguro para desarrollar una personalidad más abierta podría ser recrear los extraordinarios efectos de un viaje psicodélico, pero sin las drogas. Los practicantes de la meditación suelen relatar momentos de felicidad o trascendencia que cambian para siempre su relación con la realidad. Para otros, esas experiencias cumbre pueden venir de la naturaleza: una vista desde la cima de una montaña, especialmente si el reto de llegar hasta allí les enseñó algo nuevo sobre sí mismos,[65] dicen, o presenciar el brillo fluorescente de un pez tropical mientras se bucea, puede ser suficiente para que una persona cambie para siempre, sin necesidad de drogas.

NINGÚN HOMBRE (O MUJER) ES UNA ISLA

La lección de este capítulo es doble: nuestras personalidades no existen en el vacío (más bien están moldeadas por las personas con las que estamos y los papeles que desempeñamos), y aunque nuestros rasgos de personalidad se manifiestan a largo plazo en nuestras tendencias conductuales y emocionales, nuestros caracteres también fluctúan en el momento, especialmente en situaciones intensas y siempre que ingerimos sustancias que alteran la mente.

Esta dinámica entre situación y personalidad da sentido a las investigaciones que han demostrado cómo los aspectos de la personalidad y la emoción pueden propagarse por las redes sociales como un contagio. Un estudio reveló que es más probable ser feliz (un rasgo de bajo neuroticismo y alta extraversión) si tus amigos son felices; incluso el estado emocional de los amigos de tus amigos marca la diferencia.[66] Del mismo modo, una cultura de empresa irrespetuosa y desagradable puede cambiar tu propia personalidad de forma congruente, haciendo más probable que tú también estés de mal humor y seas impaciente.[67]

Afortunadamente, las mismas reglas se aplican a los aspectos positivos de la emoción y el comportamiento. Por ejemplo, sentarse al lado de un colega muy centrado en su trabajo puede potenciar la conciencia, y cuando en un lugar de trabajo hay más personas que realizan actos positivos —hacer favores a los demás o hacer un esfuerzo adicional—, esto no solo beneficia a los que dan y a los que reciben, sino que esas formas altruistas de comportarse también se contagian, de modo que los receptores iniciales empiezan a dar más ellos mismos.[68] En otras palabras, al igual que una cultura de empresa irrespetuosa puede calar y moldear nuestra personalidad, un lugar de trabajo agradable (y esto sería probablemente cierto para las dinámicas familiares o de equipo) puede moldear tu personalidad de una forma positiva.[69] Esta dinámica positiva también se da entre parejas en su hogar. Según otro estudio, cuando uno de los miembros de la pareja llegaba a casa animado tras un buen día en la oficina, su estado de ánimo afectaba al otro y aumentaba su autoestima al final del día.[70]

Otro factor que se debe tener en cuenta es que muchas de las situaciones en las que nos encontramos y la compañía con la que estamos no son físicas, sino virtuales. Si pasas media hora en X o Facebook discutiendo con *trolls*, por ejemplo, es una situación delicada que va a influir en tu estado de ánimo y en tu personalidad del momento, probablemente dejándote más neurótico y desagradable. Sin embargo, las investigaciones en este campo son contradictorias: un estudio detalla los beneficios de las redes sociales, como el aumento de nuestros sentimientos de pertenencia, y otro muestra lo contrario. Pero basta decir que, si pasas tiempo navegando por las redes sociales de personas que te molestan o de gente a la que envidias, es probable que esto tenga un impacto perjudicial en tu estado de ánimo y tus emociones a corto plazo. Si lo haces con regularidad, puede acabar teniendo un efecto crónico en tu personalidad.

Tanto si hablamos de situaciones físicas como virtuales, la implicación es la misma: si quieres cambiarte a ti mismo, te resultará mucho más fácil convertirte en la persona que quieres ser si eres consciente de estas influencias sociales y situacionales en tu estado de ánimo y comportamiento, sobre todo porque cualquier presión externa puede acumularse y moldear tu personalidad a largo plazo. Parece una advertencia, pero hay un mensaje optimista. Si eres más estratégico y reflexivo sobre los lugares a los que vas, las personas con las que te relacionas y lo que haces, descubrirás que puedes acelerar tus propios esfuerzos de cambio personal.

Diez pasos asumibles para cambiar tu personalidad

Para reducir el neuroticismo	Casi todo el mundo siente ansiedad alguna vez, pero diferimos en cómo nos relacionamos con esta emoción. Practica ver la ansiedad como un amigo motivador en lugar de como un enemigo al que tienes que vencer. Canaliza tu ansiedad hacia la preparación y conseguirás que trabaje para ti. De hecho, el rendimiento óptimo, ya sea en el trabajo o practicando deporte, proviene de una combinación de entrenamiento y ansiedad.	Cuando te sientas provocado, irritado o que te hierve la sangre, imagina la situación desde una perspectiva en tercera persona, como si fueras una mosca en la pared. Se ha demostrado que este tipo de distanciamiento mental reduce la ira y ayuda a no perder los nervios.
Para aumentar la extraversión	La próxima vez que te enfrentes a una situación social que te haga sentirte incómodo, intenta reinterpretarla como excitación en lugar de reprimir esas sensaciones físicas. Esta técnica, conocida como reevaluación cognitiva, puede ayudarte a disfrutar más en fiestas y otros actos sociales.	Ser extravertido no consiste solo en ser hablador y sociable, sino también en ser más activo. Piensa en las cosas activas que te gustan y la próxima vez que estés sentado sin hacer nada, comprométete a salir y practicar una actividad placentera, ya sea ciclismo de montaña, jardinería o hacer un voluntariado.

Diez pasos asumibles para cambiar tu personalidad *(cont.)*

Para aumentar la conciencia	Acostúmbrate a escribir semanalmente cómo tus objetivos y tareas a corto plazo están relacionados con tus objetivos y valores a largo plazo. Tu conciencia aumentará cuando puedas ver la relación entre el esfuerzo que haces hoy y las recompensas que obtendrás en el futuro.	Cuando te enfrentes a una tarea ardua, imagínate haciéndola en el papel de un personaje que admires; puede ser una persona real o un personaje de ficción como Batman. Un estudio reciente descubrió que los niños pequeños eran capaces de dedicar más tiempo a la tarea cuando adoptaban el papel de Batman, probablemente porque crear distancia con el yo de esta manera hace que sea más fácil resistirse a las distracciones y dar prioridad a los objetivos a más largo plazo.[71] Si a los niños les funciona, ¿por qué no probarlo?
Para aumentar la simpatía	Cada semana, piensa en alguien que creas que te ha tratado mal en el pasado y hazte una declaración abierta a ti mismo de que perdonas a esa persona y que no te debe nada. Incluso dejando de lado las razones éticas para practicar el perdón con regularidad, este hábito te aportará beneficios mentales y físicos y aumentará tu propensión a comportamientos amistosos y altruistas.	Los investigadores han identificado cuatro hábitos de autosabotaje a los que hay que resistirse para no quedar como un imbécil: (1) no hagas cumplidos con doble sentido (por ejemplo, «Eres fuerte para ser mujer»), que se recibirán como menosprecio; (2) no hagas alarde de humildad (por ejemplo, «He aumentado tanto mis músculos en el gimnasio que tendré que arreglarme el vestido»), pues la gente lo ve como una fanfarronada; (3) no seas hipócrita (por ejemplo, no prediques sobre el cambio climático antes de irte de vacaciones); (4) resiste a la arrogancia (es mejor comparar tu éxito con tu propio rendimiento pasado que despreciar el de los demás).

Diez pasos asumibles para cambiar tu personalidad *(cont.)*

Para aumentar la apertura	Si dispones de los recursos para hacerlo, comprométete a visitar diversos lugares desconocidos de todo el mundo. Nuevas vistas, sonidos, olores y rutinas aumentarán tu amplitud de miras.	Piensa en las personas con las que pasas la mayor parte del tiempo. Las investigaciones demuestran que cuando uno se siente amenazado y poco respetado, es más probable que se aferre rígidamente a sus creencias de forma defensiva o que finja saber más de lo que sabe. Por el contrario, cuando te sientes en confianza y respetado, estarás naturalmente más dispuesto a ser flexible y tolerante.

Capítulo 5

ELEGIR CAMBIAR

Fue a principios de mi primer año en la universidad cuando empecé a sentir lástima por mi compañero Matt. No había hecho amigos y se sentía muy solo. Sin duda, el hecho de que su dormitorio estuviera en las afueras del campus tenía parte de culpa, pero admito que no podía evitar sentir que su personalidad también afectaba: era extremadamente introvertido y aburrido.

Salí con Matt un par de veces, sobre todo porque parecía muy triste y solo. Nunca olvidaré la última vez que estuvimos juntos a solas, cuando me dijo que había tenido una revelación. Me dijo que no había venido a la universidad para pasar el tiempo deprimido y que había tomado una firme decisión: iba a cambiar para ser más sociable. Yo era escéptico. Como muchas otras personas, tenía la sensación de que la gente no puede cambiar, no en el fondo.

Pero esa fue literalmente la última vez que vi a Matt solo. A partir de entonces, siempre estaba rodeado de un grupo de amigos o trabajando en uno de los bares del campus. Siempre parecía feliz y extravertido, y solía reírse con los demás. Había cambiado, o al menos eso parecía. Su alegría no debería sorprender: los extravertidos suelen ser más felices que los introvertidos. De hecho, los introvertidos suelen subestimar el placer que obtendrían si se comportaran más a menudo de forma extravertida.[1]

¿Es la historia de Matt difícil de creer? No debería serlo. Recuerda que un cierto grado de cambio de personalidad es normal. Tus rasgos se forman por influencias inmediatas como el estado de ánimo y la compañía presente, y también por acontecimientos dramáticos como el matrimonio y la emigración. Pues mientras todo eso ocurre, maduras gradualmente a medida que te haces mayor.

Pero, por supuesto, sigue habiendo una enorme diferencia entre los cambios de personalidad que surgen de forma pasiva, como un barco zarandeado por el viento, y los cambios que surgen mediante actos deliberados de voluntad, como presencié en Matt. Y esto plantea una pregunta tentadora: ¿y si se pudiera explotar la plasticidad de la personalidad para decidir cambiarse a uno mismo de formas específicas? ¿Y si la historia de Matt no fuera un caso aislado y, al emprender determinadas actividades o al tomar decisiones clave en la vida, pudiéramos escoger moldear nuestra propia personalidad, por ejemplo, volviéndonos más extravertidos o más tranquilos y conscientes? ¿Y si un leopardo realmente puede cambiar sus manchas por rayas?

En defensa del cambio

En este tema hay algo más que curiosidad personal o científica. Como se explica en el capítulo 1, cada vez hay más estudios que demuestran cómo influyen los rasgos de personalidad en la forma en que se desarrolla la vida. Los extravertidos suelen ser más felices que los introvertidos, pero también son más propensos a tener problemas con el alcohol y las drogas. Las personas muy neuróticas corren un riesgo mayor que la media de desarrollar problemas de salud mental y enfermedades físicas. De hecho, un reciente estudio suizo que siguió a un mismo grupo de personas durante más de tres décadas descubrió que quienes tenían un bajo nivel de extraversión y un alto nivel de neuroticismo tenían seis veces más probabilidades de desarrollar depresión y ansiedad en el transcurso de la investigación.[2]

Por otra parte, tu nivel de conciencia influye en la probabilidad de que adoptes comportamientos saludables, como comer bien y hacer ejercicio con regularidad. También es más probable que te vaya bien en tu educación y en tu carrera si eres más concienzudo. Tener más conciencia y predisposición a la experiencia puede incluso reducir el riesgo de desarrollar la enfermedad de Alzheimer. Es más, las investigaciones sugieren que los rasgos de personalidad pueden influir en el riesgo de que ocurran cosas malas; en algunos casos, crean un círculo vicioso, ya que es probable que esos acontecimientos desafortunados moldeen tu personalidad de forma desafortunada. Por ejemplo, como comenté en el capítulo 2, las personas que puntúan más alto en neuroticismo y más bajo en simpatía tienen más probabilidades de divorciarse. A su vez, pasar por un divorcio podría reducir tu extraversión y llevarte a estar más aislado. Del mismo modo, si tu nivel de conciencia es bajo, tienes más probabilidades que los que puntúan más alto de quedarte sin trabajo y, a su vez, estar desempleado puede reducir aún más tu nivel de conciencia.

Cómo se relacionan los principales rasgos de personalidad con la salud y el bienestar

	Personalidad psicológicamente sana prototípica[a]	Aspectos de la personalidad más relacionados por los psicólogos con diversas medidas de bienestar[b]	Aspectos de la personalidad relacionados con la salud física
Neuroticismo	Bajo en neuroticismo, especialmente preocupación, ira, depresión, impulsividad y vulnerabilidad.	Poco abandono (es decir, no se desanima ni se agobia fácilmente), relacionado con un neuroticismo más bajo.	El neuroticismo elevado se relaciona con tener más bacterias intestinales poco saludables y mayor presión arterial.
Extraversión	Alto en extraversión, especialmente calidez y felicidad (y otras emociones positivas)	Alto entusiasmo relacionado con la amabilidad y la calidez, también con la extraversión.	Una mayor extraversión está ligada a una mayor diversidad de bacterias intestinales (un indicador de mejor salud), pero también con un mayor riesgo de problemas de adicción.
Apertura	Alto grado de apertura a la experiencia, especialmente a los propios sentimientos.	Elevada curiosidad intelectual (que incluye pensar en profundidad y estar abierto a nuevas ideas), relacionada con el rasgo principal de apertura.	Una mayor apertura se relaciona con menos marcadores de inflamación crónica en el organismo.
Simpatía	Alto grado de simpatía, especialmente en relación con la honestidad y la franqueza.	Alta compasión (sentir empatía y preocupación por los demás), relacionada con la amabilidad.	Un menor grado de simpatía se asocia a un mayor riesgo de enfermedad cardiovascular.

146

Cómo se relacionan los principales rasgos de personalidad con la salud y el bienestar *(cont.)*

	Personalidad psicológicamente sana prototípica[a]	Aspectos de la personalidad más relacionados por los psicólogos con diversas medidas de bienestar[b]	Aspectos de la personalidad relacionados con la salud física
Conciencia	Alto nivel de concienciación, especialmente la sensación de ser capaz y tener el control.	Alta diligencia (valentía, determinación, ambición), relacionada con el rasgo de conciencia	Un alto nivel de conciencia está relacionado con niveles más bajos de cortisol (un biomarcador del estrés), menos inflamación crónica en el organismo y bacterias más sanas en el intestino.

[a]Basado en el consenso de 137 expertos en personalidad. Wiebke Bleidorn, Christopher J. Hopwood, Robert A. Ackerman, Edward A. Witt, Christian Kandler, Rainer Riemann, Douglas B. Samuel y M. Brent Donnellan, «The healthy personality from a basic trait perspective», *Journal of Personality and Social Psychology* 118, nº 6 (2020): 1207.

[b]Entre las medidas de bienestar estaban la felicidad, el crecimiento personal, la autoaceptación y tener un propósito y un significado en la vida. Jessie Sun, Scott Barry Kaufman y Luke D. Smillie, «Unique associations between big five personality aspects and multiple dimensions of well-being», *Journal of Personality* 86, no. 2 (2018): 158-172.

Lo que resulta especialmente sorprendente es que, en muchos casos, los rasgos de personalidad ejercen una influencia similar o incluso mayor en la vida de las personas que el tipo de factores que se podrían considerar importantes, como la riqueza o pobreza relativa de la familia en la que se ha nacido, la inteligencia o, en lo que respecta a los resultados de salud y longevidad, la presión arterial.

Los políticos nos hablan mucho de sus planes económicos y sus iniciativas de salud pública. Sin embargo, rara vez se habla de ayudar a las personas a desarrollar rasgos de personalidad beneficiosos. Hay indicios de que esto está empezando a cambiar —por ejemplo con los crecientes llamamientos a enseñar «competencias de carácter» en las escuelas—, pero sorprendentemente sigue habiendo poca conciencia de la inmensa importancia de los rasgos de personalidad para la vida de las personas.

Antes de analizar si realmente es posible cambiar deliberadamente el carácter de forma beneficiosa, incluso en la edad adulta, demos un paso atrás. ¿Hasta qué punto es natural querer tener una personalidad diferente? ¿Es algo de lo que la mayoría de nosotros necesitamos ser persuadidos? ¿O es algo que ya anhelamos?

¿ES NORMAL QUERER SER DIFERENTE?

Primero, ¿qué hay de ti? La siguiente prueba breve de personalidad te revelará en términos de los cinco grandes rasgos de la personalidad si te gustaría cambiar tu carácter y de qué manera.[3] Lee cada una de las descripciones de la izquierda y puntúate en función de cuánto te gustaría parecerte más o menos al tipo de persona descrito, o decide si ya eres feliz con esa característica.

¿Estás contento con tus rasgos de personalidad?

	Mucho más (pto.+2)	Más (pto. +1)	Estoy contento (pto. 0)	Menos (pto. -1)	Mucho menos (pto. -2)
1 Quiero ser más hablador.					
2 Quiero tener una imaginación más vívida.					

¿Estás contento con tus rasgos de personalidad? *(cont.)*

	Mucho más (pto.+2)	Más (pto. +1)	Estoy contento (pto. 0)	Menos (pto. -1)	Mucho menos (pto. -2)
3 Quiero tener una naturaleza indulgente.					
4 Quiero ser un trabajador fiable.					
5 Quiero ser alguien relajado y que maneje bien el estrés.					
6 Quiero ser alguien lleno de energía.					
7 Quiero ser confiado en general.					
8 Quiero ser alguien que hace las cosas con eficacia.					
9 Quiero ser ingenioso.					
10 Quiero ser emocionalmente estable y no alterarme fácilmente.					
11 Quiero tener una personalidad asertiva.					
12 Quiero que me guste cooperar con los demás.					

¿Estás contento con tus rasgos de personalidad? *(cont.)*

	Mucho más (pto.+2)	Más (pto. +1)	Estoy contento (pto. 0)	Menos (pto. -1)	Mucho menos (pto. -2)
13 Quiero ser alguien que hace planes y los cumple.					
14 Quiero sentir curiosidad por muchas cosas diferentes.					
15 Quiero ser alguien que mantenga la calma en situaciones tensas.					

Para puntuar tu examen

- Suma tus respuestas a los puntos 1, 6 y 11 (recuerda que obtienes 2 puntos por «mucho más»; 1 punto por «más»; 0 por estar contento como estás; menos 1 punto por querer ser menos; y menos 2 puntos por querer ser mucho menos). Esto te dará un total entre -6 y 6. Cuanto mayor sea tu puntuación en estos ítems, más *extravertido* querrás ser.

- Suma tus respuestas para 2, 9 y 14, lo que te dará un total entre -6 y 6. Cuanto más alta sea tu puntuación, más *abierto de mente* querrás ser.

- Suma tus respuestas para 3, 7 y 12, lo que te dará un total entre -6 y 6. Cuanto más alta sea tu puntuación, más *simpático* querrás ser.

- Suma tus respuestas para 4, 8 y 13, lo que te dará un total entre -6 y 6. Cuanto más alta sea tu puntuación, más *concienciado* querrás estar.

- Suma tus respuestas para 5, 10 y 15, lo que te dará un total entre -6 y 6. Cuanto más alta sea tu puntuación, más *estable emocionalmente (o menos neurótico)* querrás ser.

Para cada rasgo, una puntuación de cero indica que estás bastante satisfecho con tu forma de ser. Compara tu puntuación entre los rasgos y verás lo satisfecho que estás con tu personalidad en general y qué características son las que más y menos quieres cambiar. Tanto si tus resultados muestran que albergas deseos de cambiar como si estás contento con tu forma de ser, puede que te preguntes si tu propio estado de (des)contento es normal.

Hay razones de peso para predecir que la mayoría de la gente probablemente esté feliz con su personalidad. Las investigaciones llevan mucho tiempo demostrando que la mayoría de nosotros creemos que somos mejores que la media, desde nuestras habilidades al volante hasta el número de amigos que tenemos. Es un fenómeno que se conoce como el «efecto lago Wobegon», por la ciudad ficticia de Garrison Keillor en la que «las mujeres son fuertes, los hombres guapos y todos los niños están por encima de la media». Incluso los presos creen que son más honestos y dignos de confianza (relacionado con el rasgo de los cinco grandes de la simpatía) que la media de la población.[4] Y si ya eres brillante, ¿para qué jugar con la perfección?, ¿verdad?

De hecho, si los resultados de tus pruebas mostraron que estás deseoso o deseosa de cambiar, no estás ni mucho menos solo. Encuestas recientes indican que una gran proporción de nosotros albergamos la fantasía de cambiar de personalidad. Por ejemplo, una encuesta realizada a estudiantes por psicólogos de la Universidad de Illinois en Urbana-Champaign descubrió que casi todos ellos (más del 97 %) expresaban el deseo de que su personalidad fuera diferente, al menos en algunos aspectos.[5]

No se trata solo de estudiantes estadounidenses. Encuestas realizadas entre jóvenes británicos, iraníes y chinos han arrojado resultados muy similares.[6] Y querer cambiar tampoco es un deseo puramente juvenil. Los datos de casi siete mil personas de entre dieciocho y setenta años recogidos a través del sitio web www.PersonalityAssessor.com, donde se pueden hacer tests de personalidad gratuitos, revelaron que incluso entre los participantes de más edad, el 78 % quería ser diferente.[7] Parece que el deseo de cambiar un rasgo del carácter no es un fenómeno únicamente occidental ni una fijación de la juventud, sino parte de la naturaleza humana.

LOS TRES PRINCIPIOS BÁSICOS DEL CAMBIO DE PERSONALIDAD EXITOSO

Consideremos tres principios básicos de un enfoque basado en la evidencia para el cambio deliberado de la personalidad, según lo expuesto recientemente por expertos en personalidad de la Universidad de Zúrich:[8]

- La voluntad y la intención de cambiar de comportamiento.
- La creencia en la maleabilidad de la personalidad.
- La persistencia con sus cambios de comportamiento hasta que se conviertan en los habituales.

En primer lugar, debes tener la intención de cambiar comportamientos específicos relacionados con los rasgos, como ser más amable con los extraños o más hablador en el trabajo, ya sea como un fin en sí mismo o como el método para alcanzar un objetivo superior, como puede ser avanzar en tu carrera o ayudar a los niños pobres de tu comunidad. El punto fundamental y de sentido común aquí es que el cambio intencional de la personalidad no va a suceder a menos que tengas un objetivo claro para cambiar tu comportamiento en formas relacionadas con su personalidad.

Querer cambiar tus rasgos es demasiado vago. Al fin y al cabo, términos como *neurótico* y *extravertido* no son más que palabras que describen tu disposición y tus patrones de comportamiento a lo largo del tiempo. Del mismo modo que ocurre con la dieta y el ejercicio (donde «voy a salir a correr los martes por la tarde» es un plan más eficaz que «voy a correr más»), cuanto más específicos sean sus objetivos, más probabilidades tendrá de conseguirlos. Por eso, crear un plan para hablar con un desconocido al menos una vez al día o empezar a salir con los compañeros a tomar algo después del trabajo al menos una vez a la semana tiene más probabilidades de éxito que la ambición abstracta de volverse más extravertido (en una pandemia, plantéate salir a pasear al aire libre con un amigo o un compañero, o participar en reuniones informales de Zoom).

El segundo principio fundamental afirma que, para lograr un cambio deliberado de los rasgos de personalidad, se debe creer que se es capaz de realizar los ajustes de comportamiento necesarios para apoyar ese cambio de personalidad.[9] Esto suena un poco vago, parecido al típico dicho de que «creer que puedes significa que estás a mitad de camino». Y, de hecho, la importancia de las creencias sobre la maleabilidad de los rasgos y capacidades se ha demostrado muchas veces, sobre todo en el influyente trabajo de la psicóloga Carol Dweck. Se dice que las personas que consideran que sus rasgos y capacidades son dúctiles tienen una «mentalidad de crecimiento», y Dweck ha demostrado que tienden a responder a los obstáculos de la vida esforzándose más y buscando soluciones, en lugar de someterse pasivamente a cómo son las cosas.[10]

Lo mismo ocurre con la fuerza de voluntad: los estudios demuestran que las personas que creen que la fuerza de voluntad es ilimitada tienden a recuperarse más rápidamente de los retos más exigentes. De hecho, un estudio reciente realizado en la India, donde el esfuerzo mental se considera energizante, descubrió que realizar una tarea mental agotadora aumentaba la capacidad de perseverar en la siguiente tarea, lo que demuestra una vez más la importancia de nuestra mentalidad y nuestras creencias para moldear nuestra psicología.[11] Y lo

153

mismo ocurre con las creencias sobre la personalidad. Un estudio que Dweck realizó con niños demostró que enseñarles que la agresividad de una persona es maleable (en relación con los rasgos de los Cinco Grandes: amabilidad y conciencia) les facilitaba aprender a ser menos agresivos.

Si estás interesado en cambiar su personalidad o en ayudar a otra persona a cambiar la suya, la lección es sencilla: antes de ponerse manos a la obra con un cambio deliberado de personalidad, un primer paso importante es reconocer y aprender que ese cambio es posible y factible. De hecho, independientemente del éxito que se tenga en los ajustes de personalidad, el simple hecho de cultivar la mentalidad de que el cambio de personalidad es posible probablemente hará bien.[12]

Para ayudarte a pensar así, recuerda que, aunque tu personalidad está en parte enraizada en los genes que heredaste de tus padres, no está totalmente determinada por ellos (como estimación aproximada, es heredada en un 50 %). Es más, tus rasgos heredados son un poco como los ajustes de fábrica: sí, te inclinan a actuar de una determinada manera en la vida, pero con esfuerzo, compromiso y las estrategias adecuadas, sin duda pueden cambiarse. Cuando tu forma actual de relacionarte con el mundo y con los demás no te funciona —no consigues lo que quieres de la vida ni vives según tus valores—, puedes optar por cambiar las cosas.

El tercer y último principio básico de la adaptación voluntaria de la personalidad es que se deben repetir los cambios de comportamiento necesarios para lograr el cambio de rasgos con la frecuencia suficiente para que se conviertan en habituales. Hay que ser persistente y darse cuenta de que el cambio lleva tiempo y de que puede resultar molesto durante un periodo.

Al principio, estas nuevas formas de comportarse pueden requerir un esfuerzo consciente, pero con la reiteración seguramente se vuelvan más fáciles y posteriormente serán automáticas, igual que aprender a montar en bicicleta o a conducir un coche. En última instancia, es a través de la adquisición de nuevos hábitos de comportamiento y formas de responder al mundo como puedes configurar tu propia personalidad.

Pensemos en el arquetipo de hombre callado y retraído que quiere ser más extravertido. Para él, aprender a ser más hablador y sociable le supondrá un gran esfuerzo consciente al principio; incluso puede sentirse incómodo y forzado. Pero con la práctica, descubrirá que estos comportamientos pueden convertirse en algo natural. Ser sociable se convierte en un reflejo, en una configuración por defecto. Esencialmente, se convierte en parte de su personalidad. Lo mismo ocurre con los demás rasgos. Imaginemos que una mujer adopta el nuevo hábito de ir al teatro todas las semanas (o de ver producciones online con regularidad) como forma de aumentar su apertura de mente. Al principio, la situación le resulta extraña, el entretenimiento le resulta poco familiar. Pero con el tiempo, llega a reconocer a ciertos actores y dramaturgos y desarrolla sus propios gustos idiosincrásicos y curiosidades sobre el arte. En palabras de los psicólogos de la Universidad de Zúrich: «Sostenemos que los procesos de formación de hábitos ayudan a una persona a mantener los cambios de conducta deseados a lo largo del tiempo y, en consecuencia, a traducirlos en cambios de rasgos relativamente estables y medibles».

Si recordamos la historia de mi amigo universitario Matt, parece claro, en retrospectiva, que estaba perfectamente preparado para lograr un cambio de personalidad duradero. Estaba muy motivado, creía firmemente que el cambio era posible e inmediatamente se dispuso a modificar sus hábitos de conducta, lo que incluyó encontrar un trabajo en un entorno muy social (uno de los bares de la universidad) donde no tuvo más remedio que practicar repetidamente la socialización con desconocidos. La historia de Matt no es un caso aislado. Recientemente, psicólogos expertos recopilaron un enorme análisis de todas las pruebas de investigación a largo plazo disponibles sobre este tema —si las personas son capaces de cambiar su personalidad—, y llegaron a la conclusión de que, en la mayoría de los casos, sí pueden hacerlo, especialmente aumentando la extraversión y la estabilidad emocional.[13]

Lo más importante es que los tres factores asociados a la capacidad de cambio son, en sí mismos, eminentemente cambiantes. De hecho, después de leer este libro, es probable que descubras que los dos primeros, e incluso el tercero, te describen ahora con bastante exactitud, aunque en el pasado no lo hubieran hecho. Si deseas cambiar y has resuelto estos tres factores, te encontrará en una posición fantástica para ir más allá y comenzar algunas actividades y ejercicios específicos que, según la investigación psicológica, tienden a ir de la mano del cambio en los rasgos de personalidad.

FORMAS DE CAMBIAR TU PERSONALIDAD RESPALDADAS CIENTÍFICAMENTE

Proponerse comportarse de maneras nuevas de forma deliberada es una parte crucial de lo que se necesita para lograr un cambio voluntario de personalidad, pero por sí solo, este enfoque probablemente requiera un gran esfuerzo. Estás aprendiendo a realizar cambios en tus comportamientos externos, muchos de los cuales pueden resultarte incómodos o desafiantes, con la esperanza de que estos esfuerzos acaben produciendo cambios internos duraderos. Imagínate a la mujer desorganizada que, para ser más concienzuda, aprende a utilizar un calendario de Google, o al ignorante confeso que se obliga a ir a la ópera una vez al mes (con la esperanza de ser más culto y abierto de mente).

Estas estrategias de comportamiento intencionadas son una parte importante de la receta para el cambio. De hecho, un estudio reciente que siguió a miles de holandeses durante siete años descubrió que una mayor actividad cultural, como ir a la ópera, realmente precipita aumentos en el rasgo de apertura.[14] Sin embargo, un ingrediente complementario para el éxito del cambio es realizar ejercicios y actividades que la investigación ha demostrado que tienen el efecto secundario de estar asociados a cambios en rasgos específicos de la personalidad (aunque ese no sea necesariamente el motivo habitual de la mayoría de la gente para realizar la actividad).

Aunque adoptar nuevos hábitos conscientemente es importante y te cambiará de fuera a dentro, muchas de las actividades a continuación te cambiarán de dentro a fuera, modificando los procesos cognitivos y fisiológicos básicos que conforman tu personalidad. A su vez, esto cambiará tu forma de comportarte, lo que alterará las situaciones en las que te encuentres. Por ejemplo, si realizas con regularidad una actividad que ha demostrado aumentar los niveles de empatía (como leer más ficción literaria con personajes psicológicamente convincentes y tramas emocionalmente sofisticadas; para más detalles, véase la página 173), es probable que empieces a actuar de forma más afectuosa. A su vez, esto aumentará las probabilidades de encontrarte en compañía amistosa y confiable que hará que tu carácter sea cada vez más agradable.

Algo que debes tener presente es que no tienes por qué hacer cambios drásticos en tus rasgos, como metamorfosearte del tímido marginado al cómico popular, para disfrutar de beneficios significativos en tu vida. El motivo es que incluso los cambios más modestos en algunas o todas las cinco dimensiones principales de la personalidad pueden generar una avalancha acumulativa de consecuencias en la vida real en cuanto a las decisiones que tomas, las actividades a las que dedicas tiempo, las personas con las que te relacionas y las situaciones en las que te encuentras. Independientemente de tu objetivo global, ya sea cumplir mejor tu vocación en la vida, ser más productivo o tener más amigos, es probable que descubras que incluso las modificaciones más sutiles de tu personalidad te ayudarán a conseguirlo, a ser quien quieres ser.

Reduce tu neuroticismo

Veamos cada rasgo por separado, empezando por el neuroticismo, el rasgo que, según los datos disponibles, más gente quiere cambiar, y que tiene algunas de las implicaciones más graves para la felicidad, la salud y el bienestar mental. Recordemos que el neuroticismo es la otra cara de la estabilidad emocional. Las personas que puntúan alto en neuroticismo son más sensibles a las emociones negativas y se muestran indecisas, vigilantes y nerviosas. Entonces, ¿qué actividades o ejercicios se asocian con alteraciones de los mecanismos psicológicos básicos que contribuyen a estas características?

Podrías dedicar tiempo a completar ejercicios online de entrenamiento de la memoria. Una teoría cada vez más popular sugiere que buena parte de la ansiedad habitual está causada, en un nivel básico, por dificultades para controlar nuestra atención mental, lo que incluye en qué estamos pensando en un momento dado. Por ejemplo, cuando intentas hacer una presentación ante tus compañeros de trabajo, no dejas de imaginar lo que pueden estar pensando de ti; o cuando vas de camino a una entrevista y lo único en lo que piensas es en todo lo que puede salir mal, en lugar de concentrarte en ensayar las excelentes respuestas que has preparado. Los ejercicios de entrenamiento de la memoria online pueden ayudarte a mejorar tu capacidad de memoria de trabajo, es decir, tu habilidad para hacer malabarismos con distintas informaciones simultáneamente. A su vez, esto aumenta el control que tienes sobre tus propios pensamientos.

Consideremos los resultados de un estudio reciente en el que trece estudiantes ansiosos realizaron una versión difícil de lo que en psicología se conoce como prueba n-back[15] (estas tareas implican prestar atención y recordar dos flujos de información a la vez). En concreto, los estudiantes tenían que escuchar un flujo de letras y, al mismo tiempo, mirar una retícula cambiante de cuadrados y, a continuación, pulsar una tecla cada vez que la letra actual o el cuadrado resaltado coincidiera con el que aparecía un cierto número de veces antes en el flujo. La dificultad de esta prueba se intensificaba exigiendo a los participantes que compararan el cuadrado y la letra actuales con elementos bastante anteriores, y cuanto mejor lo hacían, más aumentaba la dificultad (un grupo de control completó una versión del entrenamiento diseñada para ser demasiado fácil como para tener algún beneficio).

El principal hallazgo fue que, tras completar treinta minutos de este entrenamiento diario durante quince días, los estudiantes declararon sentir menos ansiedad que antes y tenían mejor rendimiento en situaciones de estrés. Las mediciones de sus ondas cerebrales también sugerían que se encontraban en un estado más relajado. El entrenamiento tuvo probablemente estos efectos beneficiosos porque dio a los estudiantes más control sobre sus propios pensamientos. A las personas que puntúan alto en neuroticismo les resulta difícil no pensar en riesgos futuros y no seguir dándole vueltas a errores pasados, pero después de este tipo de entrenamiento, les resulta más fácil reducir esta ansiedad a niveles más manejables.

Otra actividad que puedes probar es realizar ejercicios de gratitud con regularidad, como anotar brevemente cada día las cosas por las que te sientes afortunado o escribir cartas de agradecimiento. Las investigaciones demuestran que la gratitud puede actuar como una forma de armadura emocional: las personas que sienten y expresan más gratitud tienden a verse menos afectadas negativamente por el estrés en la vida.[16] Incluso hay pruebas de neuroimagen que sugieren que cuanto más se practica el sentimiento y la expresión de gratitud, más se adapta el cerebro a esta forma de pensar.[17] Esto sugiere que cuanto más se esfuerce por sentir gratitud, más natural le resultará este sentimiento en el futuro, lo que contribuirá a reducir su rasgo de neuroticismo.

Otra forma de alterar los procesos psicológicos básicos que sientan las bases del neuroticismo es empezar a ir a terapia. Puede parecer una sugerencia extraña, pero las personas que le dedican una hora a la semana a charlar con un terapeuta, reflexionar y cambiar sus hábitos de pensamiento están en cierto sentido remodelando su personalidad.

Normalmente no pensamos en la terapia de esta manera; normalmente nos centramos en ayudar a reducir los síntomas o en experimentar un despertar interior. Pero recientemente los investigadores han empezado a considerar la terapia como una forma de cambio de la personalidad. Por ejemplo, en un artículo de 2017, Brent Roberts y su equipo expusieron los hallazgos de más de 207 ensayos de psicoterapia publicados entre 1959 y 2013, en los que participaron más de veinte mil personas, que incluían medidas del antes y el después de la personalidad de los pacientes.[18] El equipo descubrió que unas pocas semanas de terapia tendían a producir cambios significativos y duraderos en la personalidad de los pacientes, especialmente una reducción del neuroticismo, pero también un aumento de la extraversión. Las reducciones del neuroticismo fueron especialmente impresionantes, ya que sumaron aproximadamente la mitad de la cantidad en la que normalmente se reduce este rasgo a lo largo de toda la vida (debido al apaciguamiento que es parte normal del envejecimiento).

La terapia cognitivo-conductual es una de las formas de psicoterapia más utilizadas en la actualidad. Como he mencionado antes, se centra en alterar las creencias y hábitos de pensamiento sesgados negativamente o poco útiles de una persona. Por ejemplo, una persona muy neurótica puede tener tendencia a centrarse demasiado en las críticas o a imaginarse cómo pueden salir mal los retos, y la TCC le enseñará a ver el sesgo de este pensamiento y a corregirlo.

Cuando los investigadores examinaron los efectos de solo nueve semanas de TCC sobre los rasgos de personalidad de las personas con ansiedad social, descubrieron que reducía el neuroticismo y aumentaba el rasgo de confianza de la simpatía.[19] Del mismo modo, tras cuarenta sesiones de TCC, las personas con trastorno de ansiedad generalizada (una forma de ansiedad crónica que impregna todos los aspectos de la vida) mostraron una reducción del neuroticismo y un aumento de la extraversión y la simpatía.[20]

Tiene sentido que la psicoterapia dirigida a las formas de pensar ansiosas o melancólicas produzca reducciones en el rasgo de neuroticismo, porque los rasgos de personalidad se basan en parte en los hábitos de pensamiento y en cómo nos relacionamos con los demás. Incluso se puede pensar que la TCC para la ansiedad y la depresión leves consiste en dedicar tiempo a aprender literalmente a crear el hábito de pensar menos como una persona neurótica. Y cuando cambias tus pensamientos, es más fácil cambiar tus hábitos de comportamiento. Empiezas a socializar más, a tomar decisiones más audaces y a vivir con menos miedo y angustia.

Dependiendo de tu entorno socioeconómico y cultural, empezar a ir a terapia puede parecer un lujo inalcanzable, o tal vez se vea como una intervención bastante drástica solo apta para quienes se encuentran muy mal. En cualquier caso, merece la pena tener en cuenta las pruebas cada vez más numerosas de la eficacia de la TCC informatizada, a distancia, que se puede llevar a cabo desde la comodidad del hogar.[21] Si deseas reducir tus propias puntuaciones de neuroticismo, es probable que los programas en línea de TCC, como Beating the Blues en lengua inglesa, te guíen en la realización de ejercicios que te ayuden a pensar de un modo que fomente una mayor estabilidad emocional, por ejemplo, centrándose en los aspectos de una situación que puedes controlar y considerando las interpretaciones positivas de los acontecimientos pasados tanto como las negativas.

Si lo tuyo no es el terapeuta ni la terapia online, te ofrezco algunos consejos para pensar de forma menos neurótica (no obstante, ten en cuenta que si experimentas una angustia importante debes buscar la ayuda de un profesional de la salud mental debidamente cualificado). Por ejemplo, puedes reflexionar sobre tu relación con la preocupación. Las investigaciones han demostrado que las personas que se preocupan casi de forma crónica (que suelen ser los que tienen una puntuación alta en neuroticismo) tienden a ver esa preocupación, en última instancia, como algo bueno. Esto puede parecer extraño dada la angustia que les causa, pero en el fondo creen que puede evitar que ocurran cosas malas. Los preocupones persistentes también tienden a ser perfeccionistas en su forma de preocuparse, queriendo cubrir todas las posibles contingencias. Por supuesto, eso es imposible, así que acaban atrapados en un bucle de angustia sin fin. Los psicólogos dicen que se puede salir de esta situación simplemente recordándose a uno mismo que no pasa nada por parar de preocuparse cuando se está harto de hacerlo.

También puedes empezar a prestar atención a la forma en que te hablas a ti mismo sobre los próximos retos y los errores del pasado. Fíjate sobre todo en los casos en los que te impones normas imposibles, haces generalizaciones, ignoras los matices de la situación y utilizas palabras sobre ti mismo como *debo* y *debería*. En su lugar, intenta hablar contigo con compasión, como lo harías con un familiar cercano o un amigo. Las personas con un alto grado de neuroticismo también tienden a recordar más cosas negativas y a insistir en todas las formas en que las cosas pueden ir mal. Reconoce este sesgo y combátelo activamente rememorando deliberadamente recuerdos felices y logros pasados, y reserva tiempo para enumerar las formas en que los retos venideros podrían salir bien.

La cascada del neuroticismo

Para contener la cascada, prueba las siguientes técnicas para cada fase:

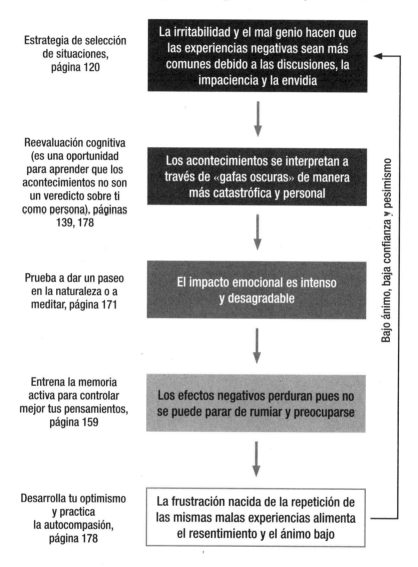

Estrategia de selección de situaciones, página 120

La irritabilidad y el mal genio hacen que las experiencias negativas sean más comunes debido a las discusiones, la impaciencia y la envidia

Reevaluación cognitiva (es una oportunidad para aprender que los acontecimientos no son un veredicto sobre ti como persona), páginas 139, 178

Los acontecimientos se interpretan a través de «gafas oscuras» de manera más catastrófica y personal

Prueba a dar un paseo en la naturaleza o a meditar, página 171

El impacto emocional es intenso y desagradable

Entrena la memoria activa para controlar mejor tus pensamientos, página 159

Los efectos negativos perduran pues no se puede parar de rumiar y preocuparse

Desarrolla tu optimismo y practica la autocompasión, página 178

La frustración nacida de la repetición de las mismas malas experiencias alimenta el resentimiento y el ánimo bajo

Bajo ánimo, baja confianza y pesimismo

Los psicólogos de la Universidad de Iowa creen que existe una serie de procesos psicológicos —una cascada de neuroticismo— que atrapa a las personas con un alto nivel de este rasgo en un estado crónico de emociones negativas. Cada una de las cinco etapas ofrece oportunidades para frenar la cascada utilizando las técnicas de este libro.

Una última actividad para reducir tu rasgo de neuroticismo —y una gran excusa para viajar— es intentar pasar un tiempo en el extranjero. Cada vez son más los estudios que demuestran que uno de los principales resultados de este tipo de experiencias, especialmente para los jóvenes, es la reducción de las puntuaciones de neuroticismo. Hace unos años, unos investigadores alemanes evaluaron a más de mil estudiantes universitarios, algunos de los cuales hicieron un largo viaje de estudios al extranjero y otros se quedaron en Alemania.[22] También midieron su personalidad al principio y al final del curso. Como era de esperar, al principio, los estudiantes que planeaban viajar obtuvieron una puntuación media más baja en neuroticismo que los que se quedaron en casa. Pero incluso teniendo en cuenta las diferencias en los niveles iniciales de neuroticismo, el hallazgo crucial es que, al final del estudio, los estudiantes que pasaron un tiempo en el extranjero habían experimentado una mayor reducción de su neuroticismo en comparación con aquellos que se quedaron en casa.

Al pasar una temporada en el extranjero (preferiblemente en un entorno seguro y acogedor), no queda más remedio que enfrentarse a incertidumbres, nuevos lugares y personas, y nuevas culturas. Aunque esto puede suponer un gran reto, sobre todo si se es miedoso por naturaleza, la experiencia ofrecerá muchas oportunidades para practicar el control emocional. Al volver a casa, será como si el sentido del riesgo y la incertidumbre se hubieran recalibrado. En términos de personalidad, las personas se vuelven menos neuróticas. Además, muchos psicólogos creen que la personalidad de alguien es relativamente estable porque está moldeada por las mismas situaciones y personas con las que se encuentra día tras día. Pasar un tiempo en el extranjero, en un entorno totalmente nuevo, da la oportunidad de desarrollarse libre de las fuerzas cotidianas que suelen influir.

Al combinar los tres principios fundamentales del cambio voluntario de personalidad con estos tres enfoques prácticos (terapia, viajes y entrenamiento de la memoria, aparte de los otros muchos que se encuentran a lo largo de este libro), tendrás una excelente oportunidad de reducir tu neuroticismo y cosechar todos los beneficios asociados con ser más estable emocionalmente. Y para obtener aún más ideas sobre cómo romper lo que algunos psicólogos llaman la *cascada del neuroticismo*, consulta la imagen de la página 163.

> *Consejo extra*: ¡date un paseo! Se ha demostrado que el simple hecho de poner un pie delante del otro —nada que ver con los efectos del aire fresco o el propósito del paseo— tiene beneficios sobre el estado de ánimo, incluso cuando no lo crees.[23] Otra alternativa son las artes marciales. Tus nuevas habilidades no solo te darán confianza, sino que las investigaciones sugieren que desarrollarás un mayor control de la atención a nivel cognitivo, similar al efecto del entrenamiento de la memoria mencionado en la página 158.[24]

Estimula tu conciencia

Pasemos ahora a las formas de desarrollar una mayor conciencia, empezando por encontrar un trabajo o un voluntariado que te resulte realmente significativo y con el que te sientas comprometido. Los estudios demuestran que sentirse personalmente implicado en el propio trabajo tiende a aumentar la conciencia con el tiempo, especialmente cuando las exigencias del puesto son transparentes.[25] Esto sucede porque, en un trabajo que te gusta, te sientes motivado para comportarte de forma rutinaria, organizada y ambiciosa en pos de los objetivos de la función. Es probable que esto aumente su autodisciplina y orden si tus compañeros y clientes recompensan y refuerzan tu comportamiento constructivo, poniendo en marcha un círculo virtuoso que, a fin de cuentas, eleva tus niveles de rasgo de concienciación.

Por supuesto, encontrar un trabajo con sentido no es tarea fácil. En gran medida, puede depender de cómo pienses sobre tu trabajo. Estudios que han seguido a trabajadores durante muchos años han descubierto que, independientemente de la naturaleza del empleo, los que ven que su trabajo beneficia a los demás son más propensos a decir que lo encuentran significativo e importante (estas personas también tienden a ser más felices y productivas en sus jornadas laborales).[26] Así que una forma de aumentar el sentido de tu oficio y, por tanto, tus posibilidades de aumentar tu conciencia, es pensar en cómo beneficia a otras personas, tanto si escribes código web que permite a la gente encontrar los servicios que desea en internet como si repartes el correo a domicilio. La cuestión es que al ver el bien que eres capaz de hacer, es probable que tu motivación aumente y una consecuencia personal de ello sea que probablemente tu conciencia se vea beneficiada.

Las funciones voluntarias y las aficiones constructivas —por ejemplo, formar parte del AMPA del colegio de su hijo o de la junta de recursos naturales de tu ciudad— pueden tener una influencia similar en tu comportamiento y, por tanto, en tu conciencia. Una vez más, existe el reto de encontrar una actividad que signifique lo suficiente para ti —una verdadera pasión— como para motivarte a aumentar tu diligencia y compromiso. Los estudios sobre las pasiones vitales demuestran que es poco probable que encuentres una actividad que se ajuste a lo que buscas simplemente sentándote en el sofá e imaginando distintas opciones. Tienes que salir al mundo y probar cosas diferentes, para tener la oportunidad de encontrar un papel o una actividad que transforme tu personalidad para mejor. Recuerda también que puede que no sea amor a primera vista. Cada vez que te lances a una potencial pasión diferente, asegúrate de darle la oportunidad de que cautive tu mente. Si no tienes ideas, un catalizador para tu imaginación puede ser hacer un cuestionario de «intereses profesionales»: hay muchos ejemplos gratuitos en internet.

Otro paso que puedes dar para aumentar tu concienciación es practicar para evitar las tentaciones. Puede que pienses que el secreto para llevar una vida más sana y productiva (y consciente) es una fuerza de voluntad de hierro, pero lo cierto es que cada vez hay más pruebas que sugieren que uno de los secretos de las personas expertas en resistir tentaciones es que, en primer lugar, las evitan. Consideremos las conclusiones de un estudio reciente en el que se preguntó a 159 estudiantes universitarios por sus cuatro objetivos principales a largo plazo y, a continuación, se analizó detalladamente su comportamiento durante una semana a través de mensajes aleatorios del teléfono móvil.[27] Cada vez que sonaba su teléfono durante la semana de estudio, los estudiantes tenían que responder a preguntas como si estaban resistiendo una tentación y si estaban utilizando su fuerza de voluntad.

Cuando los investigadores volvieron a ponerse al día con los estudiantes al final del semestre para ver cuáles de ellos habían alcanzado sus objetivos (por ejemplo, aprender francés), descubrieron que no eran los estudiantes que habían ejercido más fuerza de voluntad durante la semana de estudio, sino los que se habían enfrentado a menos tentaciones. Los investigadores de la Universidad de Toronto afirmaron: «Nuestros resultados sugieren que el camino hacia una mejor autorregulación no reside en aumentar el autocontrol, sino en eliminar las tentaciones disponibles en nuestros entornos».

Esto implica que puedes desarrollar tu conciencia en parte aprendiendo estrategias para evitar encontrarte con la tentación. La dieta es un buen ejemplo. Un estudio reciente de la Universidad del Estado de Arizona descubrió que las personas que se desplazaban al trabajo por el trayecto en el que había más establecimientos de comida tendían a tener más peso.[28] Conclusiones como esta sugieren que el simple hecho de evitar la ruta al trabajo que pasa por tu panadería o establecimiento de comida rápida favorito podría ayudarte a mantenerte más sano.

Del mismo modo, si te resulta difícil resistirte a desconectar con el iPad cuando deberías estar durmiendo, establece una sencilla norma: nada de dispositivos digitales en el dormitorio. En otras palabras, ya sea la tecnología, la comida rápida o cualquier otra tentación, acepta la idea de que tú, como la mayoría de los seres humanos, eres débil de voluntad y por tanto debes diseñar tus estrategias en función de ello. La consecuencia más probable es que te vuelvas al menos un poco más consciente.

Por último, ¡haz los deberes! Vale, puede que este consejo llegue un poco tarde para muchos de nosotros, pero el mismo principio se aplica en la edad adulta: si inviertes más esfuerzo hoy, ya sea en el trabajo, en tus relaciones o en tus aficiones, disfrutarás de los beneficios a largo plazo, y esto te ayudará a desarrollar una mentalidad más paciente y orientada al futuro. Los investigadores lo han demostrado recientemente al hacer un seguimiento de miles de estudiantes alemanes durante tres años. No solo los estudiantes más concienciados se esforzaban más en hacer los deberes, sino que, con el tiempo, aquellos que se esforzaban más realizando sus deberes mostraban mejoras posteriores en su rasgo de conciencia.[29] Según los investigadores, «los cambios constantes en el comportamiento pueden conducir a cambios constantes en la personalidad de los estudiantes». Puedes aplicar el mismo planteamiento a tus aficiones o a un curso de aprendizaje para adultos: aplica la autodisciplina e invierte esfuerzo hoy y mañana, y pronto te convertirás en una persona más concienzuda. Este planteamiento tiene más probabilidades de éxito si te sientes realmente implicado y responsable de lo que haces, y si recibes recompensas tangibles por tu esfuerzo a largo plazo a través de progresos visibles o comentarios personales (que pueden adoptar muchas formas, desde notas en exámenes formales hasta resultados creativos o el aprecio de los demás).

Por supuesto, este mensaje de la investigación sobre los deberes tiene otra cara: si eres directivo, profesor o padre, hay cosas que puedes hacer para fomentar el rasgo de conciencia en tu personal, tus alumnos o tus hijos. Se autoritario, pero también coherente, cálido y comprensivo (es más probable que la conciencia se desarrolle cuando la gente quiere y admira a sus superiores); ayuda a las personas a entender la relación entre superar los retos de hoy y conseguir objetivos a más largo plazo; y proporciona apoyo en caso de fracaso. El objetivo es transmitir el mensaje de que el esfuerzo se recompensa; asegúrate de que la gente sabe lo que tiene que hacer para tener éxito (por ejemplo, con funciones claramente definidas) y se sienta dueña y responsable de sus esfuerzos. Y, sobre todo, intenta crear un entorno en el que el éxito se mida a lo largo de años, no solo de días o semanas.

Consejo extra: no siempre se puede evitar la tentación, y a veces no queda más remedio que recurrir a la fuerza de voluntad pura y dura para ser más consciente. A este respecto, la forma en que pienses sobre la fuerza de voluntad puede ser clave, sobre todo si la ves como un recurso limitado. Antes he mencionado que en la India las tareas exigentes se consideran energizantes, no agotadoras. En este contexto, los psicólogos han documentado lo que denominan *agotamiento inverso del ego*, es decir, la constatación de que realizar una tarea mentalmente agotadora aumenta el rendimiento en una tarea posterior, al contrario de lo que predice la teoría del agotamiento del ego, que considera que la fuerza de voluntad es finita, como la gasolina del coche. Esto sugiere que deberías pensar que tu fuerza de voluntad es abundante e ilimitada, ya que podría ayudarte a mantener la concentración durante más tiempo.

Cambia tu apertura de mente

Los enfoques más obvios para aumentar tu rasgo de apertura son probablemente los más eficaces. Las investigaciones que han seguido a las mismas personas durante varios años han descubierto que dedicar más tiempo a actividades culturales conduce a un aumento posterior de la apertura. Si consigues adoptar una mentalidad exploradora y experimental (ya sea leyendo más libros, asistiendo a más obras de teatro, aprendiendo un instrumento, practicando un nuevo deporte o cualquier otra cosa), lo más probable es que desarrolles una personalidad más abierta.

Una forma menos obvia de aumentar la receptividad a nuevas ideas, a la belleza y la cultura es dedicar tiempo a resolver crucigramas y sudokus, que implican lo que los psicólogos llaman *razonamiento inductivo*. En un estudio reciente, participantes de edad avanzada (entre sesenta y noventa y cuatro años) recibieron un par de sesiones de formación sobre estrategias para resolver crucigramas y puzles numéricos, y después completaron en casa rompecabezas que se ajustaban continuamente a su nivel de habilidad durante una media de once horas semanales a lo largo de dieciséis semanas. Los participantes en este programa mostraron aumentos duraderos en su rasgo de apertura en comparación con un grupo de control que no completó el entrenamiento ni los crucigramas.[30] Es probable que este beneficio se debiera, al menos en parte, al cambio en la percepción intelectual que los voluntarios tenían de sí mismos. La confianza es clave para la apertura, porque ser una persona de mente abierta significa estar dispuesto y ser lo bastante valiente para considerar perspectivas, lugares y experiencias diferentes.

Otra actividad sorprendente que puedes probar para potenciar tu apertura es pasar tiempo mirando tus colecciones de fotos o películas personales de años pasados, o rememorando recuerdos compartidos con amigos. Evocaciones nostálgicas de este tipo se han relacionado con un aumento de la creatividad (incluida la capacidad de escribir una prosa más original e imaginativa), sobre todo porque aumentan el rasgo de apertura.[31] La teoría es que rememorar acontecimientos significativos del pasado, especialmente los que tienen que ver con encuentros con amigos y parientes cercanos, puede tener una serie de beneficios emocionales, como el aumento de la autoestima. En consecuencia, esto nos ayuda a sentirnos más optimistas y genera una mayor disposición a comprometernos con el mundo y las nuevas experiencias. De nuevo, este es otro ejemplo de cómo la confianza puede ayudar a fomentar una mayor creatividad y apertura mental.

Por último, hacer ejercicio con regularidad, como ir al gimnasio o pasear a diario, es una forma de aumentar, o al menos mantener, esta apertura. Cuando los investigadores hicieron un seguimiento de miles de personas mayores de cincuenta años durante varios años, descubrieron que los que eran más activos físicamente tendían a mantener su mente abierta en lugar de mostrar el declive que experimentaban algunos de sus compañeros con la edad.[32] La teoría es similar a la de completar rompecabezas mentales con regularidad o recordar momentos felices con los amigos: ser más activo físicamente ayuda a fomentar la confianza y la predisposición a probar cosas nuevas. Desarrollar un estilo de vida más activo podría ser, de hecho, uno de los pasos más sencillos para mejorar tu personalidad.

Una sugerencia relacionada es intentar dar un «paseo del asombro», es decir, caminar con la mentalidad de un niño o de un visitante primerizo, buscando la sorpresa en todo lo que ve y oye (por ejemplo, prestando atención a la asombrosa variedad de patrones en las hojas de los árboles, escuchando el canto de los pájaros o apreciando la arquitectura local). Se sabe que el asombro aumenta la humildad intelectual, lo que a su vez incrementa la mentalidad abierta.

Consejo extra: si necesitas más motivación, ten en cuenta que ser más abierto de mente podría cambiar tu forma de ver el mundo, literalmente. Los psicólogos han estudiado recientemente la relación entre la apertura de mente y la experiencia de lo que se conoce como rivalidad binocular, que es cuando se presenta un patrón visual a un ojo y otro patrón al otro ojo. Normalmente, la experiencia subjetiva consiste en percibir una imagen y luego la otra, fluctuando de un lado a otro. Ocasionalmente, los dos patrones se experimentan mezclados, y las investigaciones demuestran que cuanto más alta es la puntuación en apertura, más probabilidades hay de ver los dos patrones fusionados, lo que sugiere que este rasgo de la personalidad se manifiesta en un nivel muy básico de la percepción visual.[33]

Desarrolla tu simpatía

¿Qué hay de los métodos para ayudarse a sí mismo a ser más amable, cálido y confiado, es decir, más simpático?[34] Las investigaciones preliminares sugieren que una vía importante para comprender mejor a los demás es aumentar primero el grado de comprensión de uno mismo.

Hace poco, unos investigadores alemanes describieron una técnica que consistía en dedicar tiempo a reflexionar sobre las distintas partes de la personalidad, como «la parte cariñosa», «el niño feliz interior» o «la parte vulnerable», y también a contemplar los propios pensamientos desde una perspectiva distanciada y asignarlos a categorías como yo/otro, pasado/futuro o positivo/negativo. Se trataba de un programa de tres meses de duración, y también había un componente de toma de perspectiva para el que los participantes necesitaban un compañero (los participantes hablaban por turnos como una parte de su personalidad y su compañero tenía que adivinar qué parte), así que había que invertir bastante tiempo. Pero los investigadores descubrieron que cuantas más partes de sí mismos eran capaces de identificar los participantes (curiosamente, sobre todo las partes negativas), más mejoraban sus habilidades de empatía a lo largo del programa.[35] Esto encaja con las investigaciones neurocientíficas, que muestran un solapamiento en las áreas cerebrales que utilizamos para pensar sobre nosotros mismos y sobre los demás. Quizá no puedas o no quieras invertir tanto tiempo como estos participantes, pero hay un principio importante que debes tener en cuenta: si quieres entender mejor a los demás, empieza por entenderte mejor a ti mismo, con todas tus luces y sombras.

Otra actividad para potenciar la empatía es la atención plena. Varios estudios han demostrado que los cursos breves de meditación y atención plena —por ejemplo, dedicar treinta minutos al día durante unas semanas a prestar atención sin prejuicios al contenido de los pensamientos que tengas en el momento— se asocian con un aumento de la empatía.[36] Una de las razones por las que la atención plena tiene este beneficio es que te enseña a ser observador de tus propias experiencias mentales sin juzgarlas, con el efecto secundario de que estarás más atento a las preocupaciones de otras personas también sin juzgarlas (las aplicaciones Headspace y Calm son una buena manera de empezar con esto).

También puedes hacer un esfuerzo por leer más ficción literaria. La lectura de novelas complejas con personajes de múltiples capas requiere adoptar distintas perspectivas y considerar las emociones y los motivos de las personas, justo las habilidades que necesitas para mejorar tu empatía en la vida real y aumentar tu simpatía. No es de extrañar que varios estudios hayan demostrado que incluso un breve periodo de tiempo leyendo ficción literaria parece tener beneficios inmediatos para las habilidades relacionadas con la empatía, como la identificación de las emociones de los demás.[37] Este hallazgo de beneficios a corto plazo no siempre se ha reproducido con éxito, pero otra investigación confirmó lo mismo solo que de una manera diferente: los voluntarios que tenían más conocimientos sobre novelistas (un sustituto de haber leído más ficción literaria) también tendían a ser mejores en el reconocimiento de las emociones de otras personas y obtuvieron puntuaciones

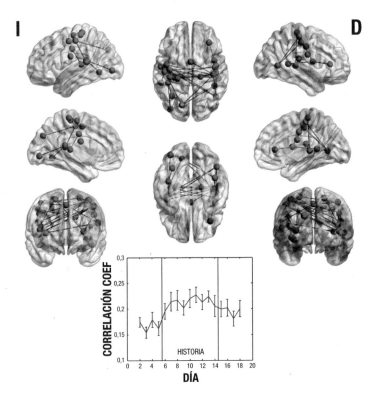

I   D

Un estudio de escáner cerebral publicado en 2013 descubrió conexiones cerebrales que se reforzaban durante y después de la lectura de *Pompeya* de Robert Harris, durante los días seis a catorce. Estos cambios podrían representar la base neuronal del aumento de la empatía (y de un mayor rasgo de simpatía) asociado a la lectura de ficción literaria.

Fuente: Reproducido de Gregory S.Berns, Kristina Blaine, Michael J. Prietula y Brandon E. Pye, «Short- and Long-Term Effects of a Novel on Connectivity in the Brain», *Brain Connectivity* 3, no. 6 (2013): 590-600.

más altas en un cuestionario de empatía, lo que sugiere, de nuevo, que la ficción realmente ayuda a desarrollar nuestra empatía.[38] Incluso hay pruebas neurocientíficas que señalan a la misma conclusión: cinco días leyendo *Pompeya*, una novela de Robert Harris, alteran los patrones de conectividad del cerebro, incluidas las áreas implicadas en la asimilación de la perspectiva ajena.[39]

Por último, intenta pasar tiempo de calidad con «extraños», es decir, personas de una cultura o etnia diferente a la tuya. Por ejemplo, puedes apuntarte a un club deportivo en el que sepas que hay miembros de minorías étnicas. Cuando unos psicólogos italianos evaluaron a cientos de estudiantes de secundaria dos veces al año, descubrieron que los que habían pasado más tiempo de calidad (amistoso, cooperativo) con estudiantes inmigrantes a lo largo del año también tendían a mostrar aumentos en su rasgo de simpatía al final del estudio, en comparación con los estudiantes que no habían tenido esta experiencia.[40]

Está en la naturaleza humana desconfiar de las personas desconocidas, y es probable que la experiencia de pasar tiempo de calidad con personas de un entorno ignoto nos enseñe a confiar más en nosotros mismos y a perfeccionar nuestras habilidades sociales, lo cual se combinará para aumentar nuestra simpatía. «Las experiencias positivas de contacto intergrupal pueden recordar a un individuo que el contacto es valioso, ayudando al desarrollo de habilidades sociales y ampliando sus horizontes sociales», afirman los investigadores italianos. Una vez más, los hallazgos de la neurociencia han respaldado estas conclusiones. Cuando las personas han tenido experiencias positivas con personas que no conocían, sus cerebros muestran una mayor actividad relacionada con la empatía en respuesta a la visión de extraños en apuros.[41]

> *Consejo extra*: una característica clave de las personas muy simpáticas es que suelen tardar mucho en enfadarse. Esto significa que controlar mejor tu propio temperamento te ayudará a ser más simpático o simpática. Hay muchas técnicas eficaces para controlar la ira, pero quizá la que mejor se ha demostrado es el *autodistanciamiento*, que consiste en salirse de la situación. Cuando sientas que se te va la olla, párate un momento e imagina que

observas la situación desde la perspectiva de una mosca en la pared. Las investigaciones sugieren que hacer esto tiene un efecto calmante y reduce la agresividad.

Incrementa tu extraversión

Por último, pero no por ello menos importante, ¿qué actividades y trucos puedes poner en práctica para ser más extravertido? Un enfoque bastante radical es aprender a hablar un idioma que tenga connotaciones extravertidas.[42] Cuando hablas una segunda lengua, adquieres algunas de las características de personalidad que se consideran estereotipadas de la cultura de la que procede esa lengua. Esto se ha demostrado en el caso de hablantes nativos de chino que conversan en inglés, presumiblemente porque ven al estadounidense estereotípico como más extravertido de lo que es habitual en su cultura. Los angloparlantes podrían plantearse aprender un idioma como el portugués o el italiano para adoptar los estereotipos de extraversión asociados a las culturas brasileña o italiana.

Incluso en tu propio idioma, podrías intentar hablar más como un extravertido. Los extravertidos tienden a hablar en un lenguaje más desinhibido y abstracto; por ejemplo, dirán: «¡Esa película ha sido genial!», en contraste con los introvertidos, que harán observaciones concretas más específicas, como: «El argumento ha sido muy ingenioso». Del mismo modo, los extravertidos son más directos: «Vamos a tomar algo», a diferencia de los introvertidos, que pueden decir con más cautela: «Quizá deberíamos salir a tomar algo». Es como si los extravertidos hablaran con un elemento de riesgo y desenfado que refleja su enfoque de la vida. Adopta el estilo de los extravertidos y, con el tiempo, puede que te percates de que eso se contagia a tu personalidad, aunque solo sea un poco.

Utiliza planes de implementación condicionales. La extraversión y la introversión están determinadas por los hábitos, quizá más que cualquier otro rasgo de la personalidad. Si estás acostumbrado a pasar la mayor parte de tu tiempo solo, ir a una fiesta será un *shock* para tu sistema, lo que puede convertirla en una experiencia angustiosa e incómoda. Sin embargo, es un hecho básico de la naturaleza humana que uno se adapta a aquello a lo que está acostumbrado. Por lo tanto, una forma sencilla de volverse más extravertido es habituarse a entornos más estimulantes, recalibrando en cierto modo los niveles de excitación básicos. Una forma muy eficaz de crear nuevos hábitos es hacer planes explícitos de aplicación condicional, como «Si estoy sentado junto a un desconocido en un tren, haré aunque sea un mínimo esfuerzo por entablar conversación».

Poner en práctica nuevos hábitos sociables será más fácil si estás con un amigo o pareja sociable. De hecho, las investigaciones con jóvenes revelan que, tras su primera relación romántica, estos muestran un aumento de la extraversión, sin duda relacionado con las oportunidades de conocer nuevos amigos y el aumento de confianza que supone ser un «nosotros».

Otro método obvio pero fácil de descuidar para aumentar tu extraversión es hacer lo que te funcione para aumentar tu confianza. Hay algunos trucos psicológicos específicos que puedes probar, como la pose de poder: consiste en adoptar una postura de superhéroe con las manos en las caderas y los pies separados (la idea es ocupar el mayor espacio posible). Se trata de una técnica que ha sido ridiculizada en algunos círculos, en parte como reacción a lo mucho que se ha exagerado el concepto y también porque varios estudios no han conseguido replicar algunos de sus supuestos efectos. Pero lo más importante es que incluso las investigaciones fallidas han llegado a la conclusión general de que las poses de poder hacen que la gente se sienta más segura de sí misma. Esto podría ser justo lo que necesitas antes de salir de fiesta o de quedar con un nuevo amigo, y puede que te impulse un poco en la dimensión de la extraversión.

Por supuesto, si posar con intensidad te parece ridículo, no lo hagas. Al igual que un atleta, prueba con un ritual de confianza, como abrocharte la camisa en un orden determinado.[43] Numerosas investigaciones han demostrado que los rituales pueden aumentar la confianza en uno mismo, aunque en el fondo sepas que lo que haces no tiene ninguna lógica.[44] Los detalles no son tan importantes. Lo que es crucial es que aumentas tu optimismo de que las cosas pueden salir bien, un aspecto clave del enfoque de la vida de los extravertidos. Cuando salen, esperan pasarlo bien y se abren a más oportunidades de divertirse. He aquí un dato que te ayudará en tu camino: los investigadores han descubierto recientemente que cuando actuamos de un modo más extravertido (por ejemplo, mostrándonos socialmente seguros y hablando con más energía), es más probable que las personas con las que conversamos nos respondan de un modo positivo, sonriendo más y volviéndose más habladoras, lo que establece un bucle de retroalimentación muy positivo.[45]

En relación con lo anterior, podrías practicar tratando de ser más optimista. Un análisis reciente de veintinueve estudios ha descubierto que la forma más eficaz de hacerlo es la llamada intervención del Mejor Yo Posible, que consiste en pasar media hora más o menos «imaginándote a ti mismo en el futuro, después de que todo haya ido lo mejor posible. Has trabajado duro y has conseguido alcanzar todos los objetivos de tu vida…».[46] Realiza este experimento mental con regularidad y, con el tiempo, puede que descubras que estás más dispuesto a salir y divertirte más.

Por último, practica la *reevaluación ansiosa*.[47] Los introvertidos que experimentan sensaciones físicas que los extravertidos buscan, como un corazón y pulso acelerados por la adrenalina, las encuentran abrumadoras y aversivas. Pero los introvertidos descubrirán que pueden disfrutar más de estas sensaciones —y, por tanto, volverse más audaces y menos reacios al riesgo— aprendiendo a interpretarlas como signos de excitación y no de

> *Consejo extra*: sobre todo si eres muy introvertido, puede que los primeros intentos de comportarte de forma extravertida te resulten agotadores y te desmoralicen. Anímate: las investigaciones sugieren que incluso los extravertidos consideran que comportarse de forma extravertida, como socializar, los deja cansados después.[49] Sin embargo, en el momento, actuar de forma extravertida mejora el estado de ánimo de todos, tanto introvertidos como extravertidos.[50] Somnoliento, pero feliz; ese es un buen lugar para estar.

ansiedad. Llevar a cabo este truco cognitivo (por ejemplo, diciéndose a uno mismo: «Estoy emocionado»[48]) es en realidad más fácil que intentar calmarse y, a largo plazo, si se consigue aprender a encontrar más agradables las situaciones desafiantes, es probable que se empiece a buscarlas. Te estarás volviendo en una persona más extravertida.

PERO ¿QUÉ PASA CON LA AUTENTICIDAD O CON «SER FIEL A UNO MISMO»?

El éxito de libros como *Quiet*, de Susan Cain, que celebra los puntos fuertes y las necesidades de ser introvertido «en un mundo que no para de hablar», demuestra hasta qué punto la gente cree que es importante ser fiel a uno mismo en lugar de cambiar para adaptarse mejor a las exigencias de un contexto intolerante. Cuando uno se plantea cambiar deliberadamente de personalidad, una preocupación comprensible es si, al hacerlo, está siendo falso o infiel a sí mismo. ¿Cómo conciliar estos dos ideales aparentemente contradictorios: el impulso común de cambiar y el deseo generalizado de ser auténtico?

Para empezar, proponerse cambiar la personalidad no tiene por qué ser una ambición de metamorfosis total. Incluso los ajustes más sutiles pueden resultar beneficiosos. También es posible que desees acentuar tus rasgos actuales en lugar de invertirlos. Tal vez ya seas más concienzudo que la media, por ejemplo, y desees aprovechar este punto fuerte. También puede tranquilizarte que hay investigaciones llevadas a cabo durante varios meses que han descubierto que quienes desean una personalidad diferente, y logran ese cambio, acaban siendo más felices a largo plazo.[51]

También está la cuestión de qué significa realmente «ser auténtico». Hay pruebas de que es probable que surjan sentimientos de autenticidad cuando uno se comporta como su yo ideal, es decir, el tipo de persona que aspira a ser.[52] Esto sugiere que si un hombre de negocios tímido que desea ser más extravertido puede armarse de valor para asistir a un cóctel y consigue ser sociable, aunque sea mínimamente, disfrutará de sentimientos de ser fiel a sí mismo. De la misma manera, la investigación con parejas ha descubierto que lo más importante para la satisfacción en una relación es estar con alguien que saque lo mejor de ti, ayudándote a convertirte en la persona que quieres ser.[53] Otras investigaciones han descubierto que los sentimientos de autenticidad no se consiguen tanto canalizando una especie de mítico «yo verdadero», sino, independientemente de nuestros rasgos, comportándonos de forma que nos sintamos felices y bien con nosotros mismos, lo que apoya lo que los psicólogos llaman la hipótesis «sentirse bien=sentirse auténtico».[54]

Recuerda siempre que eres más que tus rasgos de personalidad. También te definen tus objetivos, tus valores y las personas que más te importan. Cuando consigues alcanzar esos objetivos, vivir de acuerdo con tus valores e interactuar positivamente con otras personas importantes para ti, es probable que experimentes la gratificante sensación de ser fiel a ti mismo.[55]

Recordando las experiencias de Matt, el introvertido que conocí en la universidad que consiguió ser más extravertido, creo que esta perspectiva sobre la autenticidad coincide con su historia. En cierto sentido, su verdadero yo cuando lo conocí encajaba con la descripción de un claro introvertido. Pero esta disposición le hacía infeliz, sobre todo porque frustraba su poderoso y auténtico deseo de forjar relaciones significativas. Al poner en marcha el proceso de convertirse en una persona más extravertida, no le resultó difícil satisfacer el sentimiento de pertenencia que ansiaba y que consideraba fundamental para su identidad. Podría decirse que el nuevo Matt, más locuaz, era tan real como el anterior; solo que ahora su personalidad estaba más en sintonía con sus valores y objetivos.

Si quieres ser diferente, esa aspiración es una parte válida de lo que te hace ser «tú», y satisfacer tu deseo de cambio es ser fiel a ti mismo. Además, «ser auténtico» a menudo depende más de lo que haces y de con quién estás que de si alcanzas constantemente tus ideales. Si cambiar tu personalidad te ayuda a pasar más tiempo con la gente con la que quieres estar, haciendo las cosas que quieres hacer, entonces cambiarte a ti mismo te acercará a tu verdadero yo.

Capítulo 6

REDENCIÓN

Cuando los malos se vuelven buenos

Cuando era adolescente, la rutina matutina de Maajid Nawaz consistía en amarrarse un gran cuchillo a la espalda. Esa hoja estaba en su mano durante un enfrentamiento mortal entre estudiantes musulmanes y africanos a las puertas del Newham College de Londres en 1995, que culminó con el asesinato de un joven nigeriano. Aunque Nawaz no hirió a nadie por sí mismo, confesó en sus memorias, tituladas *Radical* y publicadas en 2012, que «se quedó allí y vio morir a Ayotunde Obanubi».[1] Nawaz era un miembro «ciegamente comprometido» de Hizb ut-Tahrir, organización que pretende crear un califato musulmán bajo el cual todos deban vivir según la sharia, lo que significa, entre otras cosas, la muerte de todos los homosexuales.

El apoyo de Nawaz a la ideología extremista y su estilo de vida permanentemente al borde de la violencia no surgieron de la nada. Fue una respuesta al racismo desenfrenado dirigido contra él y sus amigos asiáticos británicos que crecieron en Essex, Inglaterra, en las décadas de 1980 y 1990. Aun así, si uno lo hubiera conocido en la época del asesinato del Newham College y hubiera escuchado sus opiniones, probablemente habría tenido la impresión de que Nawaz era un individuo peligroso con una personalidad antisocial. Era un joven que, como grafitero, se divertía evadiendo a las autoridades. «Era como hacerle el corte de manga a la policía y a la ley y el orden», recuerda en *Radical*. Se trataba de un hombre cuya propia madre se golpeó el estómago en un momento de disgusto, lamentándose: «Maldigo el vientre que me dio un hijo así».

Tras la pelea frente al Newham College, Nawaz agravó la tragedia viajando con otros miembros de bandas musulmanas a barrios africanos con el objetivo explícito de aterrorizar a otros estudiantes. De nuevo en *Radical*, admitió: «Esa respuesta a sangre fría al asesinato de otro individuo formaba parte de la persona en la que me había convertido».

Simpatizante de los terroristas del 11-S, el activismo radical de Nawaz encaminó a muchos jóvenes influenciables hacia el yihadismo violento. Viajó a Pakistán para fomentar allí un golpe militar, y más tarde a Egipto, donde fue detenido en 2002 por la policía secreta del país. Pasó años en prisión. El encarcelamiento le cambiaría profundamente, aunque no antes de que hiciera un voto característico para desatar una venganza mortal contra sus enemigos: «Mataré a tantos de vosotros como sea posible antes de que me capturéis», fantaseó durante un periodo inicial de tres meses en régimen de aislamiento.

Hoy Nawaz es una persona radicalmente distinta. Destacado activista contra el islamismo radical, cofundó el grupo antiextremista Quilliam y ha sido galardonado, entre otros, por el expresidente George W. Bush y el exprimer ministro británico David Cameron. En sus numerosas apariciones en los medios de comunicación, artículos y libros, Nawaz aboga por la compasión frente a la ira y por una perspectiva que reconozca la humanidad compartida del «otro», sea quien sea.[2]

¿Cómo logró Nawaz esta transformación de aspirante a terrorista a activista por la paz? No fue fácil: «Tuve que reconstruir toda mi personalidad desde el interior», escribe en *Radical*. Pero hay algunos hitos, temas e influencias evidentes, muchos de los cuales tienen eco en las historias de redención de otras personas.

La educación fue el primer punto de inflexión. Nawaz aprovechó su estancia en la cárcel para consumir enormes cantidades de literatura, no solo textos islámicos, sino clásicos de la literatura inglesa como *Rebelión en la granja* y obras de Tolkien. «Esta combinación de rehumanización [redescubrir la empatía y la conexión con los demás], estudiar el islam desde sus fuentes y lidiar con la complejidad moral a través de la literatura, me afectó profundamente», escribe. En términos de rasgos de personalidad, Nawaz aumentó notablemente su apertura y simpatía.

Aparte de la educación, otra gran influencia en la transformación de Nawaz fue la experiencia de ser tratado con compasión por los demás. Mientras estuvo encarcelado en Egipto, Amnistía Internacional lo clasificó como preso de conciencia (alguien encerrado exclusivamente por sus creencias) e hizo una enérgica campaña por su liberación. Mientras que el racismo y la violencia que sufrió en sus primeros años de vida hicieron que Nawaz se sintiera deshumanizado y por tanto se insensibilizó, afirma que la compasión que le mostró Amnistía tuvo un efecto rehumanizador. «Soy, en parte, la persona que soy hoy gracias a su decisión de hacer campaña en mi favor», afirma en sus memorias.

El último factor de transformación para Nawaz fue un nuevo propósito en la vida. Llegó a la conclusión de que tanto los islamófobos como los islamistas son enemigos de los derechos humanos. Se propuso el reto de forjar un nuevo movimiento que ofreciera una contranarrativa, un proyecto que acabaría culminando en 2008 con su cofundación junto a Ed Husain (también un radical islamista reformado) de Quilliam, que se describe a sí misma como «la primera organización contra el extremismo del mundo».[3]

Al igual que los propios esfuerzos y motivaciones de Nawaz, las fuerzas sociales también determinaron en quién se convirtió. Algunos de sus anteriores aliados en Hizb ut-Tahrir lo apartaron involuntariamente del radicalismo. Lo traicionaron en su propio interés, lo que permitió a Nawaz ver quiénes eran en realidad: no servidores desinteresados del Islam, sino individuos egoístas y ambiciosos.

La historia de Nawaz es una clara demostración de algunas de las ideas expuestas por el psicólogo Brian Little, que ha investigado ampliamente la importancia de los proyectos personales para el desarrollo de la personalidad. Esencialmente, estos proyectos son lo que uno intenta conseguir en la vida. Little afirma que si tienes el suficiente empuje para tener éxito en las iniciativas que más significan para ti, pueden cambiar tus rasgos (aunque solo sea en momentos clave) de forma que te ayuden a alcanzar tus objetivos.

En el caso de Nawaz, es posible que su nuevo propósito no haya cambiado por completo sus características psicológicas (aparte del aumento de su simpatía y franqueza), pero sin duda las ha reconducido por una senda más positiva. Está claro que parte de la fuerte extraversión y conciencia que una vez sirvieron a su radicalismo, incluyendo su pasión, empuje y don de gentes, se han desplegado desde entonces en su trabajo para Quilliam. «No soy nada si no puedo luchar por algo», escribe en sus memorias. Lo que él llama el «romanticismo de la lucha», que una vez lo impulsó al extremismo, permanece siempre vivo en su corazón, dice, pero ahora alimenta objetivos pacíficos.

Puede que tu vocación en la vida no sea tan grandiosa como contrarrestar el extremismo mundial, pero si estás interesado en cambiarte a ti mismo, merece la pena que tengas en cuenta cómo te moldean tus principales objetivos y ambiciones. Pueden dar forma a tu personalidad directamente y proporcionar el contexto a través del cual se expresan tus rasgos. Si quieres convertirte en una persona mejor, puedes acercarte a conseguirlo eligiendo cuidadosamente qué metas priorizar en la vida. Una forma práctica de hacerlo es realizando un breve ejercicio de reflexión que el psicólogo estadounidense Brian Little denomina *análisis del proyecto personal* de la siguiente manera:[4]

Ejercicio: reflexiona sobre tus principales objetivos y vocaciones en la vida

- Escribe todo lo que estás intentando alcanzar actualmente, desde conseguir un nuevo trabajo hasta aprender a meditar, intentar ser un mejor amigo, recaudar dinero para obras benéficas, promover una causa social o perder peso.

- Enfócate en los dos o tres objetivos que más te importan y más sentido tienen. Toma nota de cada uno de ellos. ¿Te aportan alegría? ¿Han surgido de tus propios intereses y valores en lugar de imponértelos otros? ¿Sientes que progresas? ¿Te esfuerzas por alcanzar estos objetivos con otras personas (en lugar de hacerlo tú solo)? Cuantas más veces respondas afirmativamente a estas preguntas, más probabilidades tendrás de ser feliz en la vida.[5]

- Si has identificado algún objetivo que no signifique mucho para ti, que te hayan impuesto otros, que no coincida con tus valores o que te esté causando un estrés y una frustración considerables, merece la pena que te plantees abandonarlo.

- Por otra parte, si has identificado objetivos que significan mucho para ti pero sientes que no avanzas, es probable que te estén causando infelicidad. Podrías intentar reformularlos para hacerlos menos desalentadores e imprecisos (por ejemplo, reformular el objetivo de «intentar escribir un libro» para convertirlo en «intentar escribir durante media hora cada día»), o podrías pensar si necesitas más apoyo, formación o desarrollo personal (utilizar algunas de las estrategias de esta obra para realizar cambios en tus rasgos podría ayudarte en el camino).

• Si estás interesado en el cambio personal, incluida la búsqueda de la redención personal, es importante considerar si sus proyectos personales básicos son la mejor forma de aplicar tus puntos fuertes de personalidad y si es probable que estén moldeando tu personalidad de la forma que deseas. Si te esfuerzas por ser más abierto de mente, por ejemplo, un proyecto básico que implique poca experimentación, aventura, desafío o cultura es poco probable que te resulte beneficioso. Si quieres ser más simpático, un proyecto que te cause frustración y resentimiento, que en el fondo sea para beneficio propio o que moleste a los demás, será contraproducente.

• Si después de completar este ejercicio sientes que necesitas un nuevo objetivo en la vida, no le des muchas vueltas. En lugar de eso, exponte a tantos intereses, ideas, cuestiones sociales, temas y actividades como sea posible. Experimenta y habla con otras personas —especialmente con las que sientas que comparten tus valores— sobre lo que les motiva cada día. Las pasiones rara vez nos atrapan en un momento de revelación, así que tómate tu tiempo.

OTRAS HISTORIAS DE REDENCIÓN

El poder de las pasiones o la vocación para dar forma a la personalidad de las personas se repite en muchas historias de redención. Pensemos en la vida de Catra Corbett, que tuvo sus primeros problemas con la ley en California tras robar en una tienda cuando era una adolescente. De adulta se convirtió en adicta a la metanfetamina y traficante aficionada, de bajo nivel. En su reciente autobiografía, *Reborn on the Run*, describe cómo la adicción se adueñó de su vida, llevándola a herir repetidamente a las personas que más le importaban: «Entonces apenas veía a mi familia. Le cortaba el pelo a mi madre una vez al mes y ella me proponía ir a comer. Yo aceptaba y luego me olvidaba o, la mayoría de las veces, simplemente no aparecía».[6] Su vida como adicta tocó fondo cuando la detuvieron por traficar y pasó una noche aterradora en la cárcel. «Esta no soy yo», pensó aquella noche. «Realmente no era una mala persona… Algo tenía que cambiar».

El problema al principio era que Corbett no sabía cómo cambiar y, aunque consiguió mantenerse alejada de las drogas, no tenía lo que ella llama las «herramientas mentales» para estar sana. Por la descripción que la propia Corbett hace de su estilo de vida, es muy probable que fuera una persona muy extravertida: antes tenía muchos amigos, le gustaban las fiestas y se sentía atraída por la emoción y el subidón de las drogas. Para dar un giro a su vida, necesitaba una forma de satisfacer su naturaleza extravertida y combinarla con un mayor sentido de la conciencia que le aportara mayor moderación y orden a su vida.

Como en el caso de Nawaz, la educación desempeñó un papel importante en la reconstrucción de la personalidad de Corbett. Volvió a su antigua escuela y obtuvo el diploma que no había conseguido cuando era una adolescente delictiva. Pero aún más transformador para Corbett fue su descubrimiento fortuito del atletismo. No mucho después de su experiencia en la cárcel y de dejar las drogas, un día —casi al azar y quizá inspirada por su añorado padre, que la había animado a hacer deporte de niña— se calzó unas zapatillas y salió a correr con su perro. «Di la vuelta a la manzana sintiéndome como si me quisiera morir. Cuando terminé, me sentía acalorada y agotada. Me dejé caer en la escalera y volví a respirar hondo. Me sentía bien. Vaya, pensé. Corrí durante todo el trayecto, sin andar, ni parar, ni hacer ninguna pausa. Corrí. Corrí. Corrí de verdad. Me sentí tan bien que decidí en ese momento que me convertiría en *runner*».

Durante un tiempo, Corbett necesitó apoyo psicológico para superar un trastorno alimentario (aparte de la extraversión, parte de su vulnerabilidad a las adicciones y a los problemas de salud mental se debe probablemente a un alto rasgo de neuroticismo). Con el tiempo, su pasión por correr transformó su personalidad y su vida. En la actualidad, Corbett es una de las corredoras más destacadas del mundo; de hecho, pertenece a un selecto club de solo cuatro personas en el mundo que han corrido 100 millas (algo más de 160 km) más de 100 veces.[7]

Correr supuso para ella una válvula de escape a su naturaleza extravertida («completar maratones me proporcionaba el mismo tipo de euforia que me daban las drogas, salvo que correr mejoraba mi vida, no la jodía»), y una vez que adoptó plenamente el deporte y se propuso retos cada vez más duros, desde maratones hasta carreras de ultrafondo, le dio a su vida la estructura que necesitaba para potenciar su rasgo de conciencia y calmar su inestabilidad emocional, un ejemplo perfecto de la teoría de la inversión social que describí en el capítulo 2. «Siempre me estaba entrenando para algo», dice en su autobiografía. «Tenía un plan para mi vida. Tenía lo que necesitaba».

Una ventaja particular de tener proyectos personales como correr es que facilita aprovechar el poder motivador de los hitos. Cuando te enfrentas a un reto abrumador, ya sea aprender un nuevo idioma o encontrar la redención, la lucha por hacer algún progreso aparente puede ser desmoralizante. Con el atletismo y otras actividades similares, es fácil registrar los progresos (en términos de distancias, como las primeras 5K o la primera media maratón, y los tiempos en los que se corre) y recompensarse por estos nuevos logros, lo que resulta muy motivador. Como explican los estudiosos de los negocios Chip Heath y Dan Heath en *El poder de los momentos*, «los hitos definen momentos que son conquistables y que merece la pena conquistar», y al hacerlo nos ayudan a «empujar hasta la línea de meta».[8]

Con suficiente imaginación y dedicación, puede ser posible adoptar este enfoque independientemente de la naturaleza de tus objetivos, por ejemplo, llevando un diario para anotar todos los logros que hayas conseguido, por pequeños que sean. En el caso de un objetivo específico como aprender un idioma o de una ambición más elevada como encontrar la redención, por ejemplo, podría ser tomar nota de la primera vez que conseguiste pedir una comida en alemán o de la primera vez que hiciste un favor a alguien por motivos puramente altruistas. Registrar este progreso y recompensarte a ti mismo también puede ayudar a estimular otro agente motivador, el orgullo auténtico, que, a diferencia del orgullo desmedido o arrogante, se basa en estar satisfecho con uno mismo por los frutos de su duro trabajo. El orgullo genuino sienta bien y, una vez que lo pruebes, querrás más, lo que te ayudará a seguir avanzando hacia tus objetivos.

Niño y adolescente caprichoso criado en Pensilvania, Nick Yarris tenía lo que él llama un «trastorno del control de los impulsos». Tras probar su primera cerveza a los diez años, nunca miró atrás. A los catorce, bebía y consumía drogas a diario. Su primer arresto se produjo al año siguiente, por robar para costearse su creciente adicción a las drogas. La vida de Yarris descarriló por completo en 1981, cuando, a los veinte años, fue detenido por un agente de tráfico por saltarse un semáforo en rojo. Según cuenta en sus memorias tituladas *The Fear of 13*, el agente lo trató con brusquedad, tuvieron una pelea y el arma del agente se disparó accidentalmente.[9] Esto hizo que Yarris se rindiera, pero el agente estaba resentido. Una vez terminada la refriega, el agente pidió refuerzos por radio, gritando: «¡Disparos!». Esto desencadenó una serie de acontecimientos que llevaron a Yarris a ser acusado de intento de asesinato del agente.

Como si las cosas no pudieran ir peor, Yarris urdió una estratagema para intentar suavizar la situación, alegando que conocía al culpable de un asesinato local sin resolver. El tiro le salió por la culata, y el propio Yarris acabó acusado no solo del intento de asesinato del agente, sino también de la violación y asesinato de una mujer de la localidad. En el juicio, fue declarado culpable y pasó veintidós años en el corredor de la muerte por un crimen que no cometió.

Cabría imaginar que una vida así convertiría a un delincuente de poca monta con tendencias antisociales en un monstruo vengativo. Pero la realidad es que hoy Yarris es un ejemplo de decencia y humanidad. En 2017, se autopublicó *The Kindness Approach*, en el que muestra cómo recanalizar el resentimiento y la ira para convertirlos en perdón y compasión.[10]

¿Cómo logró esta transformación? Algunos de los temas de su historia hacen eco de los de Nawaz y Corbett: también reconstruyó su vida en la cárcel utilizando su personalidad adictiva para educarse a sí mismo y para hacer campaña sin descanso, anulando finalmente su injusta condena. Al hacerlo, Yarris se convirtió en el primer condenado a muerte de Pensilvania cuya inocencia se demostró mediante pruebas de ADN.

El ansia por demostrar su inocencia se convirtió en la nueva vocación de Yarris, lo que contribuyó a estructurar su cambio redentor de personalidad. Incluso después de su puesta en libertad, dirigió con éxito su energía y pasión hacia una vida de bondad, en parte inspirado por su madre, que le dijo que su libertad, recuperada con tanto esfuerzo, significaba que tenía el deber de ser educado y respetuoso. Este consejo materno le tocó la fibra sensible: «Cada día me he esforzado tanto por ser superpositivo y he derrochado tanta energía optimista y amabilidad que he conseguido cambiar totalmente mi perspectiva y mi enfoque en la vida», escribe en *The Fear of 13*.

OBSTÁCULOS PARA LA REDENCIÓN

Las tres historias de redención de Nawaz, Corbett y Yarris comparten las mismas características clave: experiencias transformadoras (por ejemplo, ir a la cárcel), que fueron autodidactas y volvieron a estudiar, una nueva vocación y la inspiración y el aliento proporcionados por otros.

¿Significan estas historias que hay esperanza de cambio para las personas que la sociedad puede considerar «malas»? Delincuentes, tramposos y estafadores… Lamentablemente, la realidad para muchas de estas personas es que no tienen el instinto o el deseo de cambiar. Además, la cárcel no suele ser una experiencia positiva que fomente un cambio beneficioso, sino más bien lo contrario. No es realista que las autoridades penitenciarias puedan brindar momentos mágicos de transformación o el establecer lazos con amigos y familiares influyentes.

Es probable que el mayor obstáculo para el cambio sea que muchos delincuentes no quieren cambiar y no ven ninguna razón para intentarlo. Muchos de ellos tienen hábitos de pensamiento contraproducentes que les permiten justificar sus actos y aumentar su probabilidad de volver a delinquir en el futuro.

La idea de que los delincuentes tienen una forma de pensar característica se remonta al menos a la década de 1990 y al desarrollo por parte del psicólogo clínico Glenn Walters de una prestigiosa prueba, el Inventario Psicológico de Estilos de Pensamiento Criminal (PICTS, por sus siglas en inglés). En él se pide a la gente que valore su acuerdo o desacuerdo con ochenta afirmaciones, como las que se recogen a continuación:[11]

¿Piensas como un delincuente?

	De acuerdo	En desacuerdo
A veces veo u oigo cosas que otros no.		
No hay nada malo en mi forma de comportarme.		
La sociedad es injusta y mis circunstancias no me dejan otra opción que delinquir.		

¿Piensas como un delincuente? *(continuación)*

	De acuerdo	En desacuerdo
Consumo alcohol para que sea más fácil romper las reglas.		
Ya me han castigado bastante en el pasado. Me merezco un descanso.		
No tener el control me hace sentir incómodo; prefiero tener poder sobre los demás.		
He evitado que me pillaran en el pasado. Probablemente en el futuro me salga con la mía.		
Procrastino mucho.		
A menudo falto a mis compromisos sociales para drogarme o delinquir.		

Las afirmaciones pretenden abordar distintas dimensiones del pensamiento delictivo, entre las que se incluyen (de la primera a la última) la confusión, la actitud defensiva, mitigación (justificación del mal comportamiento), la eliminación de la culpa y otros sentimientos (consumo de alcohol y drogas para que resulte más fácil delinquir), el derecho, la orientación al poder, el superoptimismo, la indolencia y la falta de continuidad o dejadez (incapacidad para seguir los planes). Si estás de acuerdo con muchas de las afirmaciones de la tabla, significa que tienes tendencia a pensar como un delincuente. Pero ten por seguro que el test completo es mucho más largo y exhaustivo, y que los resultados deben interpretarse siempre en el contexto de los antecedentes y el comportamiento real de la persona.

Una vez que los individuos con una personalidad y un estilo de pensamiento criminales acaban en la cárcel, algunos aspectos del entorno penitenciario pueden, por desgracia, agravar la situación al tener efectos adversos sobre su personalidad: la pérdida crónica de libertad de elección, la falta de intimidad, el estigma diario, el miedo frecuente, la necesidad de llevar una máscara constante de invulnerabilidad y la opacidad afectiva (para evitar la explotación por parte de los demás), así como la exigencia, día tras día, de seguir estrictas normas y rutinas impuestas desde el exterior. De hecho, el encarcelamiento prolongado provoca «cambios fundamentales en el yo», según las entrevistas realizadas a cientos de presos por investigadores del Instituto de Criminología de la Universidad de Cambridge.[12] Algunos expertos llaman *prisionización* a esta profunda adaptación de la personalidad a la vida en prisión.[13]

Incluso una breve estancia en prisión puede tener consecuencias para la personalidad. En 2018, psicólogos holandeses sometieron a treinta y siete presos a dos pruebas con tres meses de diferencia. En la segunda prueba, estos mostraron una mayor impulsividad y un peor control de la atención, cambios indicativos de una menor conciencia, que los investigadores atribuyeron a la pérdida de autonomía y de retos cognitivos en prisión.[14]

Los cambios adversos en la personalidad también pueden perdurar tras la excarcelación como síndrome pospenitenciario, dificultando la reinserción de los antiguos reclusos en la sociedad normal. En entrevistas con veinticinco personas de Boston que habían cumplido cadena perpetua, los psicólogos descubrieron que habían desarrollado diversos «rasgos de personalidad institucionalizada», especialmente una incapacidad para confiar en los demás (un rasgo clave de la baja simpatía), similar a experimentar una paranoia perpetua.[15]

Pero hay destellos de esperanza de que, como en las historias de Corbett, Nawaz y otros, los aspectos de la experiencia carcelaria a veces también pueden tener efectos beneficiosos sobre la personalidad. Por ejemplo, un estudio sueco de 2017, uno de los pocos en aplicar el modelo de los Cinco Grandes al cambio de personalidad de los reclusos, comparó los perfiles de personalidad de presos de máxima seguridad con varios grupos de control, incluidos estudiantes universitarios y guardias de prisiones. Mientras que los presos obtuvieron puntuaciones más bajas en extraversión, apertura y agradabilidad, como cabría esperar, en realidad obtuvieron puntuaciones más altas en concienciación, especialmente en los subrasgos de orden y autodisciplina.[16] Los investigadores creen que podría tratarse de una forma de adaptación positiva a un entorno con normas y reglamentos estrictos, en el que los presos aumentan su conciencia para evitar meterse en problemas.

Los exreclusos como Nawaz y Yarris que consiguieron utilizar su tiempo en prisión para reconstruir su personalidad de forma beneficiosa parecen haber logrado aprovechar al máximo estas influencias positivas, al tiempo que contenían o minimizaban los efectos nocivos del entorno penitenciario. También abordaron sus propios estilos de pensamiento criminal, en gran parte porque fueron autodidactas.

Afortunadamente, hay pruebas de que los programas de rehabilitación estructurados, como Cognitive Self Change, pueden tener un efecto similar al animar a los delincuentes a reflexionar y enfrentarse a los pensamientos y creencias que subyacen a su criminalidad, como creer que la vida es injusta y que, por tanto, es lícito hacer daño a los demás, o que es culpa de la gente si deja posesiones valiosas a la vista o desprotegidas.[17] Estos programas también enseñan habilidades para la vida y comportamientos básicos (como la puntualidad y la cortesía) para ayudar a las personas a enfrentarse a problemas al relacionarse, al lidiar con el estrés o con las deudas de formas más constructivas y que no impliquen recurrir a la delincuencia (y, al hacerlo, aumentan los rasgos de conciencia y simpatía de los delincuentes y reducen sus puntuaciones en la medida PICTS del pensamiento delictivo).[18]

«Una y otra vez he visto cómo se producía un cambio real», dijo Jack Bush, uno de los fundadores de la intervención Cognitive Self Change, a la NPR (National Public Radio) en 2016.[19]

Bush pone el ejemplo de un delincuente de toda la vida que había conocido llamado Ken, que en un momento dado aspiraba a ser «el criminal más malo que nadie hubiera visto jamás». Sin embargo, a través del programa de Cognitive Self Change, llegó a reconocer como su criminalidad estaba arraigada en sus hábitos de pensamiento. Más tarde le dijo a Bush que esto le llevó a desarrollar un nuevo objetivo: ser un hombre honorable. «Los más de veinte años transcurridos desde que salió de la cárcel han sido duros, pero ahora es un ciudadano que paga sus impuestos y un hombre honorable», dijo Bush.

Un enfoque ligeramente distinto adoptado por otros programas de rehabilitación es centrarse en la brújula moral distorsionada de los presos. Cuando las personas con personalidad antisocial se enfrentan a dilemas morales, tienden a adoptar una perspectiva utilitarista[20] —es decir, sopesan las cosas de forma calculadora y sin sentimientos, justificando el cometer delitos basándose en lo que consideran fundamentos lógicos—.[21] Uno de los programas de rehabilitación más conocidos que se centra en la moralidad, la terapia de reconciliación moral, utiliza los principios de la TCC para intentar desarrollar el sentido moral de los delincuentes, por ejemplo, fomentando una mayor consideración de las consecuencias, cuestionando las creencias y pensamientos inmorales y enseñando principios más avanzados de moralidad.[22]

Cuando se trata de ayudar a los presos a cambiar su personalidad para mejor, hay muchas razones para el optimismo, pero sería un error caer en la autocomplacencia. Algunas intervenciones bienintencionadas, incluidos muchos campamentos de entrenamiento basados en normas estrictas y una dura actividad física, han resultado perjudiciales. El ejemplo —por desgracia— más célebre es probable que sea el del Cambridge-Somerville Youth Study, iniciado en 1939 en ciudades de los alrededores de Boston, que emparejaba a jóvenes delincuentes con mentores adultos que debían interesarse por ellos y fomentar el desarrollo positivo de su personalidad. De hecho, en comparación con un grupo de control, los participantes en la intervención obtuvieron peores resultados, incluida una mayor delincuencia (hay varias teorías que explican por qué ocurrió esto, entre ellas que los delincuentes del grupo de intervención se llevaran los unos a los otros por el mal camino).[23] Estos decepcionantes resultados nos recuerdan que, aunque es posible un cambio positivo de la personalidad, no es algo rápido ni fácil. No basta con confiar en las buenas intenciones y en programas que suenen plausibles, sino que es vital utilizar enfoques basados en evidencias.

Quizá el mayor obstáculo para la rehabilitación sea que muchos delincuentes no están motivados para cambiar y se niegan a empezar los programas o los abandonan pronto. No tienen ningún deseo de mudar y, sin eso, hay pocas esperanzas. Para hacer frente a este reto, un programa pionero sin ánimo de lucro, el Turning Leaf Project de Charleston (Carolina del Sur), ha adoptado en los últimos años el inusual enfoque de pagar a los exdelincuentes 150 dólares semanales por participar en sesiones diarias de TCC de tres horas de duración dirigidas a su forma de pensar delictiva, hasta que hayan completado al menos 150 horas. A pesar de los pagos, solo alrededor del 35 % de los participantes completan el programa, pero, lo bueno es que, tal y como informa la revista *Vice*, hasta la fecha no se ha vuelto a detener a ningún antiguo criminal que participara.[24]

Los problemas de salud mental no tratados son otro factor que dificulta la rehabilitación de los delincuentes.[25] La depresión, por ejemplo, es tres veces más frecuente entre los reclusos que entre la población general, aproximadamente. El riesgo de suicidio es tres veces mayor entre los reclusos y nueve veces mayor entre las reclusas que entre la población general. Sin una terapia adecuada u otro tipo de apoyo, es probable que estos problemas tengan un efecto adverso en la personalidad de los presos y en sus intentos de cambio.

También es directamente relevante para las posibilidades de éxito en el cambio de personalidad la diferencia entre si los delincuentes tienen un «trastorno antisocial de la personalidad»[26] —es decir, sus hábitos criminales de pensamiento y conducta se consideran una forma de trastorno mental: extremadamente graves y duraderos pero, en última instancia, tratables—,[27] o si, por el contrario, tienen una personalidad psicopática más extrema, que muchos creen que no es tratable ni moldeable, aunque esto es conflictivo.[28]

Aunque se considera que más del 40 % de los presos padecen un trastorno antisocial de la personalidad, muchos menos son psicópatas. Y mientras que todos los psicópatas tienen un trastorno antisocial de la personalidad, no ocurre lo mismo a la inversa[29] (en el próximo capítulo hablaré de los psicópatas con mucho más detalle).

En conjunto, las numerosas historias personales de redención —de Nawaz, Corbett, Yarris y otros como ellos—, combinadas con las conclusiones de la literatura de investigación sobre la rehabilitación de delincuentes, presentan un mensaje esperanzador y coherente con el argumento general de este libro: que la personalidad es maleable. Con la actitud adecuada, la motivación suficiente y el apoyo de los demás, algunas personas «malas» pueden lograr un cambio positivo y significativo, incluso las que tienen un historial delictivo y la reputación de hacer daño a los demás. La educación suele ser clave, al igual que encontrar una vocación intensa o un propósito en la vida que fomente un cambio positivo de la personalidad y sostenga el viaje de las personas hacia la luz.

CUANDO LA GENTE BUENA SE VUELVE MALA

Por desgracia, también hay muchas historias de héroes que se transforman en monstruos, maltratadores, ladrones y tramposos. Pensemos en la historia de Lance Gunderson, que, desde sus humildes orígenes, criado por una madre soltera, llegaría a sobrevivir a un cáncer testicular que se le había extendido a los pulmones, el estómago y el cerebro, y se convertiría en el vencedor, sin precedentes, del Tour de Francia en siete ocasiones consecutivas y fundador de la organización benéfica contra el cáncer Livestrong, que ha recaudado cientos de millones de dólares para quienes padecen esta enfermedad. La historia de triunfo sobre la adversidad de Lance inspiraría a una generación, llevando a *Forbes* a llamarle una especie de «Jesús secular».[30] Y, sin embargo, Lance, que posteriormente adoptó el apellido Armstrong del segundo marido de su madre, admitiría más tarde (tras una larga investigación de la Agencia Antidopaje de Estados Unidos) haber hecho trampas para conseguir todos sus títulos ciclistas. Apodado «ciclópata» por el *Sunday Times*,[31] Armstrong está acusado no solo de burdas trampas, sino también de mentir e intimidar a través de sus muchos años de negación de lo ocurrido.[32]

La política ofrece historias similares de personas célebres, aparentes ejemplos de integridad, que se han convertido en corruptos. Pensemos en el que fuera candidato a la vicepresidencia de Estados Unidos, el exsenador John Edwards, considerado el chico de oro del Partido Demócrata, virtuoso y con altos valores morales. Tuvo una aventura extramatrimonial mientras su esposa estaba enferma de cáncer y mintió e hizo todo lo posible para encubrir el escándalo. O el excongresista Anthony Weiner, la «descarada y brillante» estrella política en ciernes (en palabras del *Times* de Londres) cuya boda presidió el presidente Bill Clinton y que estuvo encarcelado por enviar imágenes indecentes de sí mismo a una niña de quince años.[33]

¿Qué decir de la leyenda del deporte y actor O. J. Simpson, infamemente acusado de asesinar a su mujer y a un amigo de esta y posteriormente encarcelado por robo a mano armada y secuestro? Luego está Rolf Harris, el otrora adorado animador infantil australiano, que en 2014 fue condenado a prisión por agredir sexualmente a seguidoras adolescentes. Y quizá la más inquietante de todas, la historia de Jimmy Saville, personalidad de la radio y la televisión británicas, que en vida fue canonizado por su entretenimiento infantil y su labor benéfica (al parecer recaudó decenas de millones de dólares con su filantropía), pero que fue acusado póstumamente de agredir y violar a cientos de víctimas, entre ellas varios niños.

Estas biografías representan ejemplos claros de gente buena convertida en malvada, como el personaje Walter White de la serie de televisión *Breaking Bad*, que pasa de ser un profesor de química muy trabajador a convertirse en un despiadado traficante de estupefacientes y asesino. Sin embargo, la realidad rara vez es tan sencilla como la ficción. Aunque las historias de Armstrong, Saville, Edwards y otros son tragedias deprimentes sobre la debilidad y la crueldad humanas, no está claro que reflejen transformaciones simples o directas de la personalidad. En muchos casos, aunque las revelaciones sobre los lados oscuros de estos casos de famosos fueron una conmoción repentina, en realidad llevaban años cometiendo fechorías, a menudo junto a sus actos virtuosos y célebres.

Por tanto, más que un cambio drástico de personalidad, es plausible que sean los mismos rasgos que impulsaron el éxito de estos personajes —la determinación a ultranza, incluso se podría decir que la arrogancia— los que, en su forma corrupta, facilitaron sus crímenes y transgresiones, ya fuera el descaro y la astucia para mentir y engañar o el egoísmo y el ansia de obtener gratificación sexual y poder. Al fin y al cabo, si estas celebridades venidas a menos hubieran tenido personalidades más agradables, dóciles, complacientes y desinteresadas en primer lugar (en términos de rasgos, si hubieran obtenido una puntuación más alta en simpatía), habría sido poco probable que alcanzaran sus cotas de éxito y poder. Así que, en lugar de ver estas lamentables historias como ejemplos de cambios drásticos de personalidad, quizá sea más acertado verlas como ejemplos de personas con rasgos fuertes y orientados al logro que se desviaron por catastróficos lapsus de juicio o fuerza de voluntad (facilitados por un rasgo de conciencia bajo o temporalmente disminuido), que luego se descontrolaron.

De hecho, la idea misma de que las personas puramente buenas se vuelvan totalmente malas es una simplificación excesiva porque, como seres humanos, todos nos enfrentamos a una batalla diaria: entre nuestros impulsos a corto plazo, nuestros deseos más bajos, por un lado, y nuestra moral más elevada y nuestras aspiraciones a largo plazo, por otro. Reflexiona honestamente sobre tu propia vida, e incluso si te consideras una persona moralmente buena la mayor parte del tiempo, probablemente podrás recordar ocasiones de las que no te sientes tan orgulloso. La última vez que recibiste un elogio en el trabajo, quizá también recuerdas con una punzada de culpabilidad que conseguiste el puesto adornando un poco tu currículum. Mientras tu cónyuge te miraba a los ojos y te agradecía tu amor y apoyo una noche, tal vez se te estremeciste por dentro por la forma en que coqueteaste con su colega el día anterior.

En el caso de las celebridades y las superestrellas políticas caídas en desgracia, se libran las mismas batallas, pero de forma más dramática, exagerada y a la vista del público. Su talento y ambición los elevaron a un pedestal, pero esas mismas alturas vertiginosas vinieron acompañadas de mayores tentaciones: acceso desenfrenado al dinero, la bebida, las drogas y el sexo, y la posibilidad de intimidar, seducir y manipular a fanáticos fáciles de impresionar y a otras personas para obtener una gratificación a corto plazo, tal vez en busca de un éxito incluso mayor.

En este sentido, está demostrado que tener poder sobre los demás puede llevarnos a deshumanizarlos, es decir, a ver a otras personas como herramientas manipulables en lugar de como individuos de carne y hueso con sentimientos. Los psicólogos conjeturan que, en algunos contextos, este efecto es adaptativo: por ejemplo, ayuda a los líderes políticos a tomar decisiones aparentemente imposibles que implican sopesar las vidas de un grupo frente a otro o proporciona a los cirujanos la distancia psicológica que necesitan para cortar la carne de otro ser humano.

Pero esto sigue planteando la cuestión de por qué Saville y otros cometieron abusos durante tantos años. Si realmente eran buenas personas, ¿por qué no se recuperaron? Parece probable que sus personalidades y su moral se vieran corrompidas por formas de pensar tóxicas, ya que se justificaban a sí mismos sus actos de forma similar a como los delincuentes más mundanos utilizan una lógica retorcida y justificaciones para explicar y excusar sus actos. Por ejemplo, tras haber sufrido y trabajado duro para alcanzar el éxito (y en muchos casos, tras haber sido celebrados por sus años de esfuerzos altruistas y desinteresados), muchos de estos famosos fracasados probablemente se dijeron a sí mismos que de alguna manera se habían ganado el derecho a satisfacer sus deseos más carnales y sus sueños cada vez más egoístas.

Es posible que tú mismo hayas practicado este tipo de «autopermiso» de una forma más mundana, como cuando te concedes una copa de vino después de un día especialmente estresante en el trabajo o te permites comer todas las magdalenas que quieras después de una agotadora clase en el gimnasio. Imagínate lo que les ocurrió a estas personas que una vez fueron de oro y que tal vez pensaron que, como le habían dedicado tantos años de su vida a su deporte o a su arte, se merecían algún tipo de libertad o retribución.

En su libro *Out of Character*, los psicólogos David DeSteno y Piercarlo Valdesolo especulan con la posibilidad de que la concesión de licencias por cuenta propia haya estado detrás de otra de las caídas en desgracia más sonadas en Estados Unidos, la del exgobernador de Nueva York, Eliot Spitzer.[34] Spitzer, el «paradigma de hipocresía moral», había hecho una campaña incansable contra la corrupción y la prostitución, que incluía el endurecimiento de las leyes contra esta última y el aumento de la severidad de los cargos por utilizar servicios de acompañantes. El escándalo le salpicó cuando se descubrió que era cliente habitual del Emperor's Club, una agencia de *escorts VIP* de Nueva York ya desaparecida. La concesión de licencias por cuenta propia «puede haber influido en parte en la decisión de Spitzer de darse un capricho», escriben DeSteno y Valdesolo. «Después de todo, ¿acaso todas sus victorias contra el azote de la corrupción no le daban licencia a cierto nivel para divertirse de vez en cuando en un acto repugnante?».

Las transformaciones más cotidianas de personas que antes parecían tan virtuosas se caracterizan probablemente por procesos idénticos o similares: fallos de autocontrol y las consiguientes autojustificaciones. Pensemos en el dedicado padre de familia que se escapa con una compañera de trabajo más joven (y que se convence a sí mismo de que es su turno para divertirse egoístamente), o en la empleada honesta y trabajadora que, tras ser rechazada para un ascenso, empieza a sustraer beneficios de su empresa (y luego utiliza su sentido de la injusticia para convencerse de que es lo que le pertenece).

Cuando emociones poderosas como la lujuria y el resentimiento nos hacen actuar fuera de lo normal, las repercusiones a veces pueden provocar cambios más duraderos, sobre todo si tienen consecuencias sobre tus circunstancias, prioridades y perspectivas. Sin el perdón de su cónyuge, el marido infiel abandona a su familia y su trabajo y se marcha con su amante, convirtiéndose en una persona menos simpática y concienzuda, lo que acarrea más consecuencias adversas para sus otras relaciones. La empleada desairada acaba desempleada y cada vez más amargada, aislada y desmoralizada, volviéndose menos extravertida y consciente en el proceso, lo que conduce a una espiral en detrimento de su carrera.

Siempre que sucumbas a la tentación y sientas que tu carácter está cambiando a peor —engañando en el trabajo, por ejemplo, o buscando tus propios placeres a costa de los demás— podrías aprender una lección de las historias de desgracia más infames. A menudo es la mentira a uno mismo, toda la racionalización y el discurso autocomplaciente, lo que sostiene la caída, seguida de los intentos de encubrir y justificar lo que se ha hecho. Para romper ese ciclo, es mejor admitir los errores. Ese reconocimiento honesto es el primer paso para enmendar los errores y posteriormente evitar con antelación volver a caer. En ese sentido, un enfoque importante es considerar las historias de redención de Nawaz, Corbett u otros y pensar en cómo tus rasgos y ambiciones podrían canalizarse y satisfacerse a través de vías de escape más constructivas.

Muchas de las historias de celebridades caídas comienzan con el antiguo héroe cediendo a la tentación en busca de sexo, poder o mayor éxito. Sin embargo, hay otra forma de tentación que puede volver mala a la gente buena. Es más cerebral y filosófica: la gente se deja corromper por ideologías peligrosas, llevándolas hacia el extremismo. En cierto modo, se trata de personas que asumen proyectos personales que corrompen su moral, en un espejo opuesto a las edificantes historias de Nawaz y Corbett. Las ideologías, creencias o ambiciones tóxicas pueden corromper los rasgos de las personas, disminuyendo su simpatía, apertura y extraversión.

La mayoría de las teorías psicológicas sobre la radicalización política o religiosa explican estos cambios de carácter aparentemente perturbadores no como la aparición de una psicopatía previamente oculta o como consecuencia de una enfermedad mental subyacente (hay pocas pruebas de que los radicales violentos tengan más probabilidades de ser enfermos mentales), sino como el comienzo de un cambio de perspectiva y lealtad. Suele tratarse de la exposición a una nueva y seductora visión del mundo e identidad de grupo que responde a sus sentimientos de agravio e injusticia, y que les conduce, por tanto, hacia soluciones oscuras y equivocadas.

De modo que, incluso en el caso de personas que antes eran «normales» y se convierten en extremistas violentos, lo que hace que estas personas pasen de ser buenas a ser malas no es un mero interruptor. Más bien, se ven tentadas a seguir un camino oscuro que están convencidas de que está moralmente justificado por unos objetivos más elevados. Por ejemplo, un predicador radical puede decirle a la gente que debe cometer actos violentos por el bien de su pueblo. En estos casos, lo primero es la alteración de la mentalidad y las creencias. El cambio de personalidad se produce a continuación, a medida que estos individuos se radicalizan cada vez más, lo cual les permite justificar su comportamiento progresivamente más violento y delictivo.

Es plausible que la forma más eficaz de alejar a estas personas de la radicalización no sea empezar por corregir su inoportuno cambio de personalidad, sino enfrentarse a sus creencias distorsionadas y, según algunos, abordar las injusticias sociales que permitieron que estas creencias calasen en ellas. Recientes reinterpretaciones de algunos de los experimentos más infames de la psicología apoyan esta idea de que cuando personas que antes eran buenas empiezan a comportarse mal, este aparente cambio de carácter no se debe a la aparición de algún tipo de maldad latente, sino a su creencia de que su comportamiento moralmente malo está sirviendo a un propósito mayor.[35]

He afirmado que las personas aparentemente confiables y altruistas pueden volverse malas. Normalmente no empieza con una transformación de la personalidad, sino con uno o varios fallos iniciales de juicio o de voluntad que conducen a autojustificaciones, evasiones y otros efectos nocivos. También puede seguir un profundo cambio de perspectiva, creencias y prioridades que envenenan su moralidad y le llevan a adoptar un estilo de pensamiento criminal y a justificar los malos actos por algún tipo de causa superior o por retorcidos sentimientos de derecho.

Por supuesto, eso no tiene por qué ser el final de la historia. Si la gente mala puede volverse buena, no hay razón para que la gente buena que se ha vuelto mala no pueda volver a su estado original. No hay más que ver la reinvención de Tiger Woods.

En el primer capítulo describí cómo algunos psicólogos creen que los Cinco Grandes rasgos no cubren todo el espectro de la personalidad y que también existe una Tríada Oscura de rasgos antisociales: narcisismo, maquiavelismo y psicopatía. Quizá muchos de nuestros iconos caídos en desgracia albergaban de estos desde el principio. De hecho, pueden haber contribuido a algunos de sus éxitos antes de conducirlos a los problemas. El político venido a menos John Edwards, por ejemplo, culpó de sus transgresiones a su narcisismo, declarando a *ABC News*: «[Mis experiencias] alimentaron un egocentrismo, un egoísmo, un narcisismo que te lleva a creer que puedes hacer lo que quieras. Eres invencible. Y no habrá consecuencias».[36]

Muchos comentaristas han tachado de narcisista al fracasado icono deportivo Lance Armstrong, y otros han ido más lejos y han especulado, basándose en sus años de acoso y mentira y en sus continuas autojustificaciones incluso después de confesar sus trampas, que podría ser un psicópata.[37]

En el próximo capítulo, analizaré los rasgos oscuros con más detalle, incluso si las personas que los presentan pueden rehabilitarse y si podemos aprender algo útil de su forma de ver el mundo sin pasarnos nosotros al lado oscuro

Diez pasos asumibles para cambiar tu personalidad

Para reducir el neuroticismo	Evita el diálogo interno negativo, que se caracteriza por un pensamiento de extremos (por ejemplo, considerar que tu actuación en una entrevista fue totalmente horrible), por exhortarte a ti mismo a alcanzar niveles imposibles (por ejemplo, ser siempre honesto o ingenioso) y por generalizar en exceso (por ejemplo, regañarte por ser un mal padre o madre porque cometiste un único error). Desafía estos patrones de pensamiento y trata de hablarte con más compasión.	Reflexiona sobre el propósito de las emociones negativas y lo que te están diciendo. Por ejemplo, la culpa y la vergüenza te motivan a ser mejor; la tristeza puede agudizar tu atención a los detalles y proporcionar un contraste maravilloso para cuando llegues a experimentar alegría. Las investigaciones sugieren que las personas que gozan de mejor salud mental y física no experimentan necesariamente menos emociones negativas, pero que las aceptan mejor.
Para aumentar la extraversión	Meetup.com es una aplicación en la que la gente anuncia los eventos locales que organiza e invita a otros a participar. Descárgate la aplicación y comprométete a asistir a un evento que te interese esta semana. Si te sientes seguro, puedes organizar el tuyo propio e invitar a otros. Como alternativa, prueba alguna otra plataforma de tu país que te permita disfrutar de experiencias gastronómicas en casa de los anfitriones, por ejemplo.	Habitúate a la adrenalina y la emoción a través de deportes y juegos competitivos o de libros, películas e interpretaciones teatrales emocionantes. Los introvertidos son más sensibles a estas cosas, pero si te acostumbras a un mayor nivel de estimulación gracias a actividades divertidas, los acontecimientos sociales y otras aventuras extravertidas te resultarán menos difíciles.

Diez pasos asumibles para cambiar tu personalidad *(cont.)*

Para aumentar la conciencia	Las redes sociales y las incesantes notificaciones de teléfono pueden mermar enormemente tu productividad. Aprovecha las aplicaciones disponibles, como Freedom o SelfControl, para crear periodos de concentración. Por ejemplo, te permiten desconectarte de Internet durante un tiempo determinado. Crea también reglas sencillas para ti mismo, como consultar el correo electrónico solo una vez cada dos horas.	Si quieres llevar una vida más ordenada y disciplinada, a menudo ayuda empezar por lo básico. Por ejemplo, empieza a cuidar más tu aspecto, y te sentirás más en control y centrado. Existe incluso un fenómeno llamado «cognición vestida» que sugiere que la ropa que llevas puede afectar a tu mentalidad. Si vistes con elegancia, empezarás a sentirte y actuar de forma más profesional.
Para aumentar la simpatía	Si desempeñas un papel de liderazgo, preocúpate menos de ejercer el dominio sobre tus subordinados y céntrate más bien en sus necesidades, en cómo puedes apoyarlos y en el ejemplo que estás dando. Este es el enfoque transformacional o basado en el prestigio del liderazgo (en contraposición al transaccional y basado en la dominación), y tus inferiores llegarán a respetarte por ello.	Para la semana que empieza, se más estratégico con las situaciones de las que participes, la compañía que mantienes y los medios de comunicación a los que te expones. Los estudios sugieren que una de las razones por las que las personas muy simpáticas son cálidas y amables es porque evitan exponerse al conflicto y a la negatividad.
Para aumentar la apertura	Dedica tiempo cada semana a completar crucigramas y sudokus. Esto te ayudará a aumentar tu confianza intelectual, lo que te animará a aceptar nuevas ideas y buscar nuevos conocimientos.	Mantente físicamente activo incorporando el ejercicio regular a tu rutina, al menos dos o tres veces por semana si es posible. Tener confianza en tus capacidades físicas te animará a probar nuevas actividades y visitar nuevos lugares.

Capítulo 7

LECCIONES DEL LADO OSCURO

El 20 de septiembre de 2017, una de las tormentas atlánticas más potentes jamás registradas tocó tierra en Puerto Rico. Con vientos de más de 160 km/h y lluvias torrenciales, el huracán María arrasó barrios enteros, y un estudio de Harvard publicado al año siguiente estimó que el desastre fue responsable de hasta ocho mil muertes, incluso por medios indirectos, como la pérdida de servicios médicos.[1]

Y, sin embargo, el 4 de octubre, cuando el entonces presidente de Estados Unidos Donald J. Trump visitó Puerto Rico, dijo a las víctimas que debían estar «muy orgullosos» de no haber soportado «una verdadera catástrofe como Katrina». «¿Cuál es vuestro recuento de muertos a partir de este momento?», preguntó. «¿Diecisiete? Dieciséis personas certificadas, dieciséis personas frente a miles».[2] En otro acto en San Juan, fue filmado sonriendo y lanzando rollos de papel como regalos de fiesta a la multitud. Muchos se sorprendieron por la aparente falta de tacto y empatía del presidente. Fueran cuales fuesen sus motivos, parecía no ser consciente de que sus gestos y palabras podían molestar a las víctimas. La alcaldesa de San Juan, Carmen Yulín Cruz, describió el incidente del lanzamiento de rollos de papel como «terrible y abominable».[3]

La dificultad de Trump con la empatía se convirtió en un patrón durante su presidencia. Poco después del huracán María, se desató una nueva polémica cuando se le acusó de no haber contactado con las familias de cuatro soldados de las fuerzas especiales estadounidenses asesinados en una emboscada en Níger. Cuando el expresidente hizo una de esas llamadas, volvió a ser criticado por mostrar falta de empatía, supuestamente diciendo a la viuda del sargento La David Johnson que «sabía en donde se había metido» y esforzándose por recordar su nombre.[4]

No podemos leer la mente del expresidente y desde luego es plausible que no tuviera intención de ofender (defendiendo a su jefe, el jefe de gabinete de la Casa Blanca, John Kelly, general de cuatro estrellas de los marines, dijo que había aconsejado a Trump que mencionara que los caídos habían estado haciendo lo que amaban).[5] Sin embargo, desde el punto de vista de la personalidad, no es solo la empatía lo que le cuesta a Trump. Cuando se defendió de las críticas de los medios de comunicación, también adoptó su estilo y maneras características: una mezcla tóxica de prepotencia, sensibilidad extrema y desprecio contumaz por los demás.

Dada la frecuencia con que se comporta así, muchos psicólogos y psiquiatras creen que Trump tiene una «personalidad altamente narcisista».[6] El término está tomado de una figura de la mitología griega, Narciso, que se enamoró de su propio reflejo. Una personalidad narcisista se asocia con una falta de empatía hacia los demás, combinada con una bravuconería y pomposidad externas que, en conjunto, ocultan una inseguridad profundamente arraigada.

El narcisismo es uno de los rasgos de la Tríada Oscura de la personalidad; los otros, como mencionamos anteriormente, son el maquiavelismo y la psicopatía. Los rasgos de la Tríada Oscura están relacionados con los Cinco Grandes y, como ellos, se componen de características más específicas o subrasgos (véase la tabla de la página 214). De hecho, algunos expertos se muestran escépticos respecto a que sea realmente necesario invocar otros tres rasgos para captar la esencia de la personalidad humana. Otros proponen añadir solo uno más a los Cinco Grandes, conocido como el factor H u «Honestidad-Humildad», cuyas puntuaciones bajas, según ellos, engloban la Tríada Oscura.

En este capítulo abordo la psicología subyacente de narcisistas y psicópatas. Analizaremos qué lecciones, si es que hay alguna, podemos extraer de las personas que consiguen triunfar en la vida gracias a sus características más oscuras (Trump, al fin y al cabo, logró convertirse en presidente de Estados Unidos) y si es posible que las personas con estos perfiles de rasgos cambien.

Diré unas breves palabras sobre el maquiavelismo, un rasgo que recibe su nombre del político italiano del siglo XVI Nicolás Maquiavelo, quien creía que el fin siempre justifica los medios, incluidas la mentira y la traición. Por decirlo sin rodeos, las personas que puntúan alto en este rasgo son imbéciles manipuladores, deshonestos y egoístas; están de acuerdo con afirmaciones del tipo «Nace un tonto cada minuto» y «Asegúrate de que tus planes te benefician a ti y no a los demás». Tanto los narcisistas como los psicópatas tienden a puntuar muy alto en maquiavelismo.[7] De hecho, algunos expertos se preguntan si realmente se trata de un rasgo independiente.[8] Por ese motivo, no voy a profundizar más en el maquiavelismo, sino que me centraré en los narcisistas y psicópatas que hay entre nosotros.

Por término medio, los hombres son más narcisistas que las mujeres. Los narcisistas se hacen más *selfies* y también son más propensos a seguir a otros narcisistas en las redes sociales.[9] En cuanto a los cinco principales rasgos de personalidad que se evaluaron en el primer capítulo, el narcisismo tiende a ir de la mano de una combinación de alta extraversión y baja simpatía (véase la siguiente tabla).

La Tríada Oscura y su relación con los Cinco Grandes

	Subrasgos	Vínculos con los Cinco Grandes rasgos
Narcisismo	Superioridad, vanidad, creencia en la propia capacidad de liderazgo, exhibicionismo, pomposidad, manipulación.	Simpatía baja, extraversión alta.
Maquiavelismo	Visión cínica del mundo, manipulabilidad, deseo de control, falta de empatía.	Simpatía y conciencia bajas.
Psicopatía	Encanto superficial, dominio intrépido, falta de empatía, impulsividad, criminalidad.	Neuroticismo bajo, simpatía baja, conciencia baja, extraversión alta.

Haz memoria: ¿solías faltar a clase en la universidad (del mismo modo que hoy en día faltas regularmente al trabajo)? ¿Dices muchas palabrotas y utilizas mucho lenguaje sexual? Si es así, podrían ser signos de que eres narcisista. Estos fueron los comportamientos cotidianos que se correlacionaron con el narcisismo de los estudiantes cuando se monitorizó su comportamiento mediante una grabadora de audio durante cuatro días. La explicación psicológica es que los narcisistas son más propensos a faltar a clase o al trabajo por su sentido del derecho, y utilizan más lenguaje sexual porque tienden a ser más promiscuos.[10]

Incluso la forma de presentarse puede ser reveladora. Un estudio descubrió que los narcisistas masculinos eran más propensos a llevar ropa pulcra y llamativa, y las narcisistas femeninas eran más propensas a llevar maquillaje y mostrar su escote.[11] Tener una firma enorme es, al parecer, otra señal reveladora.[12] También lo es tener cejas gruesas y tupidas.[13] Hay que admitir que se trata de signos bastante ordinarios que probablemente clasifiquen mal a muchas personas. Así que para ser más científicos, a continuación, presentamos un breve cuestionario sobre narcisismo.[14] Califica lo de acuerdo que estás con cada afirmación de la forma más sincera posible, puntuando desde 1, que significa que estás totalmente en desacuerdo, hasta 5, totalmente de acuerdo. Anota un 3 si no estás ni de acuerdo ni en desacuerdo:

La gente me ve como un líder natural. _____

Me encanta ser el centro de atención. _____

Muchas actividades en grupo tienden a ser aburridas sin mí. _____

Sé que soy especial porque todo el mundo me lo dice. _____

Me gusta conocer a gente importante. _____

Disfruto cuando alguien me hace un cumplido. _____

Me han comparado con gente famosa. _____

Soy superdotado. _____

Insisto en recibir el respeto que merezco. _____

Total: _____

Suma tus puntuaciones en cada ítem y divídelas entre 9. ¿Cómo de narcisista eres? Para hacerte una idea de lo que es una puntuación normal, puedes comparar tu número con la media de 2,8 obtenida por cientos de estudiantes universitarios cuando completaron el test (se podría discutir hasta qué punto son normales los estudiantes universitarios, pero dejémoslo a un lado). Si obtuviste una puntuación un poco por encima o por debajo de la media de los estudiantes, no es nada excepcional; pero si obtuviste una puntuación superior a 3,7, probablemente eres más narcisista que la mayoría. Si puntuaste por encima de 4,5, bueno, digámoslo así: me impresiona que estés leyendo este libro en lugar de mirarte al espejo o publicar otro *selfie* en Instagram.

¿Y las personas que te rodean? Cuando se trata de ese amigo tuyo fanfarrón o de tu hermana grandilocuente, si sospechas que pueden ser narcisistas, pero no apostarías por tus posibilidades de hacerles el test, puedes probar a formularles solo una pregunta: «¿Hasta qué punto estás de acuerdo con esta afirmación: «Soy narcisista»?» (ten en cuenta que la palabra *narcisista* significa egoísta, centrado en sí mismo y vanidoso). Las investigaciones realizadas con miles de personas han demostrado que su grado de acuerdo con esta única afirmación se correlaciona en gran medida con su puntuación total en un cuestionario exhaustivo sobre narcisismo que incluye cuarenta ítems.[15]

En otras palabras, si quieres saber si alguien es narcisista, intenta preguntárselo directamente. La mayoría de los narcisistas no se avergüenzan, es más, se enorgullecen del hecho de ser narcisistas, quizás porque es otra forma de afirmar que son especiales. (recuerda que la pregunta debe ser: «¿Eres un narcisista?», no «¿Eres narcisista?»; la primera hace que sea más probable que un narcisista potencial responda con sinceridad, basándose en la oportunidad de apuntarse una identidad especial en lugar de admitir una descripción, «narcisista», que puede reconocer como una indirecta apenas disimulada).

La gente discrepará sobre las ventajas o desventajas de que Trump sea presidente. Crea menos polémica el hecho de que sea un caso de estudio muy visible y dramático de una personalidad narcisista en acción, incluidos sus costes y beneficios. El hecho indiscutible de que Trump llegara al cargo más alto del mundo, por no mencionar su estelar carrera televisiva y su capacidad para crear una imagen de enorme éxito empresarial, sugiere que este tipo de personalidad debe tener algunas ventajas. Quizá la más obvia sea que los narcisistas como él están preparados y dispuestos a promocionarse a sí mismos, incluso a costa de los demás.

Consideremos cómo en una rueda de prensa celebrada el 16 de octubre de 2017, poco después del furor por sus llamadas telefónicas (o la falta de ellas) a las familias de los soldados fallecidos, Trump pasó rápidamente al ataque, afirmando falsamente que el presidente Obama y otros presidentes no habían llamado a las familias de los afectados. Pocos días después, declaró a la prensa: «Soy una persona muy inteligente… Todos [es decir, las familias contactadas por los periodistas] han dicho cosas increíblemente buenas de mí». Añadió: «Nadie tiene más respeto que yo», y afirmó que era inconcebible que se hubiera olvidado el nombre de La David Johnson, mientras se señalaba la cabeza y alegaba que tiene «una de las mejores memorias de todos los tiempos».[16] El mensaje que se desprende de estas y otras muchas declaraciones de Trump es que él es especial, intachable y mejor que nadie en casi todo (las investigaciones demuestran que los narcisistas suelen sobrestimar sus capacidades y actuaciones).

Antes de comenzar su presidencia y describirse a sí mismo en tercera persona, como suele ser su estilo, dijo al periodista del *New York Times* Mark Leibovich que la empatía, precisamente el rasgo del que los críticos dicen que más carece, «será una de las cosas más fuertes de Trump».[17] Y en una entrevista

217

emitida por Trinity Broadcasting poco después de que visitara Puerto Rico tras el paso del huracán María, Trump presumió del recibimiento que tuvo: «Había una multitud y estaban gritando y disfrutando todo... Yo me estaba divirtiendo, ellos se estaban divirtiendo... Los vítores eran increíbles, ensordecedores... Había amor por el hecho de que fui allí».[18] Las críticas de los medios de comunicación, afirmó Trump, eran *fake news* (noticias falsas), y añadió que ese era uno de los mejores términos que se le había ocurrido.

Los observadores de Trump sabrán que esta es a menudo la forma en que el presidente responde a las críticas: ataca a sus detractores y luego trata de vender lo que él considera sus propias capacidades y proezas increíbles. Como un narcisista de manual, casi todas las declaraciones de Trump revelan que tiene una obsesión consigo mismo y que ante todo desea ser especial.

Su presidencia comenzó en este mismo estilo con una discusión sobre el tamaño de la multitud de su inauguración,[19] que Trump afirmó, a pesar de las pruebas demostrando lo contrario, que era la «más grande en la historia de los discursos inaugurales».[20] Cuando fue cuestionado por el entrevistador británico Piers Morgan en 2018 sobre sus *retweets* de un grupo de extrema derecha británico, Trump respondió no solo que no es racista, sino que es «la persona menos racista que nadie va a conocer jamás».[21]

Otras afirmaciones grandilocuentes de Trump son: «Nadie respeta a las mujeres más que yo» (afirmación realizada después de que aparecieran imágenes de vídeo en las que hacía comentarios lascivos sobre mujeres);[22] «Nadie ha tenido más éxito que yo»; «Nadie sabe más de impuestos que yo, quizá incluso en la historia del mundo», y «Puedo ser mejor presidente que nadie».

Podría decirse que el estilo narcisista de Trump alcanzó su punto álgido en enero de 2018, cuando se habían publicado extractos del libro *Fire and Fury*, de Michael Wolff antes de que fuese publicado, el cual contenía relatos poco halagadores de la vida de Trump en la Casa Blanca, lo que suscitó posteriormente preocupaciones sobre su estado mental. En respuesta, Trump comenzó por despreciar el libro, tuiteando «Michael Wolff es un perdedor total que inventó historias con el fin de vender este libro realmente aburrido y falso». A continuación, en su estilo habitual, Trump pasó al autobombo, tuiteando que sus dos mayores activos en la vida habían sido «la estabilidad mental y ser... en fin, ser realmente inteligente». Inmediatamente aclaró que «no era inteligente... sino un genio, y un genio muy estable». Una autopromoción tan evidente va en contra de las ideas de mucha gente sobre el comportamiento decente, especialmente en el caso del presidente, pero dejando a un lado los juicios morales, la investigación sugiere que los narcisistas a menudo se benefician de su fanfarronería, o al menos al principio.

En consonancia con la historia de Trump, los narcisistas tienen más probabilidades que otros de convertirse en líderes y, al principio, suelen caer bien.[23] Investigadores británicos descubrieron esto cuando pidieron a estudiantes que rellenaran cuestionarios de personalidad y luego realizaran juntos tareas de resolución de problemas en grupo semanalmente durante doce semanas, calificándose unos a otros periódicamente a lo largo del estudio. Al principio, los estudiantes más narcisistas fueron caracterizados por los demás como buenos líderes de grupo. Sin embargo, su atractivo disminuyó drásticamente con el tiempo.[24] Según los investigadores, los líderes narcisistas son como la tarta de chocolate: «El primer bocado suele ser rico en sabor y textura, y extremadamente gratificante. Sin embargo, después de un tiempo, la intensidad de este sabor hace que uno sienta cada vez más náuseas. Ser liderado por un narcisista puede ser una experiencia similar».

La idea de que los narcisistas causan una buena primera impresión, al menos en algunos contextos, también ha aparecido en estudios de citas rápidas heterosexuales, en los que los narcisistas suelen ser considerados más atractivos que los que no lo son.[25] En el caso de los hombres narcisistas, esto parece deberse a que son vistos como sociables y extravertidos, lo que resulta atractivo en un contexto de citas rápidas. Las mujeres narcisistas son consideradas más atractivas físicamente, quizás porque cuidan más su aspecto y visten de forma más provocativa.

También entre los amigos, los narcisistas empiezan causando sensación. Un estudio de tres meses sobre la popularidad entre grupos de estudiantes universitarios de primer año descubrió que los estudiantes narcisistas eran calificados como populares al principio, pero al final del estudio, sus amigos se habían hartado de ellos.[26]

Otras ventajas narcisistas incluyen una gran perseverancia, especialmente si el éxito en un reto proporciona la única oportunidad disponible para alcanzar la gloria[27] (imagina un trabajo en ventas en el que la única métrica que le interesa al jefe es el beneficio, lo que impulsa al narcisista a alcanzar esos objetivos). Del mismo modo, los narcisistas pueden manifestar una gran determinación para demostrar que los demás están equivocados después de recibir comentarios negativos.[28] Su bravuconería y palpable confianza en sí mismos también parecen ayudarles a vender sus ideas.[29] Sin duda, esto favoreció enormemente a Trump en la campaña electoral. De hecho, durante las primarias republicanas para las elecciones de 2016, los medios de comunicación solo querían hablar de él, en detrimento de sus rivales.

Una lección clara que podemos aprender de los narcisistas es que resulta beneficioso mostrarse extravertido y seguro de sí mismo cuando se empieza a dejar huella, ya sea en el contexto de las citas o al iniciarse como líder. También hay momentos importantes en la vida en los que es apropiado y beneficioso dejar a un lado la humildad y vender tus ideas y logros con confianza. Un problema de los narcisistas es que suelen hacerlo a costa de los demás y no saben cuándo parar.

Para aprovechar la ventaja del narcisista sin pasarte al lado oscuro, podrías establecer un plan a largo plazo para aumentar tu rasgo de extraversión sin reducir tu rasgo de simpatía (sigue los pasos del capítulo 5). Más concretamente, intenta promocionarte haciendo comparaciones favorables con tu yo del pasado en lugar de con otras personas (por ejemplo, dile a su jefe: «Soy mucho mejor en esto de lo que solía ser»). O haz afirmaciones sencillas y autocomplacientes que no impliquen menospreciar a los demás (dile a un entrevistador: «Soy un buen profesor», en lugar de: «Soy mejor profesor que mis colegas»). Otra estrategia de autopromoción es recurrir a un compinche: pídele a un amigo o colega que te apoye y muestre tus logros.

Tampoco hay nada malo en darse palmaditas en la espalda por tus logros: el orgullo puede ser increíblemente motivador (y la falta de él puede indicar que persigues los objetivos equivocados en la vida). Pero una distinción útil e importante que hay que reconocer es entre lo que los psicólogos llaman *orgullo arrogante* y *orgullo auténtico*, que también se trata en el capítulo 6. Los narcisistas tienden a optar por el orgullo arrogante. Tienden a optar por la primera variedad, que consiste en celebrar lo que consideran intrínsecamente especial de sí mismos. Por ejemplo, pueden afirmar que los buenos comentarios de sus clientes se deben a que son encantadores y carismáticos. El expresidente Trump hace a menudo este tipo de afirmaciones, jactándose de cualidades que son una parte inherente e innata de lo que él es, incluyendo sus buenos genes. En cambio, el orgullo auténtico se basa en el reconocimiento del trabajo y el esfuerzo que realizamos. Por ejemplo, te dices a ti mismo y a los demás que has recibido una gran respuesta de un cliente porque has trabajado exhaustivamente para ofrecer un buen servicio.

Mientras tanto, una estrategia que hay que evitar definitivamente es el fanfarroneo modesto —ocultar un alarde dentro de una queja superficial— como, por ejemplo, «Maldita sea, toda mi ropa me queda tan grande desde que empecé este programa de dieta y ejercicio...». Los estudios sugieren que este tipo de afirmaciones se consideran alardes, y no muy eficaces, por lo que pierdes en todos los frentes, al no parecer ni modesto ni impresionante.[30]

Sin embargo, más allá de reconocer la importancia de causar una buena primera impresión y de tener el valor de darse autobombo y enorgullecerse cuando es apropiado, hay poco más que recomendar del enfoque en la vida de los narcisistas. No solo su atractivo decae rápidamente, sino que además tienen problemas profundamente enraizados.

El sentido común sugeriría que si tienes que seguir pregonando sobre tu propia grandeza a los cuatro vientos, tal vez no estás tan seguro de ti mismo como te gustaría que los demás pensaran. Por ejemplo, después de que el presidente Trump tuiteara que era un «genio estable» a principios de 2018, el periodista Dan Rather tuiteó: «Querido señor presidente: una buena regla general es que cuando posees una virtud, no es necesario decirlo. La gente simplemente lo sabe». De hecho, esta idea de que gran parte del tiempo el narcisismo oculta una inseguridad subyacente ha sido respaldada por numerosos estudios. Algunos expertos distinguen el «narcisismo vulnerable» del llamado «narcisismo grandioso», que supuestamente carece de esa fragilidad interior, pero la distinción es discutida.

Consideremos un ingenioso experimento en el que voluntarios pulsaban determinadas teclas del ordenador lo más rápido posible en respuesta a diferentes categorías de palabras. Los narcisistas del grupo respondían con mayor velocidad cuando se les asignaba la misma tecla para responder a palabras relacionadas con el yo (como *me/yo/yo mismo*) y palabras con una connotación negativa (como *agonía* y *muerte*). Esta rapidez de respuesta indicaba que el yo y la negatividad estaban asociados en las mentes de los narcisistas; en otras palabras, parecían tener un autodesprecio subconsciente.[31]

La neurociencia apoya esta interpretación. Cuando los investigadores escanearon los cerebros de hombres muy narcisistas mientras miraban fotografías de sí mismos, descubrieron que, a diferencia de los no narcisistas, mostraban patrones de actividad neuronal coherentes con la emoción negativa en lugar de con el placer.[32] En otro estudio, que muestra cómo los narcisistas anhelan la aprobación social, los investigadores hicieron creer a unos adolescentes que habían puntuado alto en un cuestionario de narcisismo que habían sido rechazados por los otros jugadores de un videojuego. Los adolescentes narcisistas dijeron que no les importaba, pero un escáner de sus cerebros realizado en ese momento mostró una mayor actividad en regiones asociadas con el dolor emocional, más que en los cerebros de los participantes no narcisistas que sí habían sido rechazados de verdad.[33]

Todo esto sugiere que los narcisistas pueden hablar por hablar, pero debajo de su bravuconería, sufren de dependencia y dudan de sí mismos. Esta frágil vanidad puede explicar por qué, tras el examen médico oficial de Trump en 2018, se dijo que pesaba exactamente una libra por debajo del número que lo haría formalmente obeso. El director de cine James Gunn lideró la carga de los escépticos, también conocida como el movimiento #girthers, ofreciendo 100 000 dólares a una organización benéfica elegida por Trump si se subía a una báscula en público.

Como era de esperar, existen pruebas de que esta forma de relacionarse con el mundo tiene un coste. Un estudio que realizó un seguimiento de voluntarios durante seis meses descubrió que los narcisistas tendían a experimentar más situaciones estresantes, como problemas de pareja y de salud.[34] Para empeorar las cosas, los narcisistas también muestran una mayor reacción fisiológica al estrés, lo que asimismo concuerda con la idea de que, a pesar de su fanfarronería, tienen la piel fina y son vulnerables.[35]

A la vista de las cabriolas de Trump en la escena mundial como presidente de EE.UU., puede resultar difícil creer que esta imagen se aplique a él, pero hay que tener en cuenta que, según su biógrafo Harry Hurt, Trump habló de suicidio en una etapa anterior de su vida, cuando solía ser más abierto sobre sus dudas. Y un antiguo jefe de Gabinete de la Casa Blanca dijo de Trump: que «Necesita tanto agradar que... todo es una lucha para él».[36] El lado vulnerable de Trump quizá lo resuma mejor el columnista político Matthew d'Ancona, que se refiere a él como *snow flake in chief,* algo así como «copo de nieve al mando».[37]

La noción de que el narcisismo es contraproducente a largo plazo se aplica también a otros líderes políticos. Un estudio realizado sobre cuarenta y dos presidentes estadounidenses hasta George W. Bush descubrió que cuanto mayor era su narcisismo (según las calificaciones de los expertos), mayor era la probabilidad de que hubieran sido acusados de comportamiento poco ético en el cargo y/o de que se hubieran enfrentado a procesos de destitución.[38] Del mismo modo, las empresas con un CEO narcisista tienen más probabilidades de ser objeto de demandas judiciales y, cuando esto ocurre, las batallas legales tienden a ser más prolongadas, en parte debido al exceso de confianza de dicho CEO narcisista y a su reticencia a buscar ayuda de expertos.[39]

REDUCIR EL AMOR PROPIO SUPERFICIAL

Dados los inconvenientes de ser narcisista, ¿puedes hacer algo para ayudarte a ti mismo o a los demás a ser menos narcisistas? La buena noticia es que los rasgos narcisistas tienden a desaparecer de forma natural entre la edad adulta temprana y la mediana edad.[40] Para adoptar un enfoque más proactivo en los casos más extremos, quizá el objetivo más importante sea la falta de empatía del narcisista, ya que esta es la razón por la cual estos perfiles carecen de remordimiento por sus acciones y por la que muestran una falta de disposición a disculparse.[41]

Afortunadamente, las pruebas preliminares sugieren que los narcisistas no son incapaces de empatizar. Más bien, carecen de la motivación o la capacidad espontánea para empatizar. Un estudio relevante midió las respuestas de los estudiantes a un vídeo que mostraba a una mujer, Susan, describiendo sus experiencias traumáticas de abuso doméstico.[42] Como era de esperar, cuando los investigadores no intervinieron, descubrieron que los participantes narcisistas mostraban falta de empatía hacia Susan. Dijeron que no les importaba demasiado lo que le había sucedido; hasta cierto punto, ella se lo había buscado, y a nivel fisiológico, sus ritmos cardíacos no aumentaron en respuesta a su angustia.

Y lo que es más importante, a algunos de los alumnos se les dieron instrucciones específicas antes del vídeo, animándolos a que intentaran empatizar con ella: «Imagina cómo se siente Susan. Intenta adoptar su perspectiva en el vídeo, imaginando cómo se siente con lo que está pasando». Posteriormente, los narcisistas declararon sentir una empatía más normal hacia Susan, y mostraron una reacción fisiológica también normal ante su angustia (igual que los no narcisistas). «Aunque parece que la baja empatía de los narcisistas es relativamente automática y se refleja a nivel fisiológico», los investigadores concluyeron que «hay potencial para el cambio».

Esto es prometedor porque, a la hora de tratar con los narcisistas en tu propia vida (o si tú mismo tienes tendencias narcisistas), sugiere que hay esperanza. Al animar a los narcisistas a adoptar las perspectivas de otras personas, podemos ayudar a disminuir su egoísmo. También puedes intentar alentar a los narcisistas que conoces a realizar algunas de las actividades que enumeré en el capítulo 5 para aumentar el rasgo de simpatía, como puede ser leer más ficción literaria o practicar la atención plena, que desde luego ayudan a aumentar la empatía.

Un enfoque relacionado consiste en recordar a los narcisistas su pertenencia social y sus obligaciones, es decir, que no actúan de forma aislada, sino que forman parte de un grupo más amplio, ya sea su familia, sus amigos o un equipo de trabajo. Los psicólogos llaman a esto «enfoque comunitario», y es una mentalidad que se puede desencadenar haciendo preguntas capciosas como estas: «¿En qué te pareces a tus amigos y familiares?» y «¿Qué esperan tus amigos y familiares que hagas en el futuro?». Adoptar una mentalidad comunitaria ayuda a reducir las tendencias narcisistas, aumentando la empatía por el sufrimiento ajeno y haciendo que las personas estén menos interesadas en la fama o la gloria personal. Fomentar el pensamiento comunitario en los narcisistas también podría ayudarles a reducir su obsesión por sí mismos y potenciar su empatía.

El segundo objetivo para ayudar a reducir el narcisismo son las inseguridades profundamente arraigadas del narcisista y su ansia de reconocimiento. Una forma eficaz de reducir sus payasadas para ser el foco de atención es ayudar a curar su fragilidad interior, una tarea nada fácil. Debido a que los narcisistas suelen actuar de una manera tan vanidosa y presuntuosa, a menudo lo último que queremos hacer es alimentar su aparente amor propio.

He tenido experiencias de primera mano al respecto. Un narcisista con el que solía trabajar está fascinado consigo mismo y aprovecha cualquier oportunidad para aplaudirse y ensalzarse. Empieza casi todas las conversaciones, todos los escritos, hablando de sí mismo, utilizando chistes y ocurrencias ensayados para atraer la atención y las risas. Al principio parecen espontáneos, pero si pasas un día con él, pronto te das cuenta de que sigue un guion. El acto reflejo, o la tentación que se suele tener, es bajarle los humos a gente así. Pero en realidad aprendí que elogiar a este tipo y dejarle claro que reconocía sus logros ayudaba a reducir sus tendencias narcisistas y a suavizar la relación.

¿ERES UN PSICÓPATA?

Los narcisistas son fastidiosos y difíciles de tratar, pero el narcisismo es solo uno de los llamados tres rasgos de la Tríada Oscura. Aún más problemáticos que los narcisistas son los que tienen una alta puntuación en psicopatía. A estas personas les corre hielo por las venas y, en el peor de los casos, son los protagonistas de las peores pesadillas. Aun así, podemos aprender algunas lecciones de su forma de ver la vida.

Rurik Jutting tuvo una educación privilegiada. Creció en una casita de cuento de hadas en un frondoso pueblo de Surrey, Inglaterra. Asistió a un prestigioso colegio privado, el Winchester College, donde un amigo de entonces lo recuerda como «Sencillamente normal. Tenía sentido del humor: era muy agudo, muy brillante y perspicaz».[43] Luego fue a estudiar Historia a la Universidad de Cambridge, donde llegó a ser remero y secretario de la Sociedad de historia.

Después de Cambridge, Jutting comenzó una carrera de altos vuelos en el mundo de las finanzas, que le llevó a convertirse en un genio de la banca para Merrill Lynch en Hong Kong, ganando alrededor de 700 000 dólares al año. Fue en su apartamento de Hong Kong donde en octubre de 2014, en un frenesí alimentado por la cocaína, Jutting se filmó a sí mismo torturando brutalmente, violando y asesinando a dos jóvenes indonesias. Al sentenciar a Rurik en 2016, el juez de Hong Kong lo describió como «sádico y psicópata», y advirtió a las autoridades británicas (el equipo de defensa de Jutting esperaba que fuera trasladado de vuelta al Reino Unido para pasar allí su tiempo en la cárcel) que no se dejaran engatusar por su «encanto superficial».[44]

Una de las características de los psicópatas es que en apariencia son muy competentes y encantadores. Como escribe el psicólogo Kevin Dutton en *La sabiduría de los psicópatas*, «Si hay algo que los psicópatas tienen en común es la extraordinaria capacidad para hacerse pasar por gente normal y corriente, mientras que detrás de la fachada —un brutal y brillante disfraz— late el corazón helado de un depredador frío y despiadado».[45] Por esta razón, uno de los pioneros en este campo, Hervey Cleckley, tituló su libro de 1941 sobre los psicópatas *The Mask of Sanity (La máscara de la cordura)*.[46]

Este velo de normalidad, mezclado con la confianza exterior, es un tema recurrente en los relatos de las personas que conocieron a Jutting antes de su espantoso crimen. Un amigo de su época universitaria lo describió como «increíblemente brillante... bastante atractivo», con «una especie de aplomo controlado y cierta suficiencia discreta, una especie de aire "superior", pero ligeramente defectuoso».[47]

Además del encanto superficial, la psicopatía se asocia a tres rasgos que los psicólogos denominan «impulsividad egocéntrica» (engañar, mentir y, en general, ser egoísta e impetuoso), «dominio intrépido» (confianza extrema y amor por el riesgo y la aventura, combinados con una carencia de ansiedad) y «frialdad» (falta de emociones).

En consonancia con estas características clave, los estudios sugieren que los psicópatas se sienten especialmente atraídos por la recompensa (esta forma extrema de extraversión coincide con el estilo de vida de *playboy* de Jutting, con la bebida, las drogas y las mujeres). También tienen una calma extraordinaria y poca ansiedad, incluida la falta de emociones relacionadas como la vergüenza y la culpa; en otras palabras, tienen un neuroticismo extremadamente bajo, razón por la que, como Jutting, suelen destacar en entornos de mucho estrés como el mercado de valores. Y aunque los psicópatas suelen ser perfectamente capaces de leer las emociones de la gente, no parecen sentir el miedo o el dolor de los demás. Como dice Dutton, «captan las palabras, pero no la música de la emoción».

Todo esto se manifiesta a nivel neuronal: los cerebros de los psicópatas muestran literalmente menos reacción al ver a otras personas sufriendo.[48] También tienen reducidas las amígdalas, un par de estructuras del cerebro implicadas en emociones como el miedo.[49] En la jerga psicológica, los psicópatas son capaces de tener «empatía cognitiva» (son competentes a la hora de adoptar el punto de vista de otras personas), pero carecen de «empatía afectiva» (que es exactamente lo contrario de los autistas, que sienten por los demás, pero a menudo tienen dificultades para ver las cosas desde su punto de vista).

Jutting, un asesino sádico, encantador y de vida frenética, se ajusta al estereotipo basado en Hollywood de lo que solemos pensar cuando imaginamos a un psicópata (imagínate a Dexter o Hannibal Lecter). En realidad, esta variedad patológica y criminal de psicópata es relativamente rara. Sin embargo, lo fascinante y algo inquietante es que los psicólogos se están dando cuenta de que ciertos aspectos del perfil de personalidad psicopática se manifiestan en muchas personas, pero sin violencia ni criminalidad. Estos «psicópatas exitosos» (otros términos son «psicópatas de alto funcionamiento» o «subclínicos») tienen el mismo encanto, la misma calma fría y la misma determinación despiadada. También tienen altos niveles de autocontrol y autodisciplina y no suelen ser agresivos físicamente. En la jerga científica, suelen puntuar muy alto en dominación intrépida, pero bajo, o en niveles normales, en impulsividad egocéntrica. Un buen ejemplo ficticio es el del despiadado financiero Gordon Gekko, «la codicia es buena», de la película *Wall Street* (1987).

¿Y qué hay de ti? ¿Eres un psicópata que lee este libro como una forma más de salir adelante? Tal vez te hayas topado en Internet con una supuesta prueba de psicopatía que dice algo así: «En el funeral de su madre, una mujer se enamora de un hombre allí presente al que no conocía de nada. Después del funeral, ella no tenía forma de localizarlo. Poco después, la mujer mató a su hermana. ¿Por qué?».

Si tu respuesta es que lo hizo para atraer al hombre a otro funeral familiar, entonces, según la leyenda de Internet, eres un psicópata porque has demostrado una astucia despiadada. Sin embargo, los expertos han probado esto con psicópatas criminales reales y no es así como suelen responder. Como mucha gente corriente, la mayoría de los psicópatas dijeron que la razón debía deberse a una rivalidad amorosa entre hermanas. La prueba, por tanto, no es más que un divertido acertijo.

Otros signos más realistas de que tú o alguien que conoces es un psicópata incluyen tener tendencia a disfrutar riéndose de la desgracia de los demás y utilizar esto como una forma de manipulación. Menos obvio es que a los psicópatas también les gusta que los demás se rían de ellos.[50] De hecho, puede formar parte de su encanto superficial. Imagina al jefe de oficina superconfiado que cuenta unos cuantos chistes despreciándose a sí mismo y pronto tiene a su personal comiendo de la palma de su mano.

Según una encuesta de personalidad y ocupaciones realizada a casi cuatro mil lectores de *Scientific American Mind*, las personas con una personalidad más psicopática también tienen más probabilidades de ocupar puestos de liderazgo y ocupaciones de riesgo, ser políticamente conservadores, ser ateos y residir en Europa en lugar de en Estados Unidos (no está claro por qué).[51] Si fuiste a la universidad (o estás en la universidad ahora), incluso la carrera que elegiste podría ser reveladora: al parecer, los estudiantes de empresariales y economía tienden a puntuar más alto en rasgos psicopáticos que los estudiantes de psicología.[52]

Para obtener una medida más fiable de tus tendencias psicopáticas generales, lo mejor es que respondas a unas preguntas cortas. Aquí tienes uno basado en un auténtico cuestionario de psicopatía. Califica lo de acuerdo que estás con cada afirmación de la forma más sincera posible, puntuando desde 1, que significa que estás totalmente en desacuerdo, hasta 5, totalmente de acuerdo. Anota un 3 si no estás ni de acuerdo ni en desacuerdo:

Me gusta vengarme de las autoridades. _____

Me atraen las situaciones peligrosas. _____

La venganza tiene que ser rápida y desagradable. _____

La gente suele decir que estoy fuera de control. _____

Es cierto que puedo ser malo con los demás. _____

La gente que se mete conmigo siempre se arrepiente. _____

Me he metido en problemas con la ley. _____

Me gusta tener sexo con gente que apenas conozco. _____

Diré cualquier cosa para conseguir lo que quiero. _____

Total: _____

Suma tus puntuaciones en cada ítem y divídelas entre 9. ¿Cuál es tu psicopatía general? Al igual que con el narcisismo, puedes hacerte una idea de la puntuación normal comparando tus resultados con las respuestas dadas por cientos de estudiantes universitarios. Si tu media fue de 2,4, una vez más, un poco por encima o por debajo de esta cifra no es excepcional, pero si obtuviste una puntuación superior a 3,4, probablemente seas un poco psicópata. Si tu puntuación es superior a 4,4, ¡no me gustaría estar presente cuando tengas un mal día!

Sin embargo, tal vez más importante que tu puntuación general sea si muestras mucha dominancia intrépida, el rasgo que muestran los psicópatas exitosos. Para tener una idea, aquí hay algunas afirmaciones de otra prueba, que se refieren específicamente a este tipo de dominancia: *tomo las riendas; busco la aventura; mantengo la calma bajo presión; me encantan las emociones fuertes*.[53] Si estás de acuerdo con todas ellas, ¡podría ser una señal de que tienes madera de psicópata exitoso! Estar de acuerdo con las siguientes afirmaciones, sin embargo, es un indicio de impulsividad egocéntrica, el aspecto de la psicopatía que está más asociado con la criminalidad y la agresión: *Me encanta una buena pelea; hago trampas para salir adelante; rompo las reglas; actúo sin pensar*. Quizá si estás de acuerdo con todo eso, estés leyendo este libro en la biblioteca de la cárcel.

Es de esperar que no haga falta decir que los elementos agresivos y criminales de la psicopatía son una mala noticia para el individuo que los muestra y para la sociedad en general. Pero ¿qué ocurre con los rasgos psicopáticos de dominación intrépida y frialdad? Si, como yo, te inclinas mucho más hacia el extremo tímido del espectro, ¿hay algo que podamos aprender de los psicópatas de éxito de este mundo?

LECCIONES DE PSICÓPATAS EXITOSOS

Tener el tipo adecuado de rasgos psicopáticos parece ayudar a algunas personas en la vida, dependiendo, por supuesto, de cómo se mida el éxito. Un notable estudio comparó a treinta y nueve altos directivos y consejeros delegados británicos con cientos de criminales psicópatas encarcelados en el hospital de alta seguridad de Broadmoor, en Berkshire, Inglaterra (anteriormente hogar del Destripador de Yorkshire, entre otros).[54] Por increíble que parezca, los directores ejecutivos superaron a los psicópatas criminales en encanto superficial y manipulabilidad, y los igualaron en falta de empatía, pero, sobre todo, obtuvieron puntuaciones más bajas en impulsividad y agresividad.

No fue un resultado extraño. En Estados Unidos, los psicó-logos pudieron obtener puntuaciones de psicopatía de más de doscientos profesionales de empresa inscritos en un programa de desarrollo de directivos. En consonancia con los resultados británicos, los directivos obtuvieron puntuaciones más altas en psicopatía que el público en general, y cuanto más altas eran, mejores puntuaciones solían obtener en carisma y ha-bilidades de presentación (aunque puntuaban peor en trabajo en equipo y rendimiento real).[55] Basándose en sus conclusio-nes, el psicólogo neoyorquino Paul Babiak declaró a *The Guar-dian* que es probable que uno de cada veinticinco directivos sea psicópata.[56]

Algunos expertos afirman incluso que los presidentes esta-dounidenses con más éxito han sido, al menos en parte, psicó-patas. Uno de los principales investigadores sobre la psicopa-tía del éxito, el difunto Scott Lilienfeld, de la Universidad de Emory, pidió a biógrafos históricos que calificaran los rasgos de personalidad de todos los presidentes hasta George W. Bush incluido y comparó estas calificaciones con las estimaciones de los historiadores sobre los resultados de los presidentes en el cargo. Una vez más, la dominancia intrépida fue la clave. Los presidentes que obtuvieron puntuaciones altas en este rasgo (los cuatro que obtuvieron las puntuaciones más altas fueron Theodore Roosevelt, John Kennedy, Franklin Roosevelt y Ro-nald Reagan; William Taft fue el que obtuvo la puntuación más baja) también fueron considerados más eficaces en tér-minos de reputación, resultados electorales y legislación apro-bada durante sus mandatos.[57]

Aparte de los puestos de liderazgo, los psicópatas con éxito suelen trabajar en profesiones competitivas y de alto riesgo. Esto incluye las finanzas, pero también las fuerzas especiales militares, los servicios de emergencia, los deportes extremos e incluso la cirugía. «Sin lugar a duda, los psicópatas tienen un lugar importante en la sociedad», afirma Dutton.

De hecho, un reciente artículo publicado por el Real Colegio de Cirujanos se titulaba «Un trabajo estresante: ¿son los cirujanos psicópatas?»[58], cuya respuesta fue un inequívoco sí. Casi doscientos médicos realizaron un cuestionario sobre psicopatía y, aunque no puntuaron alto en todos los aspectos de la psicopatía, sí lo hicieron más que el público en general en ciertos rasgos como la inmunidad al estrés y la intrepidez, y los cirujanos obtuvieron la mayor puntuación de todos. Esto concuerda con el relato de un neurocirujano que le dijo a Dutton en *La sabiduría de los psicópatas*: «Sí, cuando te estás lavando antes de una operación difícil, es verdad: un escalofrío recorre las venas».

Entonces, ¿por qué hay tantos psicópatas, o al menos personas con inclinaciones psicopáticas, en puestos de liderazgo y trabajos bien remunerados como la cirugía? Los psicópatas son tremendamente extravertidos, impulsados por la promesa de recompensa e inmunes a las amenazas.[59] Por ejemplo, sus cerebros liberan cuatro veces más dopamina (una sustancia química del cerebro asociada con la anticipación y la experiencia de la recompensa) cuando consumen *speed* (anfetamina), en comparación con los no psicópatas, y muestran una respuesta cerebral igualmente elevada ante la expectativa de obtener una recompensa en metálico.[60] Pero la razón más importante del éxito de los psicópatas no criminales de alto rendimiento parece ser su capacidad para desconectar el miedo y la ansiedad en los momentos adecuados, ya sea mientras realizan una operación de corazón, rescatan a las víctimas de un incendio, negocian con millones de dólares o participan en una audaz y peligrosa incursión tras las líneas enemigas.

¿Cómo se puede aprender del comportamiento de los psicópatas sin pasarse al lado oscuro? A largo plazo, y en términos de los Cinco Grandes rasgos de la personalidad, la respuesta es reducir al máximo el neuroticismo y maximizar la extraversión.

Reflexiona honestamente sobre tu propia vida. Suponiendo que no seas un psicópata, puede que haya habido ocasiones en las que hayas rehuido oportunidades por miedo a no estar a la altura del reto o incluso a ponerte en ridículo. Tal vez te invitaron a dar una charla a tus compañeros de trabajo o te ofrecieron un ascenso laboral, pero preferiste ir a lo seguro y evitaste la oportunidad. En tu vida personal, quizá hayas estado pensando durante días o semanas cómo pedirle una cita a un compañero, compañera o a un amigo, pero al final nunca te atreviste. Estas son las ocasiones en las que podría haberte ayudado canalizar el psicópata que llevas dentro.

Una forma de hacerlo, como he descrito antes, es replantear las situaciones estresantes y que provocan ansiedad como algo emocionante. Interpreta el torrente de adrenalina en tu sistema como un zumbido en lugar de como miedo, y esto te ayudará a mejorar tu rendimiento. Esto es algo natural para los psicópatas, pero puedes entrenarte para adoptar un enfoque similar cuando sea necesario.

Para ir más allá, una estrategia útil es adoptar lo que los psicólogos llaman una mentalidad de desafío en lugar de una mentalidad de amenaza. Cuando, como no psicópata, tienes una mentalidad de amenaza, es porque crees que tus capacidades no se ajustan a las exigencias de una tarea. Temes perder el control. Temes fracasar y avergonzarte a ti mismo. La respuesta natural es la evitación.

Por el contrario, tener una mentalidad de desafío consiste en creer en tus capacidades (para ayudarte, recuérdate a ti mismo la práctica y el entrenamiento que has realizado; si no lo has hecho, empieza a practicar ahora, para la próxima vez); centrarte en aquellos aspectos de la tarea que puedes controlar (ensayar ayuda, al igual que tener procedimientos y rutinas establecidos que realizas antes y durante un desafío —piensa en los atletas de élite y sus rituales previos al partido o la competición—), y ver la tarea menos como una prueba y más como una oportunidad de aprender, sea cual sea el resultado. En pocas palabras, concéntrate en lo que ganarás al intentarlo, no en lo que podrías perder, incluso si lo mejor que puedes esperar es que sea una experiencia de aprendizaje. Hazlo y, aunque no sientas un escalofrío por las venas (como el cirujano con el que habló Dutton), estarás en mejores condiciones para sacar provecho de tu ansiedad y tendrás más probabilidades de aprovechar las oportunidades cuando se presenten, en lugar de ceder el paso al psicópata de la oficina o a algún listillo engreído dispuesto a robarte la cita.

Y lo que es más importante, si adoptas una mentalidad de reto (en lugar de amenaza), también te animarás a practicar, a investigar o a hacer lo que sea necesario para tener éxito. Un estudio realizado recientemente con casi doscientos empleados lo confirmó. Aquellos que tenían por delante un día difícil tendían a responder mejorando su rendimiento y tomando medidas constructivas para afrontarlo, como priorizar su tiempo y buscar apoyo, pero solo si tenían lo que los investigadores denominaron una «mentalidad de estrés positivo», similar a la mentalidad de desafío.[61] Los que tenían una mentalidad de estrés negativo, que veían el gran día como una amenaza, se quedaban de brazos cruzados.

Una ventaja relacionada que tienen los psicópatas de éxito es su espontaneidad y su voluntad de aprovechar el momento. Mientras tú estás rumiando si solicitar ese trabajo o hacer una oferta por esa casa que está en venta, esos psicópatas de éxito ya han enviado su currículum por correo o han llamado al agente inmobiliario, impulsados por la posibilidad de obtener una recompensa, sin importarles los riesgos. En pocas palabras, los psicópatas no dejan las cosas para más tarde. Se pueden igualar las cosas comprendiendo la psicología de la procrastinación: cómo a menudo evitamos hacer algo, aunque hayamos decidido que debemos hacerlo, no por una mala gestión del tiempo, sino por una evitación activa, impulsada por los miedos incómodos y las emociones negativas que provoca la actividad (o al menos que provoca pensar en ella, a menudo de forma irracional).

Por lo tanto, un método eficaz para evitar la procrastinación consiste en afrontar los miedos o eliminar de la ecuación, por completo, las emociones. Analiza los pros y los contras de una decisión importante y, si es necesario, consulta a tus amigos y familiares. Ahora, una vez que hayas tomado la determinación de que debes seguir adelante, deja de anticipar cómo pueden salir las cosas y céntrate simplemente en la siguiente acción que tienes que emprender. Después, simplemente hazlo. Envía tu CV. Coge el teléfono y llama.

Guiando a los psicópatas hacia la luz

Hay momentos y situaciones en la vida en los que puede ayudar, dependiendo de tus metas, tomar prestadas algunas de las estrategias de los psicópatas, como cuando compites contra alguno de ellos de éxito, o individuos prepotentes e intrépidos en el trabajo, o cuando tratas con familiares difíciles y egoístas. Pero, al igual que con el narcisismo, no recomiendo que te pases por completo al lado oscuro.

Recuerda que la psicopatía está asociada a la falta de sentimientos, posiblemente la esencia misma de lo que nos hace humanos. El sentido de la vida proviene de preocuparse por otras cosas que no sean el placer y la autogratificación. Quizá, más que ninguna otra cosa, proviene de tus relaciones afectivas. Preocuparse por los demás puede frenarte, pero si consiguieras convertirte en un autómata de corazón frío, ¿qué clase de vida sería esa?

Aunque los logros profesionales sean lo más importante para ti, ten en cuenta que está demostrado que los empleados sufren supeditados a un jefe psicópata[62] y las organizaciones fracasan a largo plazo cuando están dirigidas por un perfil de este estilo.[63] Esto se debe a que un liderazgo eficaz requiere algo más que asumir riesgos. Entre otras cosas, también son importantes la comprensión y la empatía, sobre todo para ayudar a crecer a las personas con talento y eliminar los obstáculos que impiden los logros del personal.

En términos más generales, y como era de esperar, los psicópatas también tienen más probabilidades de morir de forma violenta.[64] Y, por supuesto, son mucho más propensos que la media a encontrarse en el lado equivocado de la ley.

Entonces, ¿cómo se puede ayudar a otra persona (o a uno mismo) a ser menos psicópata? Un enfoque no consiste en alterar sus rasgos *per se*, sino en dirigirlos de forma más constructiva. Las mismas características psicopáticas pueden alimentar la ambición egoísta o el heroísmo. Jeremy Johnson, un antiguo millonario del *marketing* online afincado en Utah, perdió una fortuna apostando. Se aprovechó de personas vulnerables y fue condenado a once años de cárcel en 2016 en un caso de fraude bancario. El juez le dijo a Johnson: «Tu prepotencia y el deseo de hacer lo que quieras están en la raíz de esta trama». Sin embargo, Johnson no solo ganó millones de dólares, sino que también fue un héroe local conocido por sus audaces misiones de rescate, incluido el vuelo de su propio avión a Haití en 2010 para ayudar a las víctimas del terremoto. Un amigo de toda la vida lo describe como «una de las personas más parecidas a Cristo que he llegado a conocer».[65]

Johnson no es inusual. Un estudio halló una correlación entre los niveles de rasgos psicopáticos de las personas y su propensión al heroísmo cotidiano, como ayudar a un desconocido enfermo o perseguir a un delincuente callejero.[66] Por tanto, una forma importante de ayudar a una persona con una personalidad psicopática es orientarla, en la medida de lo posible, hacia profesiones y funciones que maximicen sus oportunidades de heroísmo y la alejen de las tentaciones delictivas que la arruinarán.

Además de intentar dirigir a los psicópatas hacia la luz, ¿se puede hacer algo más para corregir o reducir los rasgos psicopáticos de una persona, o asegurarse de que sigue siendo una persona de éxito y no un delincuente? Recientemente, investigadores estadounidenses han logrado cierto éxito centrándose en los procesos mentales anormales que presentan los psicópatas. La premisa de este enfoque es que los psicópatas son capaces de experimentar emociones negativas, incluido el arrepentimiento; lo que ocurre es que cuando persiguen un objetivo a toda costa, su forma habitual de actuar, no tienen en cuenta el arrepentimiento que podrían sentir en el futuro.[67] El entrenamiento en remediación cognitiva, que se lleva a cabo a lo largo de muchas semanas e implica que se les pida repetidamente que se centren en las emociones de los demás,[68] ayuda a los psicópatas a prestar más atención al contexto emocional de lo que están haciendo, en lugar de centrarse únicamente en su objetivo principal. Imaginemos a un psicópata centrado en estafar a alguien para obtener un beneficio personal, por ejemplo, e ignorando las consecuencias emocionales para su víctima.

«No tienen sangre fría; simplemente son horribles en la multitarea», afirma Arielle Baskin-Sommers, de Yale, la científica que dirige esta investigación. «Así que tenemos que pensar en cómo dirigirnos a la mente de un psicópata para ayudarle a fijarse más en la información de su entorno y aprovechar su experiencia emocional».[69] Este enfoque es muy experimental, pero encaja con uno de los mensajes clave de este libro: que tu personalidad se deriva en parte de tus hábitos de pensamiento y que, cambiándolos, puedes moldear tus rasgos y el tipo de persona en que te conviertes.

Diez pasos asumibles para cambiar tu personalidad

Para reducir el neuroticismo	Muchos preocupones crónicos desarrollan una tendencia perfeccionista malsana, creyendo que no pueden dejar de preocuparse hasta que todos los problemas estén resueltos, lo cual es claramente imposible. Cuando te des cuenta de que la preocupación se te va de las manos, prueba esta técnica para detener el pensamiento: imagina una señal de stop o simplemente dite a ti mismo que ya te has preocupado lo suficiente y que tienes permiso para parar.	Practica tomarte menos en serio tus pensamientos críticos y negativos. Todo el mundo los tiene, pero no son el evangelio y no tienes por qué dejar que te hundan. Un ejercicio que te ayudará a conseguirlo es la técnica del autobús mental. Imagina que tus pensamientos son niños revoltosos en un autobús poniendo voces tontas. Puede que te distraigan o te diviertan en cierta medida, pero no impedirán que tú, como conductor o conductora, llegues a donde quieres.
Para aumentar la extraversión	Considera la posibilidad de tener un perro o de ofrecerte voluntario para ayudar a pasear a los de tus amigos o vecinos. Los dueños de perros tienen más encuentros sociales fortuitos que la media porque se encuentran a menudo con otros dueños y entablan conversaciones triviales.	La próxima vez que vaya a una fiesta o a un evento de networking, en lugar de refugiarte en un rincón y preocuparte por con qué otros invitados hablar, márcate de antemano algunos pequeños objetivos, divertidos y discretos, como averiguar los nombres y ocupaciones de dos personas nuevas. Tratar el evento más como un reto detectivesco que como una reunión social te ayudará a desviar la atención de tí mismo y te dará una sensación de logro al final. Cuanto más lo hagas, más te acostumbrarás.

Diez pasos asumibles para cambiar tu personalidad *(cont.)*

Para aumentar la conciencia	Ya se trate de preparar exámenes, entrenar en el gimnasio o mantener la casa ordenada, combina cualquier actividad autodisciplinada que te parezca una tarea con elementos divertidos para hacerla más gratificante de forma inmediata; por ejemplo, escucha tu música favorita o un pódcast mientras la realizas. Considera también la posibilidad de llevar un registro de tus progresos y de darte un capricho cuando alcances hitos importantes.	Dedica algún tiempo a reflexionar sobre tus valores y objetivos más importantes. ¿Diriges actualmente tus energías en la dirección correcta? Si no es así, puede que haya llegado el momento de cambiar de rumbo. Es mucho más fácil ser disciplinado y decidido si persigues objetivos generales que coinciden con tus valores vitales.
Para aumentar la simpatía	Si eres amable contigo mismo, te resultará más fácil transmitir calidez y confianza a los demás. Hay muchos ejercicios de autocompasión. Uno de ellos es escribirse una carta a uno mismo como si fuera un amigo comprensivo y solidario.	Lee más ficción literaria se asocia a un aumento de la empatía porque la lectura nos enseña a ver las perspectivas de distintos personajes.
Para aumentar la apertura	Intenta aprender otro idioma. Sumergirte en una cultura diferente (mucho más fácil si aprendes su idioma) te dará una nueva visión del mundo.	Busca experiencias cumbre. Lo obvio es escalar una montaña, pero no tiene por qué ser tan espectacular. Puede ser planificar con antelación el tiempo necesario para disfrutar de la próxima puesta de sol, dar un paseo por el bosque o visitar una galería de arte. Tu objetivo es despertar un sentimiento de unidad con el mundo y sentir que tu mente se abre en el proceso.

Capítulo 8

LOS 10 PRINCIPIOS
DE LA REINVENCIÓN PERSONAL

A lo largo de este libro he detallado las diversas influencias que moldean constantemente tu personalidad, incluidos los muchos altibajos de la vida. He demostrado que está en tu mano controlar, al menos en parte, esa maleabilidad, y he descrito varios ejercicios y actividades que, si lo deseas, cambiarán alguno o todos tus rasgos principales en la dirección deseada. También he abordado algunos principios básicos que subyacen al éxito del cambio deliberado de personalidad.

En este capítulo final, ampliaré esos consejos anteriores, esbozando diez principios clave que deberías tener en cuenta y a los que puedes volver siempre que tengas dificultades, con el objetivo de ayudarte a tener éxito en tu misión de optimizar tu personalidad para convertirte en la mejor versión de ti mismo que puedas llegar a ser. Antes de seguir leyendo, puede ser un buen momento para realizar de nuevo el test de personalidad del capítulo 1 y ver si alguno de tus rasgos ha cambiado, en ese caso, comprobar si lo ha hecho en la dirección que esperabas. También puedes plantearte realizar otro ejercicio de escritura narrativa (véase el capítulo 2) para averiguar si el tono general de tus reflexiones se ha vuelto más positivo. No desesperes si aún no has progresado. Estas diez reglas te proporcionarán más ideas para conseguirlo:

Las diez reglas de la reinvención personal

1. Es más probable que el cambio sea exitoso si tiene un propósito mayor.

2. No mejorarás a menos que te evalúes honestamente.

3. El verdadero cambio comienza con la acción.

4. Iniciar el cambio es fácil. Lo difícil es mantenerlo.

5. El cambio es un proceso continuo que se debe seguir de cerca.

6. Hay que ser realista sobre la cantidad de cambio posible.

7. Es más probable que tengas éxito con la ayuda de los demás.

8. La vida se interpondrá en tu camino. El truco está en anticiparse y seguirle la corriente.

9. La autocompasión tiene más probabilidades de conducir a un cambio duradero que la autocrítica.

10. Creer en el potencial de cambio de la personalidad —y en su naturaleza permanente— es una filosofía de vida.

REGLA Nº 1: ES MÁS PROBABLE QUE EL CAMBIO SEA EXITOSO SI TIENE UN PROPÓSITO MAYOR

Las encuestas muestran que la mayoría de la gente desearía que su personalidad fuera diferente en algún aspecto. A menudo se trata de una sensación difusa de que un cambio podría hacerles más felices en la vida, más exitosos en el trabajo o más satisfechos en sus relaciones. Aumentar deliberadamente la extraversión, la conciencia, la apertura, la simpatía y la estabilidad emocional (o solo uno de estos rasgos) puede ayudarte a llevar una vida más sana y feliz. Sin embargo, si esperas un cambio personal más duradero y radical, es más probable que se produzca en la búsqueda de algún propósito o sentido de identidad más amplio.

Las investigaciones demuestran que los cambios en los valores personales (lo que más te importa en la vida) preceden con mayor frecuencia a los cambios de personalidad que al revés.[1] Convertirse en un mejor padre, luchar contra la pobreza, compartir el amor por el arte, mejorar tu ciudad, hacer un voluntariado en el extranjero o aprender una nueva habilidad: no importa cómo llamemos a este tirón motivacional (los psicólogos hablan de «proyectos personales», «llamadas superiores» o «preocupaciones últimas»). Es más probable que un cambio de personalidad deliberado tenga éxito y resulte auténtico si está al servicio de tus pasiones o de tu propósito y actuales valores en la vida.

Muchas de las inspiradoras historias de cambio que he compartido en este libro se refieren a personas que han descubierto una nueva y profunda identidad o vocación y, a continuación, han trabajado para mejorar —siendo autodidactas y gracias a nuevas relaciones, aficiones y hábitos— al servicio de ese objetivo superior. Esto conduce a un efecto de autoperpetuación, en el que la puesta en práctica de esa vocación y los roles sociales que conlleva modifican aún más la personalidad de forma beneficiosa y canalizan mejor los puntos fuertes de la ya existente.

Si actualmente no tienes una pasión o vocación, antes de preguntarte: «¿Cómo quiero o necesito cambiar mi personalidad?», puede que sea más gratificante y eficaz preguntarte: «¿Qué me importa?» o incluso «¿Quién quiero ser?». Por supuesto, la respuesta puede cambiar en distintos momentos de tu vida, así que es una pregunta que debes volver a plantearte. Por ejemplo, puede que hayas sido un padre dedicado durante muchos años y que consideres que esa es tu razón de ser, pero una vez que tus hijos crecen y se marchan, puede que sientas que tienes un hueco en tu vida y busques un nuevo propósito.

Sea cual sea el momento de tu vida en el que te encuentres, no necesariamente descubrirás la respuesta meditando esta pregunta en la comodidad de tu sillón. Puede que necesites levantarte y salir, y descubrir a través de la experimentación lo que enciende esa chispa dentro de ti. Ten paciencia. Es poco probable que sea lo primero que intentes, e incluso cuando encuentres tu verdadera vocación (algo que te provoque una fascinación y un significado duraderos), puede que no te des cuenta al principio. Las pasiones suelen tardar en encenderse.

Una vez que hayas encontrado tu vocación, es el momento de preguntarte: «¿Cómo podría desarrollar mi carácter para afrontar mejor este reto o vivir de acuerdo con estos valores?». Recuerda y hazte a la idea de que cualquier cambio de personalidad que hagas en pos de esta vocación tiene más probabilidades de integrarse plenamente en tu sentido del yo, de sentirse auténtico y de perdurar.

Punto clave: encuentra tu vocación en la vida o reflexiona sobre los valores personales que más te importan. Esto sentará las bases para un cambio de personalidad auténtico y significativo.

REGLA Nº 2: NO MEJORARÁS A MENOS QUE TE EVALÚES HONESTAMENTE

Si tienes problemas en el trabajo o en tus relaciones interpersonales, puede ser muy tentador eludir cualquier responsabilidad y culpar de todo a las circunstancias y a otras personas. Pero si eres sincero o sincera, a menudo eres responsable, al menos en parte, y es posible que exista un patrón recurrente en varias situaciones gracias a la contribución de algunos de tus rasgos menos útiles, como la pereza, los cambios de humor o la intransigencia. El primer paso para mejorar estos rasgos poco útiles es admitir y aceptar que es necesario abordarlos (sin caer en la autocrítica o el desánimo; véase la regla 9, en la página 265).

Sin embargo, es más fácil decirlo que hacerlo. Masajear nuestro propio ego viéndonos a nosotros mismos bajo una luz preferente forma parte de la naturaleza humana. La mayoría de nosotros, salvo los más deprimidos y neuróticos, sobrestimamos nuestras capacidades y conocimientos.[2]

Este sesgo autocomplaciente tan común puede ayudar a mantener la autoestima y el optimismo, por lo que debe tratarse con cuidado y no echarlo por tierra. Pero también puede ser un obstáculo para un cambio de personalidad eficaz si te impide realizar una autoevaluación honesta. Una forma de superarlo es comprometerse a ser lo más sincero posible a la hora de responder a los tests de personalidad de este libro (o a cualquier otro que realices en línea). Hacerlo te ayudará a identificar las áreas de tu personalidad que podrías desarrollar en tu beneficio.

Sin embargo, incluso si te atreves a analizar tu personalidad sin censura, es muy probable que haya cosas sobre ti mismo que no sepas, o al menos cosas que los demás ven en ti, pero que tú ignoras: puntos ciegos, por así decirlo.

Así lo revelan estudios en los que se ha pedido a voluntarios que califiquen su propia personalidad, cómo creen que los demás ven su carácter y, a continuación, comparen esas respuestas con cómo los califican realmente sus amigos íntimos y su familia.[3] Los resultados mostraron que, aunque hay muchas coincidencias entre cómo se ve uno mismo y cómo le ven los demás, también suele haber importantes puntos ciegos: cosas que los demás están de acuerdo en que pueden ver en ti (como que eres gruñón por las mañanas, ingenioso, o que estás demasiado deseoso de agradar, o lo que sea) pero que tú ignoras por completo.

Ten cuidado al explorar estos posibles puntos ciegos, sobre todo si te sientes vulnerable o psicológicamente delicado. Lo que sugiere esta línea de investigación es que, si quieres cambiar tu personalidad para mejor, es una buena idea que no solo te bases en tus propias autoevaluaciones, sino que también pidas a algunos de tus amigos íntimos, familiares y colegas que puntúen tus rasgos. Si se lo pides a un número suficiente de personas, podrían incluso hacerlo anónimamente para evitar cualquier riesgo potencial de ofensa.

Merece la pena sopesar bien a quién se lo pides; no querrás salir de este ejercicio sintiéndote completamente desmoralizado. Las personas a las que la psicóloga Tasha Eurich llama tus «críticos cariñosos», que velan por tus intereses, son una buena elección. Con sus valoraciones de tu personalidad tendrás una mejor idea de las áreas de tu personalidad que pueden beneficiarse del desarrollo.

Si te sientes realmente valiente, podrías incluso seguir el ejemplo del excelente libro de Eurich *Insight*, en el que describe un ejercicio conocido como la «cena de la verdad», en el cual sales por ahí con una persona crítica que te quiere y le pides que describa aquello de ti que le resulte más molesto.[4]

Si eso te parece demasiado arriesgado, otra forma de lograr una mayor visión de ti mismo es hacerte la «pregunta milagrosa» (como se describe en el libro *Switch*, de Chip y Dan Heath). Imagina que esta noche, mientras duermes, se produce un cambio milagroso en tu personalidad, uno que en el futuro se extendería y beneficiaría a muchas áreas de tu vida y tus relaciones. ¿En qué consistiría ese cambio milagroso? Reflexiona sobre el cambio en detalle y cómo se manifestaría en tu vida. ¿Sería tu vida diferente del momento en que te despertaste y, en caso afirmativo, ¿cómo? A continuación, piensa cómo puedes empezar a hacer realidad este milagro.

> *Punto clave*: averigua cómo ven tu personalidad tus amigos íntimos y tu familia (críticos cariñosos) para tener una imagen más completa del tipo de persona que eres actualmente.

REGLA Nº 3: EL VERDADERO CAMBIO COMIENZA CON LA ACCIÓN

La aspiración a cambiar tu personalidad empieza en tu mente, pero esta ambición interior nunca será suficiente por sí sola. Una de las lecciones más sencillas y a la vez más poderosas que debes tener en cuenta es que, a menos que hagas algo diferente, nada cambiará. Piensa por un momento en lo que has empezado a hacer de forma diferente desde que comenzaste a leer este libro.

Si te ciñes a las mismas rutinas, las mismas aficiones, la misma compañía, los mismos hábitos, el mismo trabajo, el mismo vecindario, entonces no importa que en privado albergues el deseo de ser más concienzudo, más abierto de mente, más extravertido o cualquier otra cosa, porque si mantienes todo en tu vida como hasta ahora y actúas como siempre lo has hecho, entonces serás la misma persona. En el momento en que rompes con esos viejos patrones es cuando puede desencadenarse el proceso de cambio. Si no sabes por dónde empezar, pregúntate cuál es el primer paso que tienes que dar. Luego hazlo. Como decía William James: «Empieza a ser ahora lo que serás después».

Como escritor que pasa mucho tiempo solo, soy consciente de que esto probablemente me está llevando a ser más introvertido. Desde hace algún tiempo intento equilibrarlo buscando formas de alimentar mi extraversión. No digo que la introversión sea algo intrínsecamente malo, pero he percibido que mis circunstancias me han moldeado para ser más introvertido de lo que me gustaría. Una medida que he tomado, como muchos otros trabajadores solitarios, es salir regularmente de mi oficina de casa para hacer mi trabajo en una cafetería. Lo he hecho durante años, a menudo lamentándome de que, aunque me he esforzado por salir al mundo, este, a su vez, se ha mostrado poco impresionado y gratificante. Por supuesto, mis visitas a las cafeterías son un buen cambio de aires, pero la verdad es que, después de pedir mi café, casi nunca hablo con nadie. Otra cosa que hago con regularidad es ir al gimnasio, pero siempre me encierro en mis auriculares. De nuevo, estoy en público, pero efectivamente solo.

A principios de este año, siguiendo los consejos de este libro, me di cuenta de que nada iba a cambiar a menos que empezara a hacer algo diferente. Durante años, en mis rutinas de cafetería y gimnasio, había estado haciendo las cosas exactamente igual, y luego me quejaba de que nada cambiaba, incluidas mis propias tendencias excesivamente introvertidas.

Tenía que empezar a actuar de otra manera. En el club de campo donde está la cafetería a la que voy a menudo a trabajar, empecé a tomar varias clases de ejercicio a la semana, incluida una basada en el boxeo, que requiere trabajo en pareja; en otras palabras, socialización cara a cara inevitable. Aún es pronto para este experimento y, aunque al principio me resultaba un poco incómodo no conocer a nadie, puedo decir que ya me siento y actúo de forma diferente. Puede que por ahora sea un cambio sutil, pero tengo la sensación de haber salido de mi caparazón al menos un poco, y todo empezó al darme cuenta de que si quería cambiar, tenía que empezar por hacer algo distinto.

Los estudios han demostrado la importancia de respaldar las intenciones de cambio con nuevos comportamientos y hábitos. Los voluntarios de la investigación han logrado con más éxito el cambio de personalidad deseado cuando han sido entrenados para seguir pasos conductuales específicos y relevantes para lograr dicho cambio, incluyendo la adopción de planes explícitos condicionales, como: «Si estoy en la situación X, entonces haré Y».

Otro estudio reciente demostró que desear cambiar de personalidad sin hacer nada al respecto puede ser incluso perjudicial.[5] Los voluntarios llevaban un diario de sus intenciones de cambio y de si habían emprendido algún reto recomendado para desencadenarlo. Por desgracia, los que no cambiaron su comportamiento, a pesar de haberse comprometido a hacerlo, en realidad retrocedieron más respecto a su personalidad deseada, quizá debido a su sensación de fracaso. Esta investigación respalda mis propias experiencias personales: desear cambiar fracasará a menos que estés preparado para actuar de forma diferente.

> *Punto clave*: el cambio de personalidad empieza por la acción. ¿Qué vas a hacer de forma diferente?

REGLA Nº 4: INICIAR EL CAMBIO ES FÁCIL.
LO DIFÍCIL ES MANTENERLO.

Todos los días, pero sobre todo a principios de año, millones de personas en todo el mundo se hacen propósitos de Año Nuevo para cambiar a mejor. Estos objetivos son loables. Ya sea ponerse en forma, dejar de fumar, leer más o incluso cambiar de personalidad, la cruda realidad es que estos esfuerzos a menudo fracasan porque la gente vuelve pronto a sus viejas costumbres.

En su libro *Change*, el psicoterapeuta y escritor Jeffrey Kottler cita estudios que sugieren un porcentaje de fracaso del 90% entre las personas que intentan abandonar hábitos como el juego o comer en exceso.[6] «Iniciar cambios en la vida es relativamente fácil comparado con mantenerlos a largo plazo», escribe. La razón por la que es tan difícil mantener los cambios personales es que gran parte de la forma de pensar y actuar es habitual (ten en cuenta que los rasgos de tu personalidad son, en cierto sentido, una descripción global de los muchos hábitos que te convierten en la persona que eres). Si algo es habitual, significa que es automático y no requiere esfuerzo. Es cómo piensas, sientes y actúas sin intervenir conscientemente.

Cuando un fumador (poco consciente) coge un cigarrillo durante la pausa del café, no tiene que obligarse a hacerlo, es un reflejo. Cuando una persona sociable (muy extravertida) entra en una fiesta llena de desconocidos, no se ordena a sí misma que empiece a charlar con la primera persona con la que se cruza; es algo que hace sin pensar.

Lograr un cambio de personalidad duradero significa cambiar las cosas, desaprender algunos de los muchos hábitos y rutinas que contribuyen al tipo de persona que eres y sustituirlos por otros nuevos. No significa que de repente tengas que actuar y pensar de la misma manera cada segundo de cada día. El cambio de personalidad consiste en modificar sus tendencias de comportamiento. Esto significa que tendrás que trabajar muy duro para desarrollar nuevos hábitos en tu manera de pensar y actuar en diversas situaciones hasta que se conviertan en algo natural, es decir, instintivo y automático.

Para que tu nuevo estilo de pensamiento y comportamiento se vuelvan habituales, la perseverancia es clave. No hay muchos estudios sobre cómo se forman los nuevos hábitos, pero para que te hagas una idea de la importancia de la persistencia, en un estudio de 2010 se pidió a los estudiantes que intentaban desarrollar un nuevo hábito específico que se conectaran a un sitio web cada día para registrar si habían realizado el hábito, así como cuán automático consideraban que lo habían hecho.[7] Los ejemplos incluían salir a correr cada día antes de cenar o comer una pieza de fruta en el almuerzo (esfuerzos que, de tener éxito, contribuirían en términos de personalidad a aumentar la conciencia). Hubo mucha variación, pero la media de tiempo para que un nuevo comportamiento se convirtiera en un nuevo hábito completo (para alcanzar su máxima automaticidad) fue de sesenta y seis días.

Existen varios métodos para intentar aumentar las probabilidades de que se mantengan los nuevos hábitos basados en la personalidad y evitar que recaigan los antiguos. Muchos se desarrollan en respuesta a señales específicas. Tendemos a hacer algo en un momento determinado del día (encendemos la televisión en cuanto llegamos a casa del trabajo), o cuando estamos en un lugar concreto (siempre pedimos una magdalena para acompañar el café de la mañana), o cuando ocurre algo concreto (empezamos a considerarnos fracasados en cuanto algo va mal en el trabajo). Para cambiar de hábitos es fundamental aprender a reconocer estas señales y evitarlas o sustituir el antiguo comportamiento reflejo por uno nuevo.

También es importante ver qué tipo de propósito o necesidad pueden tener los hábitos que no te ayudan. Te resultará más fácil abandonar los malos hábitos si los sustituyes por un comportamiento más saludable que satisfaga la misma necesidad. Por ejemplo, ese hábito de ver la tele después del trabajo te ayuda a relajarte; tu magdalena de media mañana te anima; tu autocrítica deriva del deseo de hacerlo mejor la próxima vez. Romper estos hábitos, que podrían formar parte de un paquete más amplio de cambios encaminados a desarrollar tu conciencia y, a fin de cuentas, a reducir tu neuroticismo, será más fácil si encuentras alternativas más saludables que te aporten una recompensa similar: por ejemplo, charlar con un amigo o compañero para animarte, practicar un deporte o afición después del trabajo como forma de relajación, o empezar a ver el fracaso como una oportunidad para aprender y desarrollarse.

Por supuesto, tendrás lapsus cuando no realices un nuevo hábito o vuelvas a caer en uno antiguo. No permitas que esto te desmoralice y te tiente a abandonar. Aunque el gran psicólogo estadounidense William James sugirió en sus *Principios de psicología* que un solo lapsus —una carrera perdida, una conversación evitada, una tentación a la que se sucumbe— sería fatal cuando se intenta desarrollar un hábito, esto no ha sido corroborado por evidencias. El estudio que he mencionado antes, en el que se hacía un seguimiento de los estudiantes mientras aprendían nuevos hábitos, descubrió que un solo día perdido no era demasiado grave, aunque los fracasos múltiples sí tenían un efecto acumulativo contraproducente. Es importante perdonarse los fallos iniciales y no dejar que se conviertan en algo más grave. Intenta reaccionar reafirmando tu determinación de seguir con el nuevo hábito saludable. Esto significa que lo importante no es la falta inicial, sino lo que hagas después. Como dice el autor y experto en hábitos James Clear: «Cuando las personas de éxito fracasan, se recuperan rápidamente. La ruptura del hábito no importa si la recuperación es rápida».[8]

Punto clave: para que tus intentos de cambio de personalidad sean duraderos, persiste hasta que tus nuevos comportamientos y tendencias se hayan convertido en habituales.

REGLA N.º 5: EL CAMBIO ES UN PROCESO
CONTINUO QUE SE DEBE SEGUIR DE CERCA

Probablemente no sea necesario llegar a los extremos que empleó Benjamin Franklin. Este llevaba un registro diario de sus intentos de desarrollar trece virtudes del carácter (entre ellas la humildad, la sinceridad y el orden) cuando solo tenía veinte años, anotando cada caso de fracaso con una marca negra en su cuaderno. Sin embargo, al reconocer la importancia de seguir sus progresos, Franklin fue astuto. Si no llevas un registro de tus intentos de cambio de personalidad, te resultará difícil saber si estás progresando, si debes persistir en tus esfuerzos o si necesitas probar un enfoque diferente.

Por desgracia, puede resultar tentador seguir adelante con los esfuerzos de cambio sin comprobar si realmente funcionan. Los psicólogos incluso tienen un nombre para esta tendencia: *el problema del avestruz*. Si estás satisfecho contigo mismo por tus intentos de cambio, lo último que querrías es descubrir que no te ha ido tan bien como pensabas o que tu empeño ha sido en vano: no han producido los beneficios positivos que esperabas o, peor aún, han sido contraproducentes y te han causado un malestar considerable. Pero si quieres tener éxito a largo plazo, es vital que compruebes regularmente si estás progresando y si los cambios que has ejecutado han sido beneficiosos.

Estudios realizados en diversos contextos, desde estudiantes que aprenden matemáticas hasta pacientes que adoptan nuevos comportamientos saludables, han demostrado que las personas que llevan un registro de sus esfuerzos tienden a tener más éxito en el aprendizaje y el cambio. En el contexto del cambio de personalidad, este registro podría adoptar la forma de un seguimiento de los hábitos: llevar un diario de los nuevos comportamientos y otras actividades que estás realizando para desarrollar tus rasgos de personalidad y asegurarte de que realmente estás cumpliendo con tus nuevas rutinas (varias aplicaciones y relojes inteligentes hacen que esto sea hoy más fácil que nunca) y realizar pruebas de personalidad periódicas, para ver si tus rasgos están respondiendo de la manera que esperaba.

La razón más común por la que la gente evita hacer un seguimiento de sus progresos es el miedo a descubrir que estos son inútiles o que sus aparentes logros son ilusorios. Supera este miedo recordándote a ti mismo que no pasa nada por tener faltas de disciplina ocasionales (véase la regla 4) y alejándote de una mentalidad de extremos sobre si puedes hacerlo o no. Es probable que la realidad sea más complicada. Es posible que tenga éxito en algunos aspectos y no en otros, o que algunos tipos de progreso se produzcan con rapidez y facilidad, pero que otros objetivos te resulten más difíciles de alcanzar o inútiles. Recuerda que los avances no siempre son lineales.

Establecer nuevas rutinas es un logro en sí mismo, aunque el objetivo de esos nuevos hábitos tarde algún tiempo en manifestarse, ya sea aprender una nueva habilidad, perder peso, modificar los rasgos de tu personalidad o responder a tu vocación en la vida. Mientras tanto, recompensarse por superar los hitos en sus intentos de crear nuevas rutinas y hábitos será un poderoso motivador. Por supuesto, para ello es necesario que lleves un registro de tus progresos. Por cierto, en un contexto empresarial, los psicólogos han descubierto que uno de los factores más importantes que impulsan el éxito de los equipos es la sensación que tienen sus miembros de estar avanzando hacia sus objetivos, un fenómeno conocido como principio de progreso que podría ayudarte a alcanzar tus metas personales.

> *Punto clave*: lleva un registro de tus progresos para saber si tus esfuerzos son eficaces y para poder recompensarte por superar los hitos en el camino hacia un cambio duradero de personalidad.

REGLA Nº 6: HAY QUE SER REALISTA
SOBRE LA CANTIDAD DE CAMBIO POSIBLE

Antes de explicar la necesidad de realismo, permíteme repetirme: puedes cambiar y cambiarás. No importa tu edad, pues tu personalidad seguirá madurando a lo largo de la vida. Y puedes aprovechar conscientemente esta maleabilidad de tu carácter para cambiarte a ti mismo en el sentido que desees.

Esta adaptabilidad tiene un sentido biológico. Como muchos de nuestros congéneres en este planeta, hemos desarrollado la capacidad de mudar nuestras disposiciones de comportamiento para adaptarnos a los entornos en los que nos encontramos. A diferencia de otros animales, podemos controlar conscientemente esta flexibilidad inherente y elegir cambiar nosotros mismos.

La influencia sobre la personalidad que se considera más fija (que limita lo que se puede cambiar) procede de los genes heredados. Por supuesto, esto deja mucho margen para que los golpes de la vida te moldeen. Y lo que es más, las apasionantes investigaciones epigenéticas sugieren que las distintas experiencias pueden alterar cómo y cuándo se expresan los genes. Así que incluso las raíces genéticas de tu personalidad pueden no ser tan fijas como se pensaba.

Brent Roberts, de la Universidad de Illinois, uno de los principales expertos académicos en la maleabilidad de la personalidad, describe este fenómeno como «maleabilidad fenotípica» (es decir, el resultado de la interacción entre los genes y el entorno en el que uno se encuentra). «Utilizamos la maleabilidad como metáfora», escribe, «porque estas modificaciones en la forma en que se emplea el ADN dan lugar a cambios que son permanentes tanto en la forma como en la función de cara al futuro, de manera muy parecida a como se doblan los limpiapipas y se les da una forma duradera».[9]

Estos hechos son emocionantes y muy motivadores para cualquiera que espere cambiar su personalidad. Sin embargo, sigo creyendo que un principio fundamental para que el cambio de personalidad tenga éxito es que tú seas realista y honesto contigo mismo sobre cuánto cambio es posible. Detente un momento y piensa hasta dónde estás dispuesto a llegar en la búsqueda del cambio.

La razón por la que lo pregunto es que, aunque los últimos descubrimientos científicos sugieren que el cambio voluntario de personalidad es eminentemente factible, este no es fácil ni se produce por arte de magia (y, contrariamente a los títulos de otros libros, llevará más de treinta días o cincuenta y nueve segundos).[10] Ocurre a través de una persistencia tenaz y de cambios en tus rutinas: tus hábitos, dónde vas, qué haces y, posiblemente, también con qué compañía te relacionas. En otras palabras, implica muchos trastornos. Si eres sincero, ¿qué parte de tu estilo de vida piensas cambiar? ¿Mantendrás el mismo trabajo, los mismos amigos, las mismas aficiones, los mismos rituales diarios? La inercia es poderosa, y cuanto más en la vida se mantenga constante a tu alrededor, cuanto más sigas tus rutinas habituales, moviéndote en los mismos círculos con las mismas personas, más constantes serán probablemente los rasgos de tu personalidad.

Así que, aunque cada uno de nosotros tiene el potencial de cambiar su personalidad a gran escala, a menos que esté preparado y sea capaz de transformar de verdad su vida, sus situaciones y su forma de interactuar con ellas, es probable que el nivel de cambio alcanzable sea más modesto. Como dice Jeffrey Kottler en su libro *Change*: «Eso no quiere decir que debamos renunciar a nuestros sueños, sino, más bien, que hay un compromiso que hacemos entre lo que realmente, de verdad, queremos, lo que es posible y lo que estamos dispuestos a hacer para alcanzar ese objetivo».[11]

Otra cuestión que hay que tener en cuenta es que, mientras se modifica un aspecto de la personalidad, pueden surgir problemas que compliquen otro. Por ejemplo, en mi caso, he descubierto que mis intentos de aumentar mi concienciación a veces me han dado algo más de lo que preocuparme, aumentando así mi neuroticismo. Esto demuestra la importancia de adoptar una perspectiva holística, incluso si tienes objetivos muy específicos sobre cómo te gustaría cambiar. En mi caso, he aprendido a asegurarme de abordar mi conciencia y mi neuroticismo a la vez.

Estas advertencias no pretenden ser desalentadoras. Como ya he dicho antes, un cambio de personalidad exitoso no es una empresa de todo o nada. Incluso los cambios más sutiles pueden reportar beneficios significativos. Estos efectos positivos pueden convertirse en una bola de nieve que lleve tu vida en direcciones diferentes y más provechosas.

La cuestión aquí es ser realista sobre los niveles de cambio y transformación de los que estamos hablando, porque las expectativas poco realistas son un obstáculo importante para el éxito del cambio. Las falsas esperanzas conducen inevitablemente a la decepción y, a su vez, esto puede provocar una espiral desmotivadora y la perspectiva de que abandones cualquier intento. Las fantasías poco realistas sobre cómo planeas cambiar y lo fácil que será pueden ser edificantes al principio, pero también existe la posibilidad de que te adormezcan con una falsa confianza, engañando a tu mente para que crea que el trabajo duro ya está hecho.

Por el contrario, una dosis de realismo sobre los obstáculos que surjan en tu camino te conducirá a un mayor éxito a largo plazo. Obligarse deliberadamente a considerar los contratiempos que es muy posible que te encontrarás en tu determinación de cambiar puede ser un ejercicio útil que los psicólogos llaman «contraste mental». Pruébalo. Piensa en una de las principales formas en que te gustaría cambiar, escribe tres beneficios de conseguirlo (para darle un empujón a tu moral), pero luego haz una pausa y considera los tres principales obstáculos que se interponen en tu camino y escríbelos también. Esta rutina te ayudará a adoptar una perspectiva más realista y a dirigir tu motivación y energía hacia donde más las necesitas.

Punto clave: sé sincero contigo mismo sobre hasta dónde estás dispuesto a llegar en la búsqueda de un cambio de personalidad. Es mejor ser realista que albergar expectativas poco realistas.

REGLA N° 7: ES MÁS PROBABLE QUE TENGAS
ÉXITO CON LA AYUDA DE LOS DEMÁS

Piensa por un momento en el papel que sueles desempeñar en las reuniones familiares o en tus principales grupos de amigos. En esos círculos, a menudo nos etiquetan desde el principio, aunque no necesariamente de forma explícita, con identidades o papeles superficiales: el empollón, el insolente, etc. (una tendencia adoptada por las Spice Girls, que dieron a sus integrantes apodos como «Sporty Spice» y «Posh Spice»). Luego vivimos estos roles sociales casi como si interpretáramos un papel en una obra de teatro o desempeñáramos nuestro rol en una banda de *rock*.

Esas caricaturas o reputaciones pueden dar pie a bromas cariñosas. En cuanto al desarrollo de tu personalidad, si tus amigos y familiares te ven como el tipo de persona que aspiras a ser (tu yo ideal), eso puede ser liberador y motivador y por tanto te ayudará a crecer en el sentido que deseas. Pero si no se parecen en nada a tu yo ideal y no te gusta el papel que te han asignado, tus intentos de superación personal pueden resultar mucho más difíciles.

Dada esta dinámica en tus círculos sociales más íntimos, no sorprende mucho que cuando los investigadores han analizado el tipo de historias que las personas traen a las sesiones de psicoterapia, hayan descubierto que con frecuencia incluyen anécdotas sobre el deseo de que los amigos cercanos y la familia los acepten y comprendan, pero en realidad los encuentran «reacios y opuestos» así como «controladores».[12] Por lo tanto, un principio importante del éxito en el cambio de personalidad es que si puedes ayudar a tu familia y amigos más cercanos a comprender, apoyar y creer en las mejoras que pretendes llevar a cabo, te resultará mucho más fácil cambiar. Es posible tener éxito sin ese respaldo, pero si existe la posibilidad de conseguir que otras personas significativas se pongan de tu lado o incluso de hacer nuevos amigos que respeten y valoren el tipo de persona que estás intentando ser, esto será sin duda beneficioso. «El mejor indicador del éxito de un esfuerzo de cambio es el grado de apoyo que recibes de los demás», escribe Jeffrey Kottler en *Change*.[13]

La importancia del respaldo social también se aplica en el contexto de tus relaciones románticas más personales. En este caso, los psicólogos han documentado un fenómeno que denominan «efecto Miguel Ángel», por la descripción que hizo Miguel Ángel de su escultura como el proceso de descubrir la figura que ya estaba presente dentro de la piedra. Si tu pareja te ve como la persona que aspiras a ser y te trata de forma que te ayude a ser esa persona (también si tu pareja modela el tipo de comportamientos que tú valoras), las investigaciones sugieren que te resultará más fácil parecerte a tu yo ideal. Además, es probable que una relación al estilo Miguel Ángel te resulte más gratificante y te haga sentir más auténtico.

No solo las expectativas y percepciones de tus allegados influyen en tu desarrollo personal. Las normas culturales y de comportamiento generales (las formas aceptadas de tratarse unos a otros y demás valores morales) que existen en los lugares donde trabajas o en tus círculos de amistades también moldean tu personalidad, ya sea frenando o facilitando los cambios que quieres hacer. Por ejemplo, si trabajas en una oficina con un ambiente poco amistoso y compañeros que se insultan con frecuencia, será un milagro que esto no se te pegue y disminuya tu propio rasgo de amabilidad y aumente tu neuroticismo. De hecho, el escritor y psicólogo Alex Fradera llama a la falta de cortesía «la mucosidad del lugar de trabajo», por la forma en que puede propagarse por la cultura de una oficina como un resfriado.[14] No es tan diferente dentro de tu grupo de amigos. Si la mayoría de tus amigos carecen de ambición o disciplina, por ejemplo, te resultará más difícil encontrar la motivación para desarrollar estos atributos en ti mismo.

Afortunadamente, el efecto inverso también es cierto. Un estudio reclutó a un pequeño número de empleados para que realizaran buenas acciones —favores y pequeños actos de amabilidad— para algunos de sus compañeros y luego observaron durante varias semanas cómo se sentían y comportaban los receptores. Tanto los que daban como los que recibían se sentían más felices y autónomos y, lo que es más importante, los receptores de los actos de amabilidad artificiales acababan siendo más serviciales y amables, lo que demuestra que el altruismo y la amabilidad pueden propagarse, al igual que la descortesía.[15]

Estos diversos efectos sociales —los papeles y expectativas que los demás depositan en ti y la influencia de tus culturas de trabajo y amistad— hacen que sea vital considerar cómo los entornos sociales en los que te mueves podrían estar afectando a tus intentos de cambio personal. Tus opciones para controlar estas cosas pueden ser limitadas, pero si puedes rodearte del tipo de personas que comparten las características que valoras, te resultará más fácil desarrollar esos rasgos en ti mismo.

> *Punto clave*: piensa en las personas con las que pasas la mayor parte del tiempo y si pueden estar ayudando u obstaculizando tus intentos de cambio personal.

REGLA Nº 8: LA VIDA SE INTERPONDRÁ EN TU CAMINO.
EL TRUCO ESTÁ EN ANTICIPARSE Y SEGUIRLE LA CORRIENTE

La mayoría de las veces, son los pequeños y aparentemente insignificantes detalles de la vida cotidiana los que nos moldean. En lugar de aceptar estas influencias de forma pasiva, puedes ejercer tu capacidad de decisión y optar por desarrollar hábitos y rutinas nuevos y saludables, además de ser más deliberado y estratégico con las situaciones de las que formas parte y la compañía que mantienes día tras día. Esto te dará un elemento de control que te permitirá dirigir tu personalidad en la dirección que desees. Sin embargo, es inevitable que, aparte de tus intenciones de cambiarte a ti mismo, haya otras fuerzas, a menudo poderosas, que den forma a la persona en la que te estás convirtiendo.

Algunos de ellos —positivos y negativos— serán inevitables: enfermedad, matrimonio, accidentes, nuevas relaciones, duelos, despidos en el trabajo, ascensos, pandemias, rupturas de relaciones, envejecimiento, premios y reconocimientos, paternidad, prisión, las fiestas, la jubilación y mucho más. Estos acontecimientos pueden hacer que sus intentos de cambio de personalidad te parezcan tan inútiles, como remar en una pequeña barca por el océano. Tú remas en la dirección elegida, poniendo en práctica las estrategias y los ejercicios documentados en este libro, pero entonces la fuerza de los elementos agita el gran océano, enviándote en la otra dirección. En el peor de los casos, un acontecimiento de la vida se puede abatir sobre ti, haciendo que vuelques y dejándote indefenso y vulnerable.

Por supuesto, no hay ninguna forma garantizada de vacunarse contra los mayores retos y peligros de la vida, pero una cosa que puedes hacer es informarte sobre cómo pueden afectarte algunas de las experiencias más comunes. Como documenté en el capítulo 2, algunos efectos son predecibles, como el divorcio, que te empuja hacia una mayor introversión y un mayor riesgo de soledad, y el despido, que disminuye tu conciencia y aumenta el riesgo de un desempleo más prolongado. Incluso los momentos más maravillosos de la vida, como la llegada de un bebé, pueden plantear retos que dificulten el desarrollo de la personalidad. Por ejemplo, hay estudios que sugieren que las madres y los padres suelen tener problemas de autoestima y mayor neuroticismo después del parto. Si eres consciente de estos efectos en tu personalidad, puedes anticiparte a ellos y tomar medidas paliativas para amortiguar su impacto.

Aún queda el riesgo de que se produzca una catástrofe, una ola aplastante que te deje a la deriva. Enfrentarse a tiempos tan turbulentos será casi siempre doloroso y traumático, por eso tu mejor defensa será fomentar la resiliencia en los buenos tiempos: desarrolla tu estabilidad emocional, tu franqueza, tu simpatía y tu conciencia, e involúcrate en relaciones significativas y de apoyo mutuo. Estos rasgos y tus redes sociales serán el empujón que te permitirá sobrevivir y curarte en caso de que un tsunami devastador llegue a tu vida.

También puede ser reconfortante recordar el fenómeno del crecimiento postraumático, es decir, el hecho de que muchas personas afirman que algunas de las experiencias más dolorosas de la vida les han cambiado para mejor, profundizando en sus relaciones y aportándoles un sentido y una perspectiva renovados. Consideremos las reflexiones de David Kushner, cuyas memorias, *Alligator Candy*, documentan el secuestro y asesinato de su hermano Jon cuando era niño y las secuelas que experimentó.[16] Por supuesto, la familia de Kushner deseaba de todo corazón que la tragedia nunca hubiera ocurrido, pero de alguna manera se unieron y sobrevivieron, e incluso crecieron a partir de la desgracia. «Siempre nos ha atormentado la muerte de Jon, pero, quizá por eso, compartimos el afán de aprovechar al máximo la vida que tenemos», escribe Kushner.

Una vez más, el desarrollo de tu personalidad podría ayudar a aumentar las probabilidades de que, si alguna vez ocurre una catástrofe, tengas más posibilidades de encontrar alguna esperanza y oportunidad de cambio positivo. Los estudios sugieren que una mayor resiliencia, apertura y, sobre todo, conciencia (aunque quizá también extraversión y simpatía) aumentarán las posibilidades de aprovechar el potencial de crecimiento personal tras un trauma.[17]

> *Punto clave*: desarrolla tu capacidad de recuperación en los buenos tiempos y, cuando te encuentres en épocas turbulentas, ten en cuenta que estos periodos pueden suponer una gran oportunidad para el cambio personal.

REGLA N° 9: LA AUTOCOMPASIÓN TIENE MÁS PROBABILIDADES DE CONDUCIR A UN CAMBIO DURADERO QUE LA AUTOCRÍTICA

Suponiendo que aún estés lejos de la persona que quiere ser —los psicólogos lo describirían como que hay una gran distancia entre tu yo real y tu yo ideal—, debes actuar con cautela. Si ese descontento personal es extremo y no se gestiona con cuidado, puede alimentar la infelicidad e incluso ponerte en riesgo de sufrir una depresión. Para afrontarlo, necesitas un equilibrio adecuado de aceptación (que incluya honestidad, paciencia y realismo; véanse las reglas 2 y 6) sin permitir que se convierta en resignación, autocomplacencia y pérdida de motivación. Debes aspirar a ser honesto, compasivo y comprensivo contigo mismo tal y como eres ahora, reconociendo al mismo tiempo tu potencial de cambio.

La forma de reaccionar cuando, inevitablemente, las cosas no salen del todo según lo previsto es crucial para lograr este equilibrio. Imagina que uno de los objetivos de tu personalidad es ser más consciente, pero cuando te das cuenta te encuentras mirándote al espejo con los ojos desorbitados otro domingo por la mañana, con la culpa por el exceso de la noche anterior escrita sobre ti como un acto de vandalismo corporal. ¿Cómo reaccionas? ¿Con vergüenza y autocrítica mordaz? ¿Te reprendes a ti mismo por el desliz y decides que no es más que el último ejemplo de la clase de persona de voluntad débil que eres? ¿Te preocupa lo que los demás piensen de ti?

Responder afirmativamente a estas preguntas indicaría que estás adoptando el enfoque de un perfeccionista enfermizo, alguien propenso al pesimismo, la autoculpabilización, el miedo al juicio severo de los demás y el pensamiento esencialista, es decir, que interpreta cada contratiempo como una prueba del tipo de persona que es, como si esto fuera algo fijo, fundamental e inherente a ti, invitando así a la tentación de renunciar a sus esfuerzos de cambio para evitar cualquier riesgo de fracaso en el futuro.

Por el contrario, es más probable que mantengas su motivación hacia un cambio exitoso si puedes pensar más como un perfeccionista sano, perdonándote a ti mismo por tu desliz, preocupándote menos por cumplir las expectativas de los demás y considerando qué circunstancias y comportamientos condujeron a este contratiempo en particular (u otros similares, como faltar a una invitación a una fiesta, suspender un examen o tener una discusión acalorada con tu pareja, decepciones típicas y esperables en el camino hacia una mayor extraversión, apertura y simpatía, respectivamente).

Sí, es importante que seas honesto contigo mismo sobre tus rasgos actuales (como se indica en la regla 2), porque engañarte a ti mismo sobre lo genial e intachable que eres no es el camino hacia el éxito en tu desarrollo personal, y por supuesto es correcto asumir la responsabilidad de tus errores. Pero, aun así, intenta no pensar en cada fallo o lapsus como si diera un diagnóstico permanente sobre el tipo de persona que eres. Para un segundo y reconoce tus errores en esta ocasión y luego concéntrate más en lo que puedes aprender de la experiencia. ¿Qué podrías hacer de forma diferente la próxima vez para obtener mejores resultados? Sí, siente algo de culpa y responsabilidad por tus desviaciones y errores, pero no te condenes a la vergüenza de concluir que eres, y siempre serás, una persona inferior por este error.

Dicho de otro modo, intenta no castigarte demasiado cuando las cosas no salgan según lo previsto o no alcances tus ambiciones. Si el proceso de intento de cambio de personalidad se convierte en una dolorosa decepción tras otra, lo más probable es que abandones más pronto que tarde. El proceso tiene que ser, como mínimo, soportable y, mejor aún, muy gratificante. Así que trátate a tí mismo y háblate en tu propia mente con la misma paciencia y simpatía que lo harías con un amigo al que aprecias. Céntrate más en el eterno reto de aprender y desarrollar los hábitos y habilidades vitales (los llamados objetivos de dominio) que valoras. Además, considera si vas en la dirección correcta para cumplir con tu vocación, en lugar de obsesionarte demasiado con si has conseguido algún resultado concreto, establecido y arbitrario, o si estás cumpliendo las expectativas, posiblemente injustas, de otras personas (los llamados objetivos de rendimiento).

> *Punto clave*: en tu búsqueda de un cambio de personalidad exitoso, trátate a ti mismo con la misma compasión con la que tratarías a un amigo cercano con los mismos objetivos.

REGLA N° 10: CREER EN EL POTENCIAL DE CAMBIO DE LA PERSONALIDAD —Y EN SU NATURALEZA PERMANENTE— ES UNA FILOSOFÍA DE VIDA.

«La gente no cambia…». Se trata de una frase típica pesimista pronunciada a menudo, normalmente después de que una persona se haya equivocado, y seguida con frecuencia de «no en el fondo». Espero que, aunque solo sea por eso, ahora que estás llegando al final de este libro, no estés de acuerdo. Numerosas pruebas anecdóticas demuestran que las personas pueden cambiar y que lo hacen, del mismo modo que lo ha hecho una corriente de estudios de investigación objetiva que ha continuado durante la redacción de este libro.

Consideremos un estudio estadounidense publicado a finales de 2018 que midió la personalidad de casi dos mil personas únicamente dos veces, con cincuenta años de diferencia, cuando tenían dieciséis años y luego sesenta y seis. Sus puntuaciones no cambiaron por completo, había ese hilo de continuidad al que me he referido antes. Pero de los diez rasgos que se midieron, el 98 % de la muestra presentó un cambio significativo en al menos uno de ellos, y casi el 60 % mostró un cambio significativo en cuatro. Además, este cambio fue generalmente positivo, incluyendo un aumento de la resiliencia y la conciencia, por ejemplo. «Aunque los individuos mantienen parte de su personalidad básica a lo largo de la vida, también cambian», afirman los investigadores.[18]

Reconocer este potencial de cambio te da un poder inmenso. No tienes por qué aceptar las cosas como son. Puedes trabajar para cambiar tus hábitos de pensamiento, comportamiento y sentimiento para mejorar tu vida, tu trabajo y tus relaciones. Recuerda que muchas de las pruebas de las investigaciones sobre la tendencia de las personas a cambiar de forma positiva se basan en lo que ocurre de forma natural, sin ninguna intención deliberada, a lo largo de la vida. Si te comprometes deliberadamente a mejorar tu personalidad y poner en práctica los consejos que se exponen en este libro, es probable que seas capaz de un cambio aún mayor que el que han documentado los estudios de investigación.

La idea de que la personalidad es hasta cierto punto fluida y sigue cambiando a lo largo de la vida se hace eco de las enseñanzas budistas sobre la impermanencia del yo, así como del enfoque de la mentalidad de crecimiento propuesto por la psicóloga Carol Dweck. Numerosas investigaciones sugieren que pensar de esta forma sobre la personalidad es beneficioso, ya que aumenta las probabilidades de afrontar los contratiempos de la vida y adaptarse a ellos. Un estudio con adolescentes deprimidos y ansiosos descubrió que una lección de treinta minutos sobre la maleabilidad de la personalidad ayudaba a reducir sus síntomas y los llevaba a responder a la adversidad pensando en cómo podían cambiar su comportamiento para afrontarla (en lugar de sentirse desesperanzados).[19]

Una parte importante de este enfoque en la vida es aceptar que el cambio nunca se detiene. Conseguir la personalidad que te gustaría no es un caso de «trabajo hecho», parecido a comprar la casa de tus sueños o colgarse una medalla del cuello. Como Anthony Joshua, cuya historia abre este libro, ha admitido: «El esfuerzo que supone mantenerse en el camino adecuado es todo un reto».[20] Esforzarse por ser la mejor versión de uno mismo es un empeño que dura toda la vida, a medida que se sortean los distintos desafíos, responsabilidades y escollos que se cruzan en el camino, ya sean reveses en la carrera profesional, un posible problema de salud, colegas celosos o amantes caprichosos. Una y otra vez te encontrarás desarrollando rasgos poco útiles y, una vez más, tendrás que volver a comprometerte a introducir cambios positivos. Mi esperanza es que, con suficiente apoyo y dedicación, descubras que un paso atrás es un paso adelante, mientras sigues madurando y floreciendo con la edad.

Punto clave: el cambio es constante y dedicarse a ser la mejor versión de uno mismo es un esfuerzo para toda la vida.

EPÍLOGO

Nedim Yasar apenas sabía lo que le esperaba. Era la primera hora de la tarde en Copenhague y ya hacía frío. Yasar, un hombre alto y tatuado, todavía achispado por el cóctel de celebración del lanzamiento de un libro sobre su vida, acababa de acomodarse en el asiento de su coche cuando de repente recibió dos disparos en la cabeza. Los servicios de emergencia lo trasladaron rápidamente a un hospital, donde murió a consecuencia de las heridas esa misma noche.

La fiesta se había celebrado en la sección juvenil de la Cruz Roja danesa, donde Yasar, presentador de un programa de radio, era mentor de jóvenes con problemas. «Inspiraba, pero nunca sermoneaba. Esto suponía una gran diferencia», declaró al *New York Times* Anders Folmer Buhelt, director de la organización. «Nedim era muy firme en los valores y tenía muy claro qué sociedad quería crear. Pero también tenía claro quién era».[1]

Nedim Yasar era el jefe de la famosa banda criminal Los Guerreros. Había abandonado la banda siete años antes y, con la ayuda de un programa de rehabilitación penitenciaria e inspirado en gran medida por el nacimiento de su hijo, había conseguido reformar su personalidad violenta y despiadada de antaño. Pero no pudo borrar su pasado, que le alcanzó trágicamente.

Sin embargo, la inspiradora historia de Yasar sigue viva, otra poderosa demostración de la capacidad de cambio de las personas.[2] El editor de su programa de radio, Jørgen Ramsov, dijo tras su muerte que Yasar había salido del programa de rehabilitación de la cárcel siendo «un hombre totalmente distinto [...] decidido a alzar la voz contra las bandas, ayudando a los jóvenes a comprender que la vida criminal no era buena para ellos».[3]

He llenado este libro de anécdotas similares y de las últimas pruebas basadas en la investigación que demuestran que el cambio de personalidad es una realidad. De hecho, en mi anterior trabajo como editor de un sitio web sobre nuevos descubrimientos en psicología, apenas pasaba una semana sin que encontrara uno o más estudios recién publicados que documentaran diversos aspectos del cambio de personalidad.

Sin embargo, la idea de que la personalidad es maleable —que las personas pueden cambiar de verdad— sigue suscitando recelo. Como dijo recientemente Brent Roberts, destacado investigador de la personalidad: «Los rasgos de personalidad no solo existen, sino que se pueden cambiar. Eso altera la visión del mundo de todos».[4]

En muchas ocasiones, experimento este escepticismo de primera mano. Hace poco, en una recepción organizada por la Asociación Británica de Neurociencia después de que yo acabara de dar una conferencia pública sobre los mitos del cerebro, tuve el placer de charlar con una de las psicólogas más eminentes y encantadoras del Reino Unido, reconocida internacionalmente como una veterana de la disciplina. Cuando le hablé del tema de este libro, su reacción inmediata fue de extremo escepticismo. Como tantos otros, incluidos muchos psicólogos no especializados en la investigación de la personalidad, creía que las personas no cambian realmente. «¿Pero no se trata de que los rasgos de personalidad sean estables?, ¿de que no cambien?», dijo. Y con la presteza mental que la caracteriza, destacó rápidamente a dos individuos bien conocidos por su intransigencia: Donald Trump y la ex primera ministra británica Theresa May.

Por un momento, me pilló desprevenido. Son ejemplos perfectos para cualquiera que argumente contra la maleabilidad de la personalidad. Trump y May tienen personalidades notablemente diferentes, pero ambos fueron criticados con frecuencia mientras ocupaban sus cargos por lo que tenían en común: su rigidez. Ninguno de los dos parecía capaz de cambiar.

Intenté dar algunos contraejemplos, pero, para mi desgracia, me quedé en blanco (mi excusa es que, para la conferencia pública que había dado, mi mente estaba en modo mitos cerebrales). En cuanto la conversación pasó a otros temas, se me vinieron a la cabeza los nombres de las muchas personas que han cambiado y que se documentan en este libro: Maajid Nawaz, el fundamentalista islámico convertido en defensor de la paz; Anthony Joshua, el delincuente de poca monta convertido en un modelo a seguir para los jóvenes; Nick Yarris, el criminal convertido en bibliófilo defensor de la vida compasiva; Emma Stone, la adolescente paralizantemente tímida convertida en famosa estrella de Hollywood; Catra Corbett, la drogadicta convertida en increíble *runner*… En todos los casos, estas transformaciones se reflejaron en cambios significativos en los rasgos de personalidad subyacentes, especialmente en el aumento de la apertura, la conciencia y la simpatía, así como en la reducción del neuroticismo.

También se me ocurrieron muchas otras réplicas que debería haber planteado. En primer lugar, es probable que personajes públicos como Trump y May hayan cambiado en algunos aspectos, aunque no de forma necesariamente visible para el público (normalmente, lo que comentan los observadores es la persistencia de sus rasgos menos favorables, como el narcisismo de Trump o la falta de carisma de May). Pero lo más importante que me gustaría haber dicho es que un cambio significativo de personalidad solo puede producirse si la persona quiere cambiar. Tanto May como Trump, y muchos otros como ellos, transmiten claramente que son felices tal y como son y que no tienen ningún deseo de cambiar, una obstinación que puede ser una fortaleza en algunos casos, pero también su mayor debilidad.

Por tanto, sostengo que si los criminales empedernidos pueden cambiar su personalidad a mejor, y los psicópatas, y los estudiantes tímidos, e incluso los potenciales extremistas fundamentalistas, como se muestra en las anécdotas y estudios de investigación salpicados a lo largo de este libro, entonces estoy seguro de que tú también puede cambiar tu personalidad para ser quien quieras ser.

AGRADECIMIENTOS

Nunca he conocido a dos de las personas con las que estoy especialmente en deuda por haberme ayudado a hacer realidad este libro: mi agente, Nat Jacks, de Inkwell Management, y mi editor, Amar Deol, de Simon&Schuster. Esta insólita situación no es reflejo de una introversión o evasión extremas por parte de nadie. Se debe a que Nat y Amar están en Nueva York y yo en la campiña inglesa de Sussex.

Agradezco a Nat que me tendiera la mano al otro lado del Atlántico y me animara amablemente a escribir mi primer libro de «grandes ideas». Necesitaba un estímulo: fue el año en que nacieron mis mellizos, cuando el tiempo y el sueño escaseaban. La vida ha sido una montaña rusa desde entonces, pero Nat ha sido una fuente constante de consejos amistosos y apoyo.

Gracias a Amar por creer en el libro y guiarme durante el proceso de escritura. Le agradezco su calidez y buen humor en todo momento, y sobre todo la confianza que me dio para expresarme.

Algún día espero conocer a Nat y Amar y darles las gracias en persona.

Gracias también a Tzipora Baitch, de Simon&Schuster, que ha tenido la amabilidad de ayudar a la edición inglesa de esta obra, *Be Who You Want*, en el proceso de producción, y a Beverly Miller e Yvette Grant por su cuidadosa labor editorial y de corrección.

Más cerca de casa, en Inglaterra, agradezco a Andrew McAleer de Little Brown (mi editor británico) toda su orientación y entusiasmo por el proyecto. Gracias también a mi agente en Londres, Ben Clark, de la Soho Agency.

Durante los años que llevo escribiendo sobre psicología de la personalidad para el público, me he basado en las increíbles investigaciones y teorías de un gran número de psicólogos, y estoy en deuda con todos ellos, incluidos Brent Roberts, Rodica Damian, Julia Rohrer, Simine Vazire, Scott Barry Kaufman, Brian Little, Dan McAdams, Wiebke Bleidorn, Oliver Robinson, Kevin Dutton y muchos otros demasiado numerosos para mencionarlos.

Muchas gracias también a todas las personas inspiradoras que aparecen en este libro y cuyas historias muestran las promesas y los retos del cambio de personalidad.

Poco después de empezar a escribir, también empecé a escribir mi propia columna sobre psicología de la personalidad en *BBC Future* (donde escribí sobre algunas de las ideas que se tratan en este libro), y tengo que agradecérselo también a mis editores, especialmente David Robson, Richard Fisher, Zaria Gorvett y Amanda Ruggeri, por su ayuda a la hora de perfeccionar mis escritos y mostrarme formas de relacionar los descubrimientos de la psicología con la vida cotidiana de los lectores.

A medida que me acercaba al final de mi trabajo en este libro, también emprendí un importante cambio en mi carrera, dejando mi puesto en la British Psychological Society, donde había sido editor durante más de dieciséis años, y uniéndome a Aeon para comenzar a trabajar en su nueva publicación hermana, la revista *Psyche*, que se lanzó en mayo de 2020. Gracias a todos mis nuevos colegas de *Aeon+Psyche* por ser tan acogedores e inspiradores, y especialmente a Brigid y Paul Hains por creer en mí y mostrarme cómo es posible combinar el rigor intelectual con el corazón y la apertura mental.

Quiero dar las gracias a John Kemp-Potter. En los años que llevo escribiendo este libro, nuestras batallas semanales por la supremacía del ping-pong han sido muy divertidas y me han ayudado a mantener a raya mi neuroticismo.

Es a mi familia cercana a quien debo mi más profunda gratitud. Mi amable y cariñosa madre, siempre a mi lado, proporcionándome consuelo y sabiduría. Mi padre, que alimentó mi espíritu competitivo. A mis preciosos y adorables gemelos, Rose y Charlie: ver cómo crecen y brillan vuestras personalidades es una alegría sin igual. Y gracias a mi querida esposa y alma gemela, Jude: ¡te quiero más que a nada!

NOTAS

CAPÍTULO 1: EL «NOSOTROS» DENTRO DE TI

1. «Anthony Joshua v Jarrell Miller: British World Champion Keen to Avoid "Banana Skin"». *BBC Sport*, 25 de febrero de 2019. https://www.bbc.co.uk/sport/boxing/47361869.
2. Eboda, M. «Boxing Changed Anthony Joshua's Life. But It Won't Work for Every Black Kid». *The Guardian*, 5 de mayo de 2017. https://www.theguardian.com/commentisfree/2017/may/05/boxing-changed-anthony-joshua-black-kid-education.
3. Powell, J. «Anthony Joshua Vows to Create Legacy in and out of the Ring with His Very Own Museum But Aims to Beat "Big Puncher" Joseph Parker and Deontay Wilder First». *Daily Mail*, 30 de marzo de 2018. https://www.dailymail.co.uk/sport/boxing/article-5563249/Anthony-Joshua-vows-beat-big-puncher-Joseph-Parker.html.
4. Walsh, D. «How Tiger Woods Performed Sport's Greatest Comeback». *The Sunday Times*, 14 de julio de 2019. https://www.thetimes.co.uk/magazine/the-sunday-times-magazine/how-tiger-woods-performed-sports-greatest-comeback-png7t7v33.

5. Weiner, J. «How Emma Stone Got Her Hollywood Ending». *Rolling Stone*, 21 de diciembre de 2016. http://www.rollingstone.com/movies/features/rolling-stone-cover-story-on-la-land-star-emma-stone-w456742.

6. Spiegel, A. «The Personality Myth». *NPR*, audio podcast, 24 de junio de 2016. https://www.npr.org/programs/invisibilia/482836315/the-personality-myth.

7. «Enfermedades no transmisibles y sus factores de riesgo». *WHO.Int*. https://www.who.int/ncds/prevention/physical-activity/inactivity -global-health-problem/en/.

8. Allport, G.W., y Odbert, H.S. «Trait-Names: A Psycho-Lexical Study». *Psychological Monographs 47*, n° 1 (1949): 171.

9. Otros expertos creen que estos rasgos oscuros se recogen mejor en un sexto rasgo principal de la personalidad que se refiere a la humildad/honestidad.

10. Riccelli, R., Toschi, N., Nigro, S., Terracciano, A. y Passamonti, L. «Surface-Based Morphometry Reveals the Neuroanatomical Basis of the Five-Factor Model of Personality». *Social Cognitive and Affective Neuroscience 12*, n° 4 (2017): 671-684.

11. Toschi, N. y Passamonti, L. «Intra-Cortical Myelin Mediates Personality Differences». *Journal of Personality 87*, n° 4 (2019): 889-902.

12. Kim, H., Yun, Y., Ryu, S., Chang, Y., Kwon, M., Cho, J., Shin, H., y Kim, H. «Correlation Between Gut Microbiota and Personality in Adults: A Cross-Sectional Study». *Brain, Behavior, and Immunity* 69 (2018): 374-385.

13. Briley, D.A., y Tucker-Drob, E.M. «Comparing the Developmental Genetics of Cognition and Personality over the Life Span». *Journal of Personality* 85, n° 1 (2017): 51-64.

14. Harris, M.A., Brett, C.E., Johnson, W., y Deary, I.J. «Personality Stability from Age 14 to Age 77 Years». *Psychology and Aging* 31, n° 8 (2016): 862.

15. Damian, R.I., Spengler, M., Sutu, A. y Roberts, B.W. «Sixteen Going On Sixty-Six: A Longitudinal Study of Personality Stability and Change Across Fifty Years». *Journal of Personality and Social Psychology* 117, n° 3 (2019): 674.

16. Nadal, R., y Carlin, J. *Rafa*. Londres: Hachette Books, 2012.

17. «Open Letter to Invisibilia». *Facebook*, 15 de junio de 2016. https://t.co/jUpXPm cBWq.

18. Duckworth, A.L., y Seligman, M.E.P. «Self-Discipline Outdoes IQ in Predicting Academic Performance of Adolescents». *Psychological Science* 16, n° 12 (diciembre de 2005): 939-944.

19. Caspi, A., Houts, R.M., Belsky, D.W., Harrington, H., Hogan, S., Ramrakha, S., Poulton, R., y Moffitt, T.E. «Childhood Forecasting of a Small Segment of the Population with Large Economic Burden». *Nature Human Behaviour* 1, n.° 1 (2017): 0005.

20. Chapman, B.P., Huang, A., Horner, E., Peters, K., Sempeles, E., Roberts, B. y Lapham, S. «High School Personality Traits and 48-Year All-Cause Mortality Risk: Results from a National Sample of 26,845 Baby Boomers». *Journal of Epidemiology and Community Health* 73, n° 2 (2019): 106-110.

21. Roberts, B.W., Kuncel, N.R., Shiner, R., Caspi, A. y Goldberg, L.R. «The Power of Personality: The Comparative Validity of Personality Traits, Socioeconomic Status, and Cognitive Ability for Predicting Important Life Outcomes». *Perspectives on Psychological Science* 2, n° 4 (2007): 313-345.

22. Boyce, C.J., Wood, A.M., y Powdthavee, N. «Is Personality Fixed? Personality Changes as Much as "Variable" Economic Factors and More Strongly Predicts Changes to Life Satisfaction». *Social Indicators Research* 111, n° 1 (2013): 287-305.

23. Hentschel, S., Eid, M., y Kutscher, T. «The Influence of Major Life Events and Personality Traits on the Stability of Affective Well-Being». *Journal of Happiness Studies* 18, nº 3 (2017): 719-741.

24. Kajonius, P.J., y Carlander, A. «Who Gets Ahead in Life? Personality Traits and Childhood Background in Economic Success». *Journal of Economic Psychology* 59 (2017): 164-170.

25. Damian, R.I., Spengler, M. y Roberts, B.W. «Whose Job Will Be Taken Over by a Computer? The Role of Personality in Predicting Job Computerizability over the Lifespan». *European Journal of Personality* 31, nº 3 (2017): 291-310.

26. Chapman, B.P., y Goldberg, L.R. «Act-Frequency Signatures of the Big Five». *Personality and Individual Differences* 116 (2017): 201-205.

27. Ellis, D.A., y Jenkins, R. «Watch-Wearing as a Marker of Conscientiousness». *PeerJ* 3 (2015): e1210.

28. Jackson, J.J., Wood, D., Bogg, T., Walton, K.E., Harms, P.D. y Roberts, B.W. «What Do Conscientious People Do? Development and Validation of the Behavioral Indicators of Conscientiousness (BIC)». *Journal of Research in Personality* 44, nº 4 (2010): 501-511.

29. Lipnevich, A.A., Credè, M., Hahn, E., Spinath, F.M., Roberts, R.D., y Preckel, F. «How Distinctive Are Morningness and Eveningness from the Big Five Factors of Personality? A Meta-Analytic Investigation». *Journal of Personality and Social Psychology* 112, nº 3 (2017): 491.

30. «The Big Five Inventory-2 Short Form (BFI-2-S)». http://www.colby.edu/psych/wp-content/uploads/sites/50/2013/08/bfi2s-form .pdf.

31 A lo largo de este libro utilizo las grafías *extravertido* y *extraversión* (en lugar de *extrovertido* y *extroversión*) porque así es como se escriben los términos en la literatura psicológica,

siguiendo los escritos fundamentales de Carl Jung sobre las dimensiones de la personalidad.

32. Sayette, M.A. «The Effects of Alcohol on Emotion in Social Drinkers». *Behaviour Research and Therapy* 88 (2017): 76-89.

33. McAdams, D.P. *The Art and Science of Personality Development*. Nueva York: Guilford Press, 2015.

34. Servaas, M.N., Van Der Velde, J., Costafreda, S.G., Horton, P., Ormel, J., Riese, H., y Aleman, A. «Neuroticism and the Brain: A Quantitative Meta-Analysis of Neuroimaging Studies Investigating Emotion Processing». *Neuroscience and Biobehavioral Reviews* 37, n° 8 (2013): 1518-1529.

35. Los psicólogos evolucionistas también señalan que ser muy neurótico podría haber dado a nuestros antepasados una ventaja de supervivencia, especialmente en épocas de mayor amenaza para la vida.

36. Rodrigo, A.H., Di Domenico, S.I., Graves, B., Lam, J., Ayaz, H., Bagby, R.M., y Ruocco, A.C. «Linking Trait-Based Phenotypes to Prefrontal Cortex Activation During Inhibitory Control». *Social Cognitive and Affective Neuroscience* 11, n° 1 (2015): 55-65.

37. Haas, B.W., Omura, K., Constable, R.T., y Canli, T. «Is Automatic Emotion Regulation Associated with Agreeableness? A Perspective Using a Social Neuroscience Approach». *Psychological Science* 18, n° 2 (2007): 130-132.

38. Miller, C.A., Parrott, D.J., y Giancola, P.R. «Agreeableness and Alcohol-Related Aggression: The Mediating Effect of Trait Aggressivity». *Experimental and Clinical Psychopharmacology* 17, n° 6 (2009): 445.

39. Kaufman, S.B., Quilty, L.C., Grazioplene, R.G., Hirsh, J.B., Gray, J.R., Peterson, J.B., y DeYoung, C.G. «Openness to Experience and Intellect Differentially Predict

Creative Achievement in the Arts and Sciences». *Journal of Personality* 84, n° 2 (2016): 248-258.

40. Colver, M.C., y El-Alayli, A. «Getting Aesthetic Chills from Music: The Connection Between Openness to Experience and Frisson». *Psychology of Music* 44, n° 3 (2016): 413-427.

41. Terry, D.P., Puente, A.N., Brown, C.L., Faraco, C.C., y Miller, L.S. «Openness to Experience Is Related to Better Memory Ability in Older Adults with Questionable Dementia». *Journal of Clinical and Experimental Neuropsychology* 35, n° 5 (2013): 509-517; Franchow, E.I., Suchy, Y., Thorgusen, S.R., y Williams, P. «More Than Education: Openness to Experience Contributes to Cognitive Reserve in Older Adulthood». *Journal of Aging Science* 1, n° 109 (2013): 1-8.

42. Judge, T.A., Higgins, C.A., Thoresen, C.J., y Barrick, M.R. «The Big Five Personality Traits, General Mental Ability, and Career Success Across the Life Span». *Personnel Psychology* 52, n° 3 (1999): 621-652.

CAPÍTULO 2: ADVERSIDADES

1. Slobodskaya, H.R., y Kozlova, E.A. «Early Temperament as a Predictor of Later Personality». *Personality and Individual Differences* 99 (2016): 127-132.

2. Caspi, A., Harrington, H., Milne, B., Amell, J.W., Theodore, R.F., y Moffitt, T.E.. «Children's Behavioral Styles at Age 3 Are Linked to Their Adult Personality Traits at Age 26». *Journal of Personality* 71, n° 4 (2003): 495-514.

3. Spengler, M., Lüdtke, O., Martin, R., y Brunner, M. «Childhood Personality and Teacher Ratings of Conscientiousness Predict Career Success Four Decades Later». *Personality and Individual Differences* 60 (2014): S28.

4. Larkin, P. «This Be The Verse». En Anthony Thwaite, *Philip Larkin: Collected Poems*. Londres: Faber, 1988.

5. Gopnik, A. *The Gardener and the Carpenter: What the New Science of Child Development Tells us About the Relationship Between Parents and Children.* Nueva York: Macmillan, 2016.

6. Parker, G., Tupling, H., y Brown, L.B. «A Parental Bonding Instrument». *British Journal of Medical Psychology* 52, n° 1 (1979): 1-10. Se trata de un cuestionario formal que mide la paternidad autoritaria.

7. Grolnick, W.S., y Ryan, R.M. «Parent Styles Associated with Children's Self-Regulation and Competence in School». *Journal of Educational Psychology* 81, n° 2 (1989): 143; Steinberg, L., Darling, N.E., Fletcher, A.C., Bradford Brown, B., y Dornbusch, S.M. «Authoritative Parenting and Adolescent Adjustment: An Ecological Journey». En Moen, P., Elder, G.H. Jr. y Lüscher, K. (eds.), *Examining Lives in Context.* Washington, DC: American Psychological Association, 1995.

8. Reti, I.M., Samuels, J.F., Eaton, W.W., Bienvenu III, O.J., Costa Jr., P.T., y Nestadt, G. «Influences of Parenting on Normal Personality Traits». *Psychiatry Research* 111, n° 1 (2002): 55-64.

9. Duckworth, A. *Grit: The Power of Passion and Perseverance.* Nueva York: Scribner, 2016.

10. Boyce, W.T., y Ellis, B.J. «Biological Sensitivity to Context: I. An Evolutionary-Developmental Theory of the Origins and Functions of Stress Reactivity». *Development and Psychopathology* 17, n° 2 (2005): 271-301.

11. Pluess, M., Assary, E., Lionetti, F., Lester, K.J., Krapohl, E., Aron, E.N., y Aron, A. «Environmental Sensitivity in Children: Development of the Highly Sensitive Child Scale and Identification of Sensitivity Groups». *Developmental Psychology* 54, n° 1 (2018): 51.

12. Voo, J. «Birth Order Tratis: Your Guide to Sibling Personality Differences». *Parents.com.* http://www.parents.com/baby/development/social/birth-order-and-personality/.

13. «How Many US Presidents Were First-Born Sons?». *Wisegeek.com*. http://www.wisegeek.com/how-many-us-presidents-were-first-born-sons.htm.

14. Rohrer, J.M., Egloff, B. y Schmukle, S.C. «Examining the Effects of Birth Order on Personality». *Proceedings of the National Academy of Sciences* 112, n° 46 (2015): 14224-14229.

15. Damian, R.I., y Roberts, B.W. «The Associations of Birth Order with Personality and Intelligence in a Representative Sample of US High School Students». *Journal of Research in Personality* 58 (2015): 96-105.

16. Damian, R.I., y Roberts, B.W. «Settling the Debate on Birth Order and Personality». *Proceedings of the National Academy of Sciences* 112, n° 46 (2015): 14119-14120.

17. Golsteyn, B.H.H., y Magnée, C.A.J. «Does Birth Spacing Affect Personalty?». *Journal of Economic Psychology* 60 (2017): 92-108.

18. Cameron, L., Erkal, N., Gangadharan, L. y Meng, X. «Little Emperors: Behavioral Impacts of China's One-Child Policy». *Science* 339, n° 6122 (2013): 953-957.

19. Neal, J.W., Durbin, C.A., Gornik, A.E., y Lo, S.L. «Codevelopment of Preschoolers' Temperament Traits and Social Play Networks Over an Entire School Year». *Journal of Personality and Social Psychology* 113, n° 4 (2017): 627.

20. Dishion, T.J., McCord, J. y Poulin, F. «When Interventions Harm: Peer Groups and Problem Behavior». *American Psychologist* 54, n° 9 (1999): 755.

21. van Zalk, M.H.W., Nestler, S., Geukes, K., Hutteman, R. y Back, M.D. «The Codevelopment of Extraversion and Friendships: Bonding and Behavioral Interaction Mechanisms in Friendship Networks». *Journal of Personality and Social Psychology* 118, n° 6 (2020): 1269.

22. Soto, C.J., John, O.P., Gosling, S.D., y Potter, J. «Age Differences in Personality Traits from 10 to 65: Big Five Domains and Facets in a Large Cross-Sectional

Sample». *Journal of Personality and Social Psychology* 100, n° 2 (2011): 330.

23. Williams, S. «Monica Bellucci on Life after Divorce and Finding Herself in her 50s». *Telegraph*, 15 de julio de 2017. https://www.telegraph.co.uk/films/2017/07/15/monica-bellucci-life-divorce-finding-50s.

24. Robey, T. «Vincent Cassel: "Women Like Secutiry. Men Prefer Adventure"». *The Telegraph*, 28 de mayo de 2016. http://www.telegraph.co.uk/films/2016/05/   28/vincent-cassel-women-like-security-men-prefer-adventure/.

25. Costa Jr., P.T., Herbst, J.H., McCrae, R.R., y Siegler, I.C. «Personality at Midlife: Stability, Intrinsic Maturation, and Response to Life Events». *Assessment* 7, n° 4 (2000): 365-378.

26. Retter, E. «Oldest Ever Bond Girl Monica Bellucci Reveals How a Woman of 51 Can Have Killer Sex Appeal». *Irish Mirror*, 20 de octubre de 2015. http://www.irishmirror.ie/showbiz/celebrity-news/oldest-ever-bond-girl-monica -6669965.

27. Specht, J., Egloff, B. y Schmukle, S.C. «Stability and Change of Personality Across the Life Course: The Impact of Age and Major Life Events on Mean-Level and Rank-Order Stability of the Big Five». *Journal of Personality and Social Psychology* 101, n° 4 (2011): 862.

28. Mund, M. y Neyer, F.J. «Loneliness Effects on Personality». *International Journal of Behavioral Development* 43, n° 2 (2019): 136-146.

29. Jarrett, C. «Lonely People's Brains Work Differently». *New York magazine*, agosto de 2015. https://www.thecut.com/2015/08/lonely-peoples-brains-work-differently.html.

30. Boyce, C.J., Wood, A.M., Daly, M. y Sedikides, C. «Personality Change Following Unemployment». *Journal of Applied Psychology* 100, n° 4 (2015): 991.

31. Donnelly, G. «"I'd Have Sold My Mother for a Rock of Crack Cocaine": Tom Hardy on his Astonishing Journey from English Private Schoolboy to Drug Addict-and Now Hollywood's No 1 Baddie». *Daily Mail*, 22 de enero de 2016. http://www.dailymail.co.uk/tvshowbiz/article-3411226/I-d-sold-mother-rock-crack-cocaine-Tom-Hardy-astonishing-journey-public-schoolboy-drug-addict-Hollywood-s-No-1-baddie.html.

32. Specht, Egloff y Schmukle. «Stability and Change of Personality Across the Life Course». 862.

33. Niesse, C. y Zacher, H. «Openness to Experience as a Predictor and Outcome of Upward Job Changes into Managerial and Professional Positions». *PloS One* 10, n° 6 (2015): e0131115.

34. Asselmann, E. y Specht, J. «Taking the ups and downs at the rollercoaster of love: Associations between major life events in the domain of romantic relationships and the Big Five personality traits». *Developmental Psychology* 56, n° 9 (2020): 1803-1816.

35. Specht, Egloff y Schmukle. «Stability and Change of Personality Across the Life Course». 862.

36. Pronk, T.M., Buyukcan-Tetik, A., Iliás, M.M.A.H. y Finkenauer, C. «Marriage as a Training Ground: Examining Change in Self-Control and Forgiveness over the First Four Years of Marriage». *Journal of Social and Personal Relationships* 36, n° 1 (2019): 109-130.

37. Borghuis, J., Denissen, J.J.A., Sijtsma, K., Branje, S., Meeus, W.H., y Bleidorn, W. «Positive Daily Experiences Are Associated with Personality Trait Changes in Middle-Aged Mothers». *European Journal of Personality* 32, n° 6 (2018): 672-689.

38. van Scheppingen, M.A., Denissen, J., Chung, J.M., Tambs, K. y Bleidorn, W. «Self-Esteem and Relationship Satisfaction During the Transition to Motherhood». *Journal of Personality and Social Psychology* 114, n° 6 (2018): 973.

39. Specht, Egloff y Schmukle. «Stability and Change of Personality Across the Life Course». 862; Galdiolo, S., y Roskam, I. «Development of Personality Traits in Response to Childbirth: A≠ Longitudinal Dyadic Perspective». *Personality and Individual Differences* 69 (2014): 223-230; van Scheppingen, M.A., Jackson, J.J., Specht, J., Hutteman, R., Denissen, J.J.A., y Bleidorn, W. «Personality Trait Development During the Transition to Parenthood». *Social Psychological and Personality Science* 7, n° 5 (2016): 452-462.

40. Dawson, E. «A Moment That Changed Me: The Death of My Sister and the Grief That Followed». *The Guardian*, 3 de diciembre de 2015. https://www.the guardian.com/commentisfree/2015/dec/03/moment-changed-me-sisters-death.

41. Mroczek, D.K., y Spiro III, A. «Modeling Intraindividual Change in Personality Traits: Findings from the Normative Aging Study». *Journals of Gerontology Series B: Psychological Sciences and Social Sciences* 58, n° 3 (2003): P153-P165.

42. Asselmann, E. y Specht, J. «Till Death Do Us Part: Transactions Between Losing One's Spouse and the Big Five Personality Traits». *Journal of Personality* 88, n° 4 (2020): 659-675.

43. Hengartner, M.P., Tyrer, P., Ajdacic-Gross, V., Angst, J. y Rössler, W. «Articulation and Testing of a Personality-Centred Model of Psychopathology: Evidence from a Longitudinal Community Study over 30 Years». *European Archives of Psychiatry and Clinical Neuroscience* 268, n° 5 (2018): 443-454.

44. Bresin, K. y Robinson, M.D. «You Are What You See and Choose: Agreeableness and Situation Selection». *Journal of Personality* 83, n° 4 (2015): 452-463.

45. Boyce, C.J., Wood, A.M., y Ferguson, E. «For Better or for Worse: The Moderating Effects of Personality on the

Marriage-Life Satisfaction Link». *Personality and Individual Differences* 97 (2016): 61-66.

46. Eurich, T. *Insight: The Power of Self-Awareness in a Self-Deluded World*. Nueva York: Macmillan, 2017.

47. Desarrollado por Dan P. McAdams.

48. McAdams, D.P. *The Art and Science of Personality Development*. Nueva York: Guilford Press, 2015.

49. Adler, J.A., Lodi-Smith, J., Philippe, F.L. y Houle, I. «The Incremental Validity of Narrative Identity in Predicting Well- Being: A Review of the Field and Recommendations for the Future». *Personality and Social Psychology Review* 20, n° 2 (2016): 142-175.

50. McAdams, D.P. *The Art and Science of Personality Development*. Nueva York: Guilford Press, 2015.

CAPÍTULO 3: CAMBIO PATOLÓGICO

1. Lambert, C. «A Knock on My Head Changed My Personality: It Made Me a Nicer Person!». *Daily Mail*, 14 de enero de 2013. https://www.dailymail.co.uk /health/ article-2262379/Bicycle-accident-A-knock-head-changed-personality-The-good-news-nicer.html.

2. Norup, A., y Lykke Mortensen, E. «Prevalence and Predictors of Personality Change after Severe Brain Injury». *Archives of Physical Medicine and Rehabilitation* 96, n° 1 (2015): 56-62.

3. Harlow, J.M. «Recovery from the Passage of an Iron Bar Through the Head». *Publications of the Massachusetts Medical Society* 2 (1868): 2327-2347.

4. Barrash, J., Stuss, D.T., Aksan, N., Anderson, S.W., Jones, R.D., Manzel, K. y Tranel, D. ««Frontal Love Syndrome"? Subtypes of Acquired Personality Disturbances in Patients with Focal Brain Damage». *Cortex* 106 (2018): 65-80.

5. Broks, P. «How a Brain Tumour Can Look Like a Mid-Life Crisis». *Prospect*, 20 de julio de 2000. https://www.prospectmagazine.co.uk/magazine/voodoochile.

6. Strohminger, N. y Nichols, S. «Neurodegeneration and Identity». *Psychological Science* 26, n° 9 (2015): 1469-1479.

7. Lambert. «A Knock on My Head».

8. Incluso cuando una lesión cerebral o semejante no afecta a la personalidad o tiene un efecto beneficioso, es importante no subestimar el impacto que puede tener una experiencia de este tipo. La mayoría de las personas que sufren una lesión cerebral vivirán con al menos algunas dificultades persistentes durante el resto de su vida, aunque a veces estén ocultas, como en forma de problemas de memoria o dificultades sociales.

9. Whitworth, D. «I Had a Stroke at 34. I Prefer My Life Now». *The Times*, 14 de octubre de 2018. https://www.thetimes.co.uk/article/i-had-a-stroke-at-34-i -prefer-my-life-now-59krk356p.

10. Williams, S. «I Had a Stroke at 34, I Couldn't Sleep, Read or Even Think». *Daily Telegraph*, 17 de agosto de 2017. https://www.telegraph.co.uk/health-fitness /mind/had-stroke-34-couldnt-sleep-read-even-think/.

11. Este fue el primer intento sistemático de identificar incidencias de cambios positivos de personalidad en una serie de diferentes tipos de lesiones cerebrales, pero existen informes anteriores relacionados en la literatura. Por ejemplo, un artículo publicado en 1968 en el *British Journal of Psychiatry* presentaba una evaluación de setenta y nueve supervivientes de aneurismas cerebrales rotos (vasos sanguíneos debilitados) e informaba de que nueve experimentaron un cambio positivo de personalidad. Una mujer de cincuenta y tres años se mostró más amable y feliz (aunque también con menos tacto) y menos propensa a preocuparse tras su lesión

neural; de hecho, afirmó haber recibido tres propuestas de matrimonio en los años transcurridos desde que se produjo.

12. King, M.L., Manzel, K., Bruss, J., y Tranel, D. «Neural Correlates of Improvements in Personality and Behavior Following a Neurological Event». *Neuropsychologia* 145 (2017): 1-10.

13. Williams, R. (In the Moment Productions, 10 de junio de 2001).

14. Williams, S. «Remembering Robin Williams». *The Times*, 28 de noviembre de 2015. https://www.thetimes.co.uk/article/remembering-robin-williams-mj3gpjhcrc2.

15. Williams, S.S. «The Terrorist Inside My Husband›s Brain». *Neurology* 87 (2016): 1308-1311.

16. Itzkoff, D. *Robin.* Nueva York: Holt, 2018.

17. *Ibid.*

18. *Ibid.*

19. American Parkinson Disease Association. «Changes in Personality». https://www.apdaparkinson.org/what-is-parkinsons/symp toms/personality-change; Cerasa, A. «Re-Examining the Parkinsonian Personality Hypothesis: A Systematic Review». *Personality and Individual Differences* 130 (2018): 41-50.

20. Williams, S.S. «The Terrorist Inside My Husband's Brain». 1308-1311.

21. Robins Wahlin, T.B. y Byrne, G.J. «Personality Changes in Alzheimer's Disease: A Systematic Review». *International Journal of Geriatric Psychiatry* 26, n° 10 (2011): 1019-1029.

22. D'Iorio, A., Garramone, F., Piscopo, F., Baiano, C., Raimo, S., y Santangelo, G. «Meta-Analysis of Personality Traits in Alzheimer's Disease: A Comparison with Healthy Subjects». *Journal of Alzheimer's Disease* 62, n° 2 (2018): 773-787.

23. DeYoung, C.G., Hirsh, J.B., Shane, M.S., Papademetris, X., Rajeevan, N., y Gray, J.R. «Testing Predictions from Personality Neuroscience: Brain Structure and the Big Five». *Psychological Science* 21, n° 6 (2010): 820-828.

24. Bernardes da Silva Filho, S.R., Oliveira Barbosa, J.H., Rondinoni, C., dos Santos, A.C., Garrido Salmon, C.E., da Costa Lima, N.K., Ferriolli, E., y Moriguti, J.C. «Neuro-Degeneration Profile of Alzheimer's Patients: A Brain Morphometry Study». *NeuroImage: Clinical* 15 (2017): 15-24.

25. Yoneda, T., Rush, J., Graham, E.K., Ingeborg Berg, A., Comijs, H., Katz, M., Lipton, R.B., Johansson, B., Mroczek, D.K., y Piccinin, A.M. «Increases in Neuroticism May Be an Early Indicator of Dementia: A Coordinated Analysis». *Journals of Gerontology: Series B* 75 (2018): 251-262.

26. «Draft Checklist on Mild Behavioral Impairment». *The New York Times*, 25 de julio de 2016. https://www.nytimes.com/interactive/2016/07/25/health/26brain-doc.html.

27. Osterweil, N. «Personality Changes May Help Distinguish between Types of Dementia». *Medpage Today*, 31 de mayo de 2007. https://www.medpagetoday.com /neurology/alzheimersdisease/5803; Galvin, J.E., Malcom, H., Johnson, D., y Morris, J.C. «Personality Traits Distinguishing Dementia with Lewy Bodies from Alzheimer Disease». *Neurology* 68, n° 22 (2007): 1895-1901.

28. «Read Husband›s Full Statement on Kate Spade›s Suicide». *CNN*, 7 de junio de 2018. https://edition.cnn.com/2018/06/07/us/andy-kate-spade-statement/index .html.

29. National Institute of Mental Health. «Major Depression». https://www.nimh.nih.gov/health/statistics/major-depression.shtml.

30. Fundación Americana para la Prevención del Suicidio. «Suicide Rate Is Up 1.2 Percent according to Most Recent CDC Data (Year 2016)». https://afsp.org/suicide-rate-1-8-percent-according-recent-cdc-data-year-2016/.

31. Marlborough, P. «Depression Steals Your Soul and Then It Takes Your Friends». *Vice*, 31 de enero de 2017. https://www.vice.com/en_au/article/4x4xjj/depression-steals-your-soul-and-then-it-takes-your-friends.

32. Karsten, J., Penninx, B.W.J.H., Riese, H., Ormel, J., Nolen, W.A., y Hartman, C.A. «The State Effect of Depressive and Anxiety Disorders on Big Five Personality Traits». *Journal of Psychiatric Research* 46, n° 5 (2012): 644-650.

33. Barnett, J. H., Huang, J., Perlis, R.H., Young, M.M., Josenbaum, J.F., Nierenberg, A.A., Sachs, G., Nimgaonkar, V.L., Miklowitz, D.J., y Smoller, J.W.. «Personality and Bipolar Disorder: Dissecting State and Trait Associations between Mood and Personality». *Psychological Medicine* 41, n° 8 (2011): 1593-1604.

34. «Experiences of Bipolar Disorder: "Every Day It Feels Like I Must Wear a Mask"». *The Guardian*, 31 de marzo de 2017. https://www.theguardian.com/lifeandstyle/2017/mar/31/experiences-of-bipolar-disorder-every-day-it-feels-like-i-must-wear-a-mask.

35. Eckblad, M. y Chapman, L.J. «Development and Validation of a Scale for Hypomanic Personality». *Journal of Abnormal Psychology* 95, n° 3 (1986): 214.

36. Parker, G., Fletcher, K., McCraw, S., y Hong, M. «The Hypomanic Personality Scale: A Measure of Personality and/or Bipolar Symtoms? ». *Psychiatry Research* 220, nos. 1-2 (2014): 654-658.

37. Ormel, J., Oldehinkel, A.J., y Vollebergh, W. «Vulnerability Before, During, and After a Major Depressive

Episode: A 3-Wave Population-Based Study». *Archives of General Psychiatry* 61, nº 10 (2004): 990-996; Jylhä, P., Melartin, T., Rytsälä, H., y Isometsä, E. «Neuroticism, Introversion, and Major Depressive Disorder-Traits, States, or Scars?». *Depression and Anxiety* 26, nº 4 (2009): 325-334; Shea, M.T., Leon, A.C., Mueller, T.I., Solomon, D.A., Warshaw, M.G., and Keller, M.B. «Does Major Depression Result in Lasting Personality Change?». *American Journal of Psychiatry* 153, nº 11 (1996): 1404-1410; Bos, E.H., Have, M.T., van Dorsselaer, S., Jeronimus, B.F., de Graaf, R., y de Jonge, P. «Functioning Before and After a Major Depressive Episode: Pre-Existing Vulnerability or Scar? A Prospective Three-Wave Population-Based Study». *Psychological Medicine* 48, nº 13 (2018): 2264-2272.

38. Rosenström, T., Jylhä, P., Pulkki-Råback, L., Holma, M., Raitakari, O.T., Isometsä, E., y Keltikangas-Järvinen, L. «Long-Term Personality Changes and Predictive Adaptive Responses after Depressive Episodes». *Evolution and Human Behavior* 36, nº 5 (2015): 337-344.

39. Barnett. «Personality and Bipolar Disorder: Dissecting State and Trait Associations Between Mood and Personality». 1593-1604.

40. Tang, T.Z., DeRubeis, R.J., Hollon, S.D., Amsterdam, J., Shelton, R., y Schalet, B. «A Placebo-Controlled Test of the Effects of Paroxetine and Cognitive Therapy on Personality Risk Factors in Depression». *Archives of General Psychiatry* 66, nº 12 (2009): 1322.

41. Pian Gi, S.T., Egger, J., Kaarsemaker, M., y Kreutzkamp, R. «Does Symptom Reduction after Cognitive Behavioural Therapy of Anxiety Disordered Patients Predict Personality Change?». *Personality and Mental Health* 4, nº 4 (2010): 237-245.

42. Kamm, O. «My Battle with Clinical Depression». *Times*, 11 de junio de 2016. https://www.thetimes.co.uk/article/

id-sit-on-the-stairs-until-i-was-ready-to-open-the-front-door-it-could-take-an-hour -z60g637mt.

43. Suetani, S. y Markwick, E. «Meet Dr Jekyll: A Case of a Psychiatrist with Dissociative Identity Disorder». *Australasian Psychiatry* 22, n° 5 (2014): 489-491.

44. Young, E. «My Many Selves: How I Learned to Live with Multiple Personalities». *Mosaic*, 12 de junio de 2017. https://mosaicscience.com/story/my-many-selves-multiple-personalities-dissociative-identity-disorder.

45. Brand, B.L., Classen, C.C., McNary, S.W., y Zaveri, P. «A Review of Dissociative Disorders Treatment Studies». *Journal of Nervous and Mental Disease* 197, n° 9 (2009): 646-654.

46. Tedeschi, R.G., y Calhoun, L.G. «The Posttraumatic Growth Inventory: Measuring the Positive Legacy of Trauma». *Journal of Traumatic Stress* 9, n° 3 (1996): 455-471.

47. Hoerger, M., Chapman, B.P., Prigerson, H.G., Fagerlin, A., Mohile, S.H., Epstein, R.M., Lyness, J.M., y Duberstein, P.R. «Personality Change Pre- to Post-Loss in Spousal Caregivers of Patients with Terminal Lung Cancer». *Social Psychological and Personality Science* 5, n° 6 (2014): 722-729.

48. Kaufman, S.B. Publicación en X (Twitter), el 23 de noviembre de 2018, 19:35 horas. https://twitter .com/sbkaufman/status/1066052630202540032.

49. Turner, J.K., Hutchinson, A., y Wilson, C. «Correlates of Post-Traumatic Growth following Childhood and Adolescent Cancer: A Systematic Review and Meta-Analysis». *Psycho-Oncology* 27, n° 4 (2018): 1100-1109.

50. Lim, D., y DeSteno, D. «Suffering and Compassion: The Links among Adverse Life Expecriences, Empathy, Compassion, and Prosocial Behavior». *Emotion* 16, n° 2 (2016): 175.

CAPÍTULO 4: DIETAS, SUBIDONES Y RESACAS

1. «Obama's Tearful "Thank You" to Campaign Staff». Vídeo de YouTube, 5:25, 8 de noviembre de 2012. https://www.youtube.com/watch?v=1NCzUOWuu_A.

2. Hirschfeld Davis, J. «Obama Delivers Eulogy for Beau Biden». *The New York Times*, 6 de junio de 2015. https://www.nytimes.com/2015/06/07/us/beau-biden-funeral-held-in-delaware.html.

3. Hirschfeld Davis, J. «Obama Lowers His Guard in Unusual Displays of Emotion». *The New York Times*, 22 de junio de 2015. https://www.nytimes.com/2015/06/23/us/politics/obama-lowers-his-guard-in-unusual-displays-of-emotion.html.

4. Cillizza, C. «President Obama Cried in Public Today. That's a Good Thing». *Washington Post*, 29 de abril de 2016. https://www.washingtonpost.com/news/the-fix/wp/2016/01/05/why-men-should-cry-more-in-public/.

5. Walsh, K. «Critics Say Obama Lacks Emotion». *US News and World Report*, 24 de diciembre de 2009. https://www.usnews.com/news/obama/articles/2009/12/24/critics-say-obama-lacks-emotion.

6. Fallows, J. «Obama Explained». *The Atlantic*, marzo de 2012. https://www.theatlantic.com/magazine/archive/2012/03/obama-explained/308874/.

7. Mischel, W. *The Marshmallow Test: Understanding Self-Control and How to Master It*. Londres: Corgi Books, 2015.

8. Es fácil rebatir los argumentos situacionistas extremos. El estudio de Zimbardo sobre la prisión tenía lagunas metodológicas. Han salido a la luz grabaciones en las que se ve a Zimbardo entrenando a los guardias de la prisión para que sean despiadados y tiránicos, y se ha cuestionado si el tipo de personas que se presentarían voluntarias para un «estudio carcelario» tienen personalidades típicas. Y, en

contra de Mischel, ha quedado claro que sí, las personas se adaptan a las situaciones, pero si se las observa durante un largo periodo de tiempo y en diferentes situaciones, variarán en la cantidad media de tiempo que actúan de forma extravertida, agresiva, amistosa, etc., así como en la intensidad con la que muestran estos comportamientos.

9. Sauerberger, K.S., y Funder, D.C. «Behavioral Change and Consistency Across Contexts». *Journal of Research in Personality* 69 (2017): 264-272.

10. White, J. «Ashes 2009: Legend Dennis Lillee Says Mitchell Johnson Could Swing It for Australia». *The Telegraph*, 26 de junio de 2009. https://www.telegraph.co.uk/sport/cricket/international/theashes/5650760/Ashes-2009-legend-Dennis -Lillee-says-Mitchell-Johnson-could-swing-it-for-Australia.html.

11. Pitt, N. «Deontay Wilder: "When I Fight There Is a Transformation, I Even Frighten Myself"». *The Sunday Times* (Londres), 11 de noviembre de 2018. https://www.thetimes.co.uk/article/when-i-fight-there-is-a-transformation-i-even -frighten-myself-h2jpq9x9t.

12. Bridge, M. «Mum Says I'm Starting to Act Like Sherlock, Says Cumberbatch». *The Times*, 27 de diciembre de 2016. https://www.thetimes.co.uk /article/mum-says-i-m-starting-to-act-like-sherlock-57ffpr6dv.

13. Eurich, T. *Insight: The Power of Self-Awareness in a Self-Deluded World*. Londres: Pan Books, 2018.

14. Geukes, K., Nestler, S., Hutteman, R., Küfner, A.C.P., y Back, M.D. «Trait Personality and State Variability: Predicting Individual Differences in Within- and Cross-Context Fluctuations in Affect, Self-Evaluations, and Behavior in Everyday Life». *Journal of Research in Personality* 69 (2017): 124-138.

15. Robinson, O.C. «On the Social Malleability of Traits: Variability and Consistency in Big 5 Trait Expression

across Three Interpersonal Contexts». *Journal of Individual Differences* 30, n° 4 (2009): 201-208.

16. Querstret, D., y Robinson, O.C. «PersoN, Persona, and Personality Modification: An In-Depth Qualitative Exploration of Quantitative Findings». *Qualitative Research in Psychology* 10, n° 2 (2013): 140-159.

17. Dahl, M. «Can You Blend in Anywhere? Or Are You Always the Same You?». *The Cut*, 15 de marzo de 2017. https://www.thecut.com/2017/03/heres-a-test-to-tell-you-if-you-are-a-high-self-monitor.html.

18. Snyder, M., y Gangestad, S. «On the Nature of Self-Monitoring: Matters of Assessment, Matters of Validity». *Journal of Personality and Social Psychology* 51, n° 1 (1986): 125.

19. Hardy, R. «Polish Model Let Off for Harrods Theft Gives Her Side». *Daily Mail* Online, 12 de agosto de 2017. http://www.dailymail.co.uk/femail /article-4783272/ Polish-model-let-Harrod-s-theft-gives-side.html.

20. Wilson, R.E., Thompson, R.J., y Vazire, S. «Are Fluctuations in Personality States More Than Fluctuations in Affect?». *Journal of Research in Personality* 69 (2017): 110-123.

21. Eisenkraft, N., y Elfenbein, H.A. «The Way You Make Me Feel: Evidence for Individual Differences in Affective Presence». *Psychological Science* 21, n° 4 (2010): 505-510.

22. Querengässer, J., y Schindler, S. «Sad But True? How Induced Emotional States Differentially Bias Self-Rated Big Five Personality Traits». *BMC Psychology* 2, n° 1 (2014): 14.

23. Angelou, M. *Rainbow in the Cloud: The Wit and Wisdom of Maya Angelou.* Nueva York: Little, Brown Book Group, 2016.

24. Webb, T.L., Lindquist, K.A., Jones, K., Avishai, A., y Sheeran, P. «Situation Selection Is a Particularly Effective Emotion Regulation Strategy for People Who Need

Help Regulating Their Emotions». *Cognition and Emotion* 32, n° 2 (2018): 231-248.

25. Zhang, Z., y Chen, W. «A Systematic Review of the Relationship Between Physical Activity and Happiness». *Journal of Happiness Studies* 20, n° 4 (2019): 1305-1322.

26. Schiffer, L.P., y Roberts, T.A. «The Paradox of Happiness: Why Are We Not Doing What We Know Makes Us Happy?». *Journal of Positive Psychology* 13, n° 3 (2018): 252-259.

27. Sullivan, K., y Ordiah, C. «Association of Mildly Insufficient Sleep with Symptoms of Anxiety and Depression». *Neurology, Psychiatry and Brain Research* 30 (2018): 1-4.

28. Kroese, F.M., Evers, C., Adriaanse, M.A., y de Ridder, D.T.D. «Bedtime Procrastination: A Self-Regulation Perspective on Sleep Insufficiency in the General Population». *Journal of Health Psychology* 21, n° 5 (2016): 853-862.

29. Howell, R.T., Ksendzova, M., Nestingen, E., Yerahian, C., y Iyer, R. «Your Personality on a Good Day: How Trait and State Personality Predict Daily Well-Being». *Journal of Research in Personality* 69 (2017): 250-263.

30. Bushman, B.J., DeWall, C.N., Pond, R.S., y Hanus, M.D. «Low Glucose Relates to Greater Aggression in Married Couples». *Proceedings of the National Academy of Sciences* 111, n° 17 (2014): 6254-6257.

31. Winograd, R.P., Littlefield, A.K., Martínez, J., y Sher, K.J. «The Drunken Self: The Five-Factor Model as an Organizational Framework for Characterizing Perceptions of One's Own Drunkenness». *Alcoholism: Clinical and Experimental Research* 36, n° 10 (2012): 1787-1793.

32. Winograd, R.P., Steinley, D.L., y Sher, K.J. «Drunk Personality: Reports from Drinkers and Knowledgeable Informants». *Experimental and Clinical Psychopharmacology* 22, n° 3 (2014): 187.

33. Winograd, R.P., Steinley, D., Lane, S.P., y Sher, K.J. «An Experimental Investigation of Drunk Personality Using Self and Observer Reports». *Clinical Psychological Science* 5, n° 3 (2017): 439-456.

34. Winograd, R.P., Steinley, D.L., y Sher, K.J. «Searching for Mr. Hyde: A Five-Factor Approach to Characterizing "Types of Drunks"». *Addiction Research and Theory* 24, n° 1 (2016): 1-8.

35. Davies, E.L., Lewis, E.B.C., y Hennelly, S.E. «"I Am Quite Mellow But I Wouldn't Say Everyone Else Is": How UK Students Compare Their Drinking Behavior to Their Peers». *Substance Use and Misuse* 53, n° 9 (2018): 1549-1557.

36. Hakuline, C., y Jokela, M. «Alcohol Use and Personality Trait Change: Pooled Analysis of Six Cohort Studies». *Psychological Medicine* 49, n° 2 (2019): 224-231.

37. Stevens, S., Cooper, R., Bantin, T., Hermann, C., y Gerlach, A.L. «Feeling Safe But Appearing Anxious: Differential Effects of Alcohol on Anxiety and Social Performance in Individuals with Social Anxiety Disorder». *Behaviour Research and Therapy* 94 (2017): 9-18.

38. Renner, F., Kersbergen, I., Field, M., y Werthmann, J. «Dutch Courage? Effects of Acute Alcohol Consumption on Self-Ratings and Observer Ratings of Foreign Language Skills». *Journal of Psychopharmacology* 32, n° 1 (2018): 116-122.

39. McLellan, T.M., Caldwell, J.A., y Lieberman, H.R. «A Review of Caffeine's Effects on Cognitive, Physical and Occupational Performance». *Neuroscience and Biobehavioral Reviews* 71 (2016): 294-312.

40. Gilliland, K. «The Interactive Effect of Introversion-Extraversion with Caffeine Induced Arousal on Verbal Performance». *Journal of Research in Personality* 14, n° 4 (1980): 482-492.

41. Gurpegui, M., Jurado, D., Luna, J.D., Fernández-Molina, C., Moreno-Abril, O., y Gálvez, R. «Personality Traits Associated with Caffeine Intake and Smoking». *Progress in Neuro-Psychopharmacology and Biological Psychiatry* 31, n° 5 (2007): 997-1005; Mitchell, P.J., y Redman, J.R. «The Relationship between Morningness-Eveningness, Personality and Habitual Caffeine Consumption». *Personality and Individual Differences* 15, n° 1 (1993): 105-108.

42. Amir, T., Alshibani, F., Alghara, T., Aldhari, M., Alhassani, A., y Bahry, G. «Effects of Caffeine on Vigilance Performance in Introvert and Extravert Noncoffee Drinkers». *Social Behavior and Personality* 29, n° 6 (2001): 617-624; Liguori, A., Grass, J.A., y Hughes, J.R. «Subjective Effects of Caffeine among Introverts and Extraverts in the Morning and Evening». *Experimental and Clinical Psychopharmacology* 7, n° 3 (1999): 244.

43. Earleywine, M. *Mind-Altering Drugs: The Science of Subjective Experience*. Oxford: Oxford University Press, 2005.

44. Nardi, A.E., Lopes, F.L., Freire, R.C., Veras, A.B., Nascimento, I., Valença, A.M., de-Melo-Neto, V.L., Soares-Filho, G.L., King, A.L., Araújo, D.M., Mezzasalma, M.A., Rassi, A., y Zin, W.A. «Panic Disorder and Social Anxiety Disorder Subtypes in a Caffeine Challenge Test». *Psychiatry Research* 169, n° 2 (2009): 149-153.

45. «Serious Health Risks Associated With Energy Drinks: To Curb This Growing Public Health Issue, Policy Makers Should Regulate Sales and Marketing towards Children and Adolescents and Set Upper Limits on Caffeine». *ScienceDaily*, 15 de noviembre de 2017, www.sciencedaily.com/releases/2017/11/171115 124519.htm.

46. «MP Calls for Ban on High-Caffeine Energy Drinks». *BBC News*, 10 de enero de 2018. http://www.bbc.co.uk/news/uk-politics-42633277.

47. Ishak, W.W., Ugochukwu, C., Bagot, K., Khalili, D., y Zaky, C. «Energy Drinks: Psychological Effects and Impact on Well-Being and Quality of Life: A Literature Review». *Innovations in Clinical Neuroscience* 9, n° 1 (2012): 25.

48. Juliano, L.M., y Griffiths, R.R. «A Critical Review of Caffeine Withdrawal: Empirical Validation of Symptoms and Signs, Incidence, Severity, and Associated Features». *Psychopharmacology* 176, n° 1 (2004): 1-29.

49. A partir de 2020, su uso recreativo es legal en quince estados de EE.UU. y en Washington, DC.

50. Broyd, S.J., van Hell, H.H., Beale, C., Yuecel, M., y Solowij, N. «Acute and Chronic Effects of Cannabinoids on Human Cognition: A Systematic Review». *Biological Psychiatry* 79, n° 7 (2016): 557-567.

51. Lac, A., y Luk, J.W. «Testing the Amotivational Syndrome: Marijuana Use Longitudinally Predicts Lower Self-Efficacy Even After Controlling for Demographics, Personality, and Alcohol and Cigarette Use». *Prevention Science* 19, n° 2 (2018): 117-126.

52. Weinraub, B. «Rock's Bad Boys Grow Up But Not Old; Half a Lifetime on the Road, and Half Getting Up for It». *The New York Times*, 26 de septiembre de 2002. https://www.nytimes.com/2002/09/26/arts/rock-s-bad-boys-grow-up-but-not-old-half-lifetime-road-half-getting-up-for-it.html.

53. Wenzel, J. «Brian Wilson on Weed Legalization, What He Thinks of His "Love & Mercy" Biopic». *The Know*, 23 de octubre de 2016. https://theknow.denverpost.com/2015/07/02/brian-wilson-on-weed-legalization-what-he-thinks-of-his-love-mercy-biopic/105363/105363/.

54. Schafer, G., Feilding, A., Morgan, C. JA, Agathangelou, M., Freeman, T.P., y Curran, H.V. «Investigating the

Interaction between Schizotypy, Divergent Thinking and Cannabis Use». *Consciousness and Cognition* 21, n° 1 (2012): 292-298.

55. LaFrance, E.M., y Cuttler, C. «¿Inspired by Mary Jane?? Mechanisms Underlying Enhanced Creativity in Cannabis Users». *Consciousness and Cognition* 56 (2017): 68-76.

56. Cada vez hay más pruebas de que el consumo de cannabis también podría aumentar la vulnerabilidad de algunas personas a sufrir psicosis en etapas posteriores de su vida, aunque esta sigue siendo una cuestión de investigación controvertida y abierta.

57. US Dept of Justice Drug Enforcement Administration 2016 National Threat Assessment Summary. https://www.dea.gov/sites/default/files/2018-07/DIR-001-17_2016_NDTA_Summary.pdf.

58. Hay, M. «Everything We Know About Treating Anxiety with Weed». *Vice*, 18 de abril de 2018. https://tonic.vice.com/en_us/article/9kgme8/everything-we -know-about-treating-an.

59. O'Neill, T. ««My First Time on LSD": 10 Trippy Tales». *Alternet.org*, 5 de junio de 2014. https://www.alternet.org/2014/05/my-first-time-lsd-10-trippy-tales/.

60. Griffiths, R.R., Johnson, M.W., Richards, W.A., Richards, B.D., Jesse, R., MacLean, K.A., Barrett, F.S., Cosimano, M.P., y Klinedinst, M.A. «Psilocybin-Occasioned Mystical-Type Experience in Combination with Meditation and Other Spiritual Practices Produces Enduring Positive Changes in Psychological Functioning and in Trait Measures of Prosocial Attitudes and Behaviors». *Journal of Psychopharmacology* 32, n° 1 (2018): 49-69.

61. Wagner, M.T., Mithoefer, M.C., Mithoefer, A.T., Mac-Aulay, R.K., Jerome, L., Yazar-Klosinski, B., y Doblin, R. «Therapeutic Effect of Increased Openness: Investigating Mechanism of Action in MDMA-Assisted

Psychotherapy». *Journal of Psychopharmacology* 31, n° 8 (2017): 967-974.

62. Griffiths, R.R., Hurwitz, E.S., Davis, A.K., Johnson, M.W. y Jesse, R. «Survey of Subjective "God Encounter Experiences": Comparisons Among Naturally Occurring Experiences and Those Occasioned by the Classic Psychedelics Psilocybin, LSD, Ayahuasca, or DMT». *PloS One* 14, n° 4 (2019): e0214377.

63. Weiss, S. «How Badly Are You Messing Up Your Brain By Using Psychedelics?». *Vice*, 30 de marzo de 2018. https://tonic.vice.com/en_us/article/59j97a /how-badly-are-you-messing-up-your-brain-by-using-psychedelics.

64. Barrett, F.S., Johnson, M.W., y Griffiths, P.R. «Neuroticism Is Associated with Challenging Experiences with Psilocybin Mushrooms». *Personality and Individual Differences* 117 (2017): 155-160.

65. Naor, L., y Mayseless, O. «How Personal Transformation Occurs Following a Single Peak Experience in Nature: A Phenomenological Account». *Journal of Humanistic Psychology* 60, n° 6 (2017): 865-888.

66. Fowler, J.H., y Christakis, N.A. «Dynamic Spread of Happiness in a Large Social Network: Longitudinal Analysis over 20 Years in the Framingham Heart Study». *BMJ* 337 (2008): a2338.

67. Foulk, T., Woolum, A., y Erez, A. «Catching Rudeness Is like Catching a Cold: The Contagion Effects of Low-Intensity Negative Behaviors». *Journal of Applied Psychology* 101, n.° 1 (2016): 50.

68. Desender, K., Beurms, S., y Van den Bussche, E. «Is Mental Effort Exertion Contagious?». *Psychonomic Bulletin and Review* 23, n° 2 (2016): 624-631.

69. Chancellor, J., Margolis, S., Jacobs Bao, K., y Lyubomirsky, S. «Everyday Prosociality in the Workplace: The

Reinforcing Benefits of Giving, Getting, and Glimpsing». *Emotion* 18, n° 4 (2018): 507.

70. Neff, A., Sonnentag, S., Niessen, C., y Unger, D. «What's Mine Is Yours: The Crossover of Day-Specific Self-Esteem». *Journal of Vocational Behavior* 81, n° 3 (2012): 385-394.

71. White, R.E., Prager, E.O., Schaefer, C., Kross, E., Duckworth, A.L., y Carlson, S.M. «The "Batman Effect": Improving Perseverance in Young Children». *Child Development* 88, n° 5 (2017): 1563-1571.

CAPÍTULO 5: ELEGIR CAMBIAR

1. Zelenski, J.M., Whelan, D.C., Nealis, L.J., Besner, C.M., Santoro, M.S., y Wynn, J.E. «Personality and Affective Forecasting: Trait Introverts Underpredict the Hedonic Benefits of Acting Extraverted». *Journal of Personality and Social Psychology* 104, n° 6 (2013): 1092.

2. Hengartner, M.P., Tyrer, P., Ajdacic-Gross, V., Angst, J., y Rössler, W. «Articulation and Testing of a Personality-Centred Model of Psychopathology: Evidence from a Longitudinal Community Study over 30 Years». *European Archives of Psychiatry and Clinical Neuroscience* 268, n° 5 (2018): 443-454.

3. «Change Goals Big-Five Inventory». *Personality Assessor.* http://www.personalityassessor.com/measures/cbfi/.

4. Sedikides, C., Meek, R., Alicke, M.D., y Taylor, S. «Behind Bars but Above the Bar: Prisoners Consider Themselves More Prosocial Than Non-Prisoners». *British Journal of Social Psychology* 53, n° 2 (2014): 396-403.

5. Hudson, N.W., y Roberts, B.W. «Goals to Change Personality Traits: Concurrent Links Between Personality Traits, Daily Behavior, and Goals to Change Oneself». *Journal of Research in Personality* 53 (2014): 68-83.

6. Robinson, O.C., Noftle, E.E., Guo, J., Asadi, S., y Zhang, X. «Goals and Plans for Big Five Personality Trait Change in Young Adults». *Journal of Research in Personality* 59 (2015): 31-43.

7. Hudson, N.W., y Fraley, R.C. «Do People's Desires to Change Their Personality Traits Vary with Age? An Examination of Trait Change Goals Across Adulthood». *Social Psychological and Personality Science* 7, n° 8 (2016): 847-856.

8. Hennecke, M., Bleidorn, W., Denissen, J.J.A. y Wood, D. «A Three-Part Framework for Self-Regulated Personality Development Across Adulthood». *European Journal of Personality* 28, n° 3 (2014): 289-299.

9. Ten en cuenta que un estudio publicado en 2020 descubrió que los rasgos de personalidad cambian con el tiempo independientemente de las creencias de las personas sobre la maleabilidad de la personalidad, aunque esta investigación no se centraba en el cambio deliberado de la personalidad. Este es: Hudson, N.W., Fraley, R.C., Briley, D.A., y Chopik, W.J. «Your Personality Does Not Care Whether You Believe It Can Change: Beliefs About Whether Personality Can Change Do Not Predict Trait Change Among Emerging Adults». *European Journal of Personality*, publicado en línea el 21 de julio de 2020.

10. Dweck, C. *Mindset: Changing the Way You Think to Fulfil Your Potential*. Reino Unido: Hachette, 2012.

11. Savani, K. y Job, V. «Reverse Ego-Depletion: Acts of Self-Control Can Improve Subsequent Performance in Indian Cultural Contexts». *Journal of Personality and Social Psychology* 113, n° 4 (2017): 589.

12. Como ejemplo, un estudio de 2017 dirigido por la Universidad de Texas en Austin demostró que enseñar a los adolescentes que la personalidad es maleable les ayudó a afrontar la transición al instituto y a experimentar menos estrés y una mejor salud física con el paso del

tiempo en comparación con sus compañeros que creían que la personalidad es inamovible. Otras investigaciones han demostrado que las personas que creen en la maleabilidad de la personalidad afrontan mejor el rechazo de una relación sentimental porque no interpretan la ruptura como algo fundamental sobre el tipo de persona que son.

13. Hudson, N.W., Fraley, R.C., Chopik, W.J., y Briley, D.A. «Change Goals Robustly Predict Trait Growth: A Mega-Analysis of a Dozen Intensive Longitudinal Studies Examining Volitional Change». *Social Psychological and Personality Science* 11, n° 6 (2020): 723-732.

14. Schwaba, T, Luhmann, M., Denissen, J.J.A., Chung, J.M., y Bleidorn, W. «Openness to Experience and Culture: Openness Transactions across the Lifespan». *Journal of Personality and Social Psychology* 115, n° 1 (2018): 118.

15. Berna A. Sari, Ernst H. W. Koster, Gilles Pourtois y Nazanin Derakshan, «Training Working Memory to Improve Attentional Control in Anxiety: A Proof-of-Principle Study Using Behavioral and Electrophysiological Measures». *Biological Psychology* 121 (2016): 203-212.

16. Krejtz, I., Nezlek, J.B., Michnicka, A., Holas, P., y Rusanowska, M. «Counting One's Blessings Can Reduce the Impact of Daily Stress». *Journal of Happiness Studies* 17, n° 1 (2016): 25-39.

17. Kini, P., Wong, J., McInnis, S., Gabana, N., y Brown, J.W. «The Effects of Gratitude Expression on Neural Activity». *NeuroImage* 128 (2016): 1-10.

18. Roberts, B.W., Luo, J., Briley, D.A., Chow, P.I., Su, R., y Hill, P.L. «A Systematic Review of Personality Trait Change through Intervention». *Psychological Bulletin* 143, n° 2 (2017): 117.

19. Glinski, K., y Page, A.C. «Modifiability of Neuroticism, Extraversion, and Agreeableness by Group Cognitive

Behaviour Therapy for Social Anxiety Disorder». *Behaviour Change* 27, n° 1 (2010): 42-52.

20. Popa, C.O., Nirestean, A., Ardelean, M., Buicu, G., y Ile, L. «Dimensional Personality Change after Combined Therapeutic Intervention in the Obsessive-Compulsive Personality Disorders». *Acta Med Transilvanica* 2 (2013): 290-292.

21. Grist, R., y Cavanagh, K. «Computerised Cognitive Behavioural Therapy for Common Mental Health Disorders, What Works, for Whom Under What Circumstances? A Systematic Review and Meta-Analysis». *Journal of Contemporary Psychotherapy* 43, n° 4 (2013): 243-251.

22. Zimmermann, J., y Neyer, F.J. «Do We Become a Different Person When Hitting the Road? Personality Development of Sojourners». *Journal of Personality and Social Psychology* 105, n° 3 (2013): 515.

23. Conrath Miller, J., y Krizan, Z. «Walking Facilitates Positive Affect (Even When Expecting the Opposite)». *Emotion* 16, n° 5 (2016): 775.

24. Johnstone, A., y Marí-Beffa, P. «The Effects of Martial Arts Training on Attentional Networks in Typical Adults». *Frontiers in Psychology* 9 (2018): 80.

25. Hudson, N.W., y Roberts, B.W. «Social Investment in Work Reliably Predicts Change in Conscientiousness and Agreeableness: A Direct Replication and Extension of Hudson, Roberts, and Lodi-Smith (2012)». *Journal of Research in Personality* 60 (2016): 12-23.

26. Allan, B.A. «Task Significance and Meaningful Work: A Longitudinal Study». *Journal of Vocational Behavior* 102 (2017): 174-182.

27. Milyavskaya, M., y Inzlicht, M. «What's So Great About Self-Control? Examining the Importance of Effortful Self-Control and Temptation in Predicting Real-Life

Depletion and Goal Attainment». *Social Psychological and Personality Science* 8, n° 6 (2017): 603-611.

28. Dornelles, A. «Impact of Multiple Food Environments on Body Mass Index». *PloS One* 14, n° 8 (2019).

29. Göllner, R., Damian, R.I., Rose, N., Spengler, M., Trautwein, U., Nagengast, B., y Roberts, B.W. «Is Doing Your Homework Associated with Becoming More Conscientious?». *Journal of Research in Personality* 71 (2017): 1-12.

30. Jackson, J.J., Hill, P.L., Payne, B.R., Roberts, B.W., y Stine-Morrow, E.A.L. «Can an Old Dog Learn (and Want to Experience) New Tricks? Cognitive Training Increases Openness to Experience in Older Adults». *Psychology and Aging* 27, n° 2 (2012): 286.

31. van Tilburg, W.A.P., Sedikides, C., y Wildschut, T. «The Mnemonic Muse: Nostalgia Fosters Creativity through Openness to Experience». *Journal of Experimental Social Psychology* 59 (2015): 1-7.

32. Stephan, Y., Sutin, A.R., y Terracciano, A. «Physical Activity and Personality Development Across Adulthood and Old Age: Evidence from Two Longitudinal Studies». *Journal of Research in Personality* 49 (2014): 1-7.

33. Antinori, A., Carter, O.L., y Smillie, L.D. «Seeing It Both Ways: Openness to Experience and Binocular Rivalry Suppression». *Journal of Research in Personality* 68 (2017): 15-22.

34. Si lo que te preocupa es que eres demasiado agradable y eso te está frenando en un campo competitivo, en el capítulo 7 encontrarás algunos consejos útiles.

35. Böckler, A., Herrmann, L., Trautwein, F.M., Holmes, T., y Singer, T. «Know Thy Selves: Learning to Understand Oneself Increases the Ability to Understand Others». *Journal of Cognitive Enhancement* 1, n° 2 (2017): 197-209.

36. Winning, A.P., y Boag, S. «Does Brief Mindfulness Training Increase Empathy? The Role of Personality». *Personality and Individual Differences* 86 (2015): 492-498.

37. Kidd, D.C., y Castano, E. «Reading Literary Fiction Improves Theory of Mind». *Science* 342, n° 6156 (2013): 377-380.

38. Kidd, D., y Castano, E. «Different Stories: How Levels of Familiarity with Literary and Genre Fiction Relate to Mentalizing». *Psychology of Aesthetics, Creativity, and the Arts* 11, n° 4 (2017): 474.

39. Berns, G.S., Blaine, K., Prietula, M.J., y Pye, B.E. «Short- and Long-Term Effects of a Novel on Connectivity in the Brain». *Brain Connectivity* 3, n° 6 (2013): 590-600.

40. Vezzali, L., Turner, R., Capozza, D., y Trifiletti, E. «Does Intergroup Contact Affect Personality? A Longitudinal Study on the Bidirectional Relationship Between Inter-group Contact and Personality Traits». *European Journal of Social Psychology* 48, n° 2 (2018): 159-173.

41. Hein, G., Engelmann, J.B., Vollberg, M.C., y Tobler, P.N. «How Learning Shapes the Empathic Brain». *Proceedings of the National Academy of Sciences* 113, n° 1 (2016): 80-85.

42. Chen, S.X., y Harris Bond, M. «Two Languages, Two Personalities? Examining Language Effects on the Expression of Personality in a Bilingual Context». *Personality and Social Psychology Bulletin* 36, n° 11 (2010): 1514-1528.

43. Considera evitar este enfoque si eres propenso a tendencias obsesivas o compulsivas.

44. Wood Brooks, A., Schroeder, J., Risen, J.L., Gino, F., Galinsky, A.D., Norton, M.I., y Schweitzer, M.E. «Don't Stop Believing: Rituals Improve Performance by Decreasing Anxiety». *Organizational Behavior and Human Decision Processes* 137 (2016): 71-85.

45. Davydenko, M., Zelenski, J.M., González, A., y Whelan, D. «Does Acting Extraverted Evoke Positive Social Feedback?». *Personality and Individual Differences* 159 (2020): 109883.

46. Malouff, J.M., y Schutte, N.S. «Can Psychological Interventions Increase Optimism? A Meta-Analysis». *Journal of Positive Psychology* 12, n° 6 (2017): 594-604.

47. Khazan, O. «One Simple Phrase That Turns Anxiety into Success». *The Atlantic*, 23 de marzo de 2016. https://www.theatlantic.com/health/archive/2016/03/can-three-words-turn-anxiety-into-success/474909.

48. Wood Brooks, A. «Get Excited: Reappraising Pre-Performance Anxiety as Excitement». *Journal of Experimental Psychology: General* 143, n° 3 (2014): 1144.

49. Leikas, S., y Ilmarinen, VJ. «Happy Now, Tired Later? Extraverted and Conscientious Behavior Are Related to Immediate Mood Gains, But to Later Fatigue». *Journal of Personality* 85, n° 5 (2017): 603-615.

50. Fleeson, W., Malanos, A.B., y Achille, N.M. «An Intraindividual Process Approach to the Relationship Between Extraversion and Positive Affect: Is Acting Extraverted as "Good" as Being Extraverted?». *Journal of Personality and Social Psychology* 83, n° 6 (2002): 1409.

51. Hudson, N.W., y Fraley, R.C. «Changing for the Better? Longitudinal Associations Between Volitional Personality Change and Psychological Well-Being». *Personality and Social Psychology Bulletin* 42, n° 5 (2016): 603-615.

52. Fleeson, W., y Wilt, J. «The Relevance of Big Five Trait Content in Behavior to Subjective Authenticity: Do High Levels of Within-Person Behavioral Variability Undermine or Enable Authenticity Achievement?». *Journal of Personality* 78, n° 4 (2010): 1353-1382.

53. Gan, M., y Chen, S. «Being Your Actual or Ideal Self? What It Means to Feel Authentic in a Relationship». *Personality and Social Psychology Bulletin* 43, n° 4 (2017): 465-478.

54. Bell Cooper, A., Sherman, R.A., Rauthmann, J.F., Serfass, D.G., y Brown, N.A. «Feeling Good and Authentic: Experienced Authenticity in Daily Life Is Predicted

by Positive Feelings and Situation Characteristics, Not Trait-State Consistency». *Journal of Research in Personality* 77 (2018): 57-69.

55. Lenton, A.P., Slabu, L., y Sedikides, C. «State Authenticity in Everyday Life». *European Journal of Personality* 30, n° 1 (2016): 64-82.

CAPÍTULO 6: REDENCIÓN: CUANDO LOS MALOS SE VUELVEN BUENOS

1. Nawaz, M. *Radical: My Journey out of Islamist Extremism.* Maryland: Rowman & Littlefield, 2016.

2. Dado que Nawaz ahora hace campaña contra el extremismo islamista, no le sorprenderá que siga siendo una figura controvertida. Sin embargo, tiene la costumbre de ganarse disculpas e indemnizaciones de quienes calumnian y difaman su nombre. Más recientemente, en 2018, el Southern Poverty Law Center emitió una disculpa pública y prometió pagar casi 4 millones de dólares en compensación después de acusar a Nawaz de ser un extremista antimusulmán. Véase Cohen, R. «SPLC Statement Regarding Maajid Nawaz and the Quilliam Foundation». Southern Poverty Law Center, 18 de junio de 2018. https://www.splcenter.org/news/2018/06/18/splc-statement-regarding-maajid-nawaz-and-quilliam-foundation.

3 https://www.quilliaminternational.com.

4. Inspirado en el método de «análisis de proyectos personales» de Brian Little. Véase Presseau, J., Sniehotta, F.F., Francis, J.J., y Little, B.R. «Personal Project Analysis: Opportunities and Implications for Multiple Goal Assessment, Theoretical Integration, and Behaviour Change». *European Health Psychologist* 5, n° 2 (2008): 32-36.

5. Basado en investigaciones y escritos de Brian Little. Véase su obra *Me, Myself, and Us: The Science of Personality*

and the Art of Well-Being. Nueva York: Public Affairs Press, 2014.

6. Corbett, C. *Reborn on the Run: My Journey from Addiction to Ultramarathons*. Nueva York: Skyhorse Publishing, 2018.

7. Reynolds, E. «How 50-year-old Junkie Replaced Meth Addiction with Ultra- running». *News.com.au*, 28 de septiembre de 2015. https://www.news.com.au/lifestyle/fitness/exercise/how-50yearold-junkie-replaced-meth-addiction-with-ultrarunning/news-story/9b773ee-67ffecf27f5c6f3467570fa20.

8. Heath, C., y Heath, D. *The Power of Moments: Why Certain Experiences Have Extraordinary Impact*. Londres: Bantam Press, 2017.

9. Yarris, N. *The Fear of 13: Countdown to Execution: My Fight for Survival on Death Row*. Salt Lake City: Century, 2017.

10. Yarris, N. *The Kindness Approach*. Carolina del Sur: CreateSpace Independent Publishing Platform, 2017.

11. Basado en ítems publicados en el *Psychological Inventory of Criminal Thinking Styles Part I*. Véase Walters, G.D. «The Psychological Inventory of Criminal Thinking Styles: Part I: Reliability and Preliminary Validity». *Criminal Justice and Behavior* 22, n° 3 (1995): 307-325.

12. Hulley, S., Crewe, B., y Wright, S. «Re-examining the problems of long-term imprisonment». *British Journal of Criminology* 56, n° 4 (2016): 769-792.

13. Zingraff, M.T. «Prisonization as an inhibitor of effective resocialization». *Criminology* 13, n° 3 (1975): 366-388.

14. Meijers, J., Harte, J.M., Meynen, G., Cuijpers, P., y Scherder, E.J.A. «Reduced Self-Control after 3 Months of Imprisonment; A Pilot Study». *Frontiers in Psychology* 9 (2018): 69.

15. Liem, M., y Kunst, M. «Is There a Recognizable Post-Incarceration Syndrome Among Released 'Lifers'?». *International Journal of Law and Psychiatry* 36, núms. 3-4 (2013): 333-337.

16. Eriksson, T.G., Masche-No, J.G., y Dåderman, A.M. «Personality Traits of Prisoners as Compared to General Populations: Signs of Adjustment to the Situation?». *Personality and Individual Differences* 107 (2017): 237-245.

17. Bush, J., Harris, D.M., y Parker, R.J. *Cognitive Self Change: How Offenders Experience the World and What We Can Do About It*. Hoboken, NJ: Wiley, 2016.

18. Walters, G.D., Trgovac, M., Rychlec, M., DiFazio, R., y Olson, J.R. «Assessing Change with the Psychological Inventory of Criminal Thinking Styles: A Controlled Analysis and Multisite Cross-Validation». *Criminal Justice and Behavior* 29, n° 3 (2002): 308-331.

19. Bush, J. «To Help a Criminal Go Straight, Help Him Change How He Thinks». *NPR*, 26 de junio de 2016. https://www.npr.org/sections/health-shots/2016/06/26/483091741/to-help-a-criminal-go-straight-help-him-change-how-he-thinks.

20. Si utilizamos el hipotético dilema del tranvía como ejemplo, por lo general están encantados de empujar a un hombre gordo a la trayectoria de un tranvía que circula a toda velocidad, matándolo para salvar la vida de otras cinco personas, mientras que la respuesta normal es considerar que dañar deliberadamente al hombre gordo es desagradable, aunque se sirva a un bien mayor.

21. Bartels, D.M., y Pizarro, D.A. «The Mismeasure of Morals: Antisocial Personality Traits Predict Utilitarian Responses to Moral Dilemmas». *Cognition* 121, n° 1 (2011): 154-161.

22. Una revisión de treinta y tres estudios sobre la eficacia de la terapia de reconciliación moral concluyó que conduce a una reducción modesta, pero estadísticamente significativa, de las tasas de reincidencia. Véase Ferguson, L.M., y Wormith, J.S. «A Meta-Analysis of Moral Reconation Therapy». *International Journal*

of Offender Therapy and Comparative Criminology 57, n° 9 (2013): 1076-1106.

23. Zane, S.N., Welsh, B.C., y Zimmerman, G.M. «Examining the Iatrogenic Effects of the Cambridge-Somerville Youth Study: Existing Explanations and New Appraisals». *British Journal of Criminology* 56, n° 1 (2015): 141-160.

24. Hager, E. «How to Train Your Brain to Keep You Out of Jail». *Vice*, 27 de junio de 2018. https://www.vice.com/en_us/article/nekpy8/how-to-train-your-brain-to-keep-you-out-of-jail.

25. Jarrett, C. «Research Into The Mental Health of Prisoners, Digested». *BPS Research Digest*, 13 de julio de 2018. https://digest.bps.org.uk/2018/07/13/research-into-the-mental-health-of-prisoners-digested/.

26. Se trata de un diagnóstico psiquiátrico formal para adultos. Para cumplir los criterios, desde los quince años, una persona debe haber demostrado no ajustarse a las normas sociales con respecto a los comportamientos lícitos, engaño, impulsividad o falta de planificación, irritabilidad y agresividad, desprecio imprudente por la seguridad propia o de los demás, irresponsabilidad constante y falta de remordimiento.

27. Wilson, H.A. «Can Antisocial Personality Disorder Be Treated? A Meta-Analysis Examining the Effectiveness of Treatment in Reducing Recidivism for Individuals Diagnosed with ASPD». *International Journal of Forensic Mental Health* 13, n° 1 (2014): 36-46.

28. Wilson, N.J., y Tamatea, A. «Challenging the "Urban Myth" of Psychopathy Untreatability: The High-Risk Personality Programme». *Psychology, Crime and Law* 19, nos. 5-6 (2013): 493-510.

29. Raine, A. «Antisocial Personality as a Neurodevelopmental Disorder». *Annual Review of Clinical Psychology* 14 (2018): 259-289.

30. Karlgaard, R. «Lance Armstrong-Hero, Doping Cheater and Tragic Figure». *Forbes*, 31 de julio de 2012. https://www.forbes.com/sites/richkarlgaard/2012/06/13/lance-armstrong-hero-cheat-and-tragic-figure/#-38d88c94795c.

31. «Lance Armstrong: A Ruinous Puncture for the Cyclopath». *The Sunday Times*, 17 de junio de 2012. https://www.thetimes.co.uk/article/lance-armstrong-a-ruinous-puncture-for-the-cyclopath-vh57w9zgjs2.

32. Burgo, J. «How Aggressive Narcissism Explains Lance Armstrong». *The Atlantic*, 28 de enero de 2013. https://www.theatlantic.com/health/archive/2013/01/how-aggressive-narcissism-explains-lance-armstrong/272568/.

33. Pavia, W. «Up Close with Hillary's Aide, Her Husband and That Sexting Scandal». *The Times*, 21 de junio de 2016. https://www.thetimes.co.uk/article/a-ringside-seat-for-the-sexting-scandal-that-brought-down-anthony-weiner-gp9gjpsk9.

34. DeSteno, D., y Valdesolo, P. *Out of Character: Surprising Truths About the Liar, Cheat, Sinner (and Saint) Lurking in All of Us*. Nueva York: Harmony, 2013.

35. Tomemos como ejemplo los experimentos de «obediencia a la autoridad» de Stanley Milgram, en los que voluntarios seguían la orden de un científico y administraban lo que creían que era una descarga eléctrica mortal a otra persona. Los psicólogos analizaron recientemente una encuesta posterior al experimento a la que respondieron los voluntarios y descubrieron que muchos habían estado motivados por la gran causa de ayudar a la ciencia: «una causa en cuyo nombre perciben que están actuando virtuosamente y haciendo el bien». Algo parecido ocurre con el famoso experimento de Philip Zimbardo en la prisión de Stanford, que tuvo que ser abortado prematuramente después

de que voluntarios aparentemente normales reclutados para hacer de guardias de prisiones empezaran a abusar de los presos. Recientemente han aparecido pruebas de que los guardias voluntarios maltratadores pensaban que su mal comportamiento les ayudaría a defender la necesidad de una reforma penitenciaria en la vida real. Una vez más, el mal comportamiento no se debió tanto a un cambio repentino de carácter como a un cambio de perspectiva: el cálculo de que ciertas malas acciones podían ser por un bien mayor.

36. Simon, R. «John Edwards Affair Not to Remember». *Boston Herald*, 17 de noviembre de 2018. https://www. bostonherald.com/2008/08/18/john-edwards-affair -not-to-remember/.

37. Whittle, J. «I Would Probably Dope Again, Says Lance Armstrong». *The Times*, 27 de enero de 2015. https:// www.thetimes.co.uk/article/i-would-probably-do-pe-again -says-lance-armstrong-j5lxcg5rtb; Dickinson, M. «Defiant Lance Armstrong on the Attack». *The Times*, 11 de junio de 2015. https://www.thetimes.co.uk/ article/defiant-lance-armstrong-on-the-attack-9sg-fszkzr5t; Daniel Honan, «Lance Armstrong: American Psychopath». Big Think, 6 de octubre de 2018, https:// bigthink.com/think-tank/lance-armstrong-ameri-can-psychopath.

CAPÍTULO 7: LECCIONES DEL LADO OSCURO

1. Hernández, A., y McGinley, L. «Harvard Study Estimates Thousands Died in Puerto Rico Because of Hurricane Maria». 4 de junio de 2018. https://www.washingtonpost.com/ national/harvard-study-estimates-thousands-died-in-puer-to-rico-due-to-hurricane-maria/2018/05/29/1a82503a-6070-11e8-a4a4-c070ef53f315_story.html.

2. Collins, K. «Trump Contrasts Puerto Rico Death Toll to "a Real Catastrophe like Katrina"». *CNN*, 3 de octubre de 2017. https://edition.cnn.com/2017/10/03 /politics/ trump-puerto-rico-katrina-deaths/index.html.
3. «Puerto Rico: Trump Paper Towel-Throwing "Abominable"». *BBC News*, 4 de octubre de 2017. http://www.bbc. co.uk/news/world-us-canada-41504165.
4. Jacob, B. «Trump Digs In Over Call to Soldier's Widow: "I Didn't Say What the Congresswoman Said"». *The Guardian*, 18 de octubre de 2017. https://www .theguardian. com/us-news/2017/oct/18/trump-allegedly-tells-soldiers-widow -he-know-what-he-signed-up-for.
5. Daugherty, A., Kumar, A., y Hanks, D. «In Attack on Frederica Wilson Over Trump's Call to Widow, John Kelly Gets Facts Wrong». *Miami Herald*, 19 de octubre de 2017. http://www.miamiherald.com/news/politics-government/national-politics/article179869321.html.
6. La regla Goldwater, formulada en 1973, prohíbe a psiquiatras y psicólogos hacer afirmaciones de este tipo sobre funcionarios públicos. El nombre es una referencia al candidato presidencial republicano de 1964, Barry Goldwater, que demandó con éxito a la revista *Fact* por publicar una encuesta entre dos mil psiquiatras que concluyó que la mitad de ellos lo consideraban «psicológicamente no apto» para el cargo. Durante la presidencia de Trump, sin embargo, un grupo cada vez mayor de psiquiatras y psicólogos creía que el peligro que suponía la personalidad del expresidente justificaba romper la regla de Goldwater.
7. Existe un gran solapamiento entre la psicopatía y el narcisismo, pero son lo suficientemente distintos como para que resulte útil examinarlos por separado.
8. Miller, J.D., Hyatt, C.S., Maples-Keller, J.L., Carter, N.T., y Lynam, D.R. «Psychopathy and Machiavellianism: A

Distinction without a Difference?». *Journal of Personality* 85, n° 4 (2017): 439-453.

9. McCain, J.L., Borg, Z.G., Rothenberg, A.H., Churillo, K.M., Weiler, P., y Campbell, W.K. «Personality and Selfies: Narcissism and the Dark Triad». *Computers in Human Behavior* 64 (2016): 126-133.

10. Holtzman, N.S., Vazire, S., y Mehl, M.R. «Sounds Like a Narcissist: Manifestaciones conductuales del narcisismo en la vida cotidiana». *Journal of Research in Personality* 44, n° 4 (2010): 478-484.

11. Vazire, S., Naumann, L.P., Rentfrow, P.J., y Gosling, S.D. «Portrait of a Narcissist: Manifestations of Narcissism in Physical Appearance». *Journal of Research in Personality* 42, n° 6 (2008): 1439-1447.

12. Mailhos, Á., Buunk, A.P., y Cabana, Á. «Signature Size Signals Sociable Dominance and Narcissism». *Journal of Research in Personality* 65 (2016): 43-51.

13. Giacomin, M., y Rule, N.O. «Eyebrows Cue Grandiose Narcissism». *Journal of Personality* 87, n° 2 (2019): 373-385.

14. Adaptado del test de personalidad «short dark triad» disponible para uso gratuito en el sitio web de *Delroy Paulhus*.http://www2.psych.ubc.ca/~dpaulhus/Paulhus_measures/.

15. Konrath, S., Meier, B.P., y Bushman, B.J. «Development and Validation of the Single Item Narcissism Scale (SINS)». *PLoS One* 9, n° 8 (2014): e103469; van der Linden, S., y Rosenthal, S.A. «Measuring Narcissism with a Single Question? A Replication and Extension of the Single-Item Narcissism Scale (SINS)». *Personality and Individual Differences* 90 (2016): 238-241.

16. Trump: «Tengo una de las mejores memorias de todos los tiempos». *YouTube.* https://www.youtube.com/watch?v=wnVpGoyKfKU.

17. Leibovich, M. «Donald Trump Is Not Going Anywhere». *The New York Times*, 29 de septiembre de 2015. https:// www.nytimes.com/2015/10/04/magazine/donald-trump-is-not-going-anywhere.html.

18. Dale, D. «Trump Defends Tossing Paper Towels to Puerto Rico Hurricane Victims: Analysis». *Toronto Star*, 8 de octubre de 2017. https://www.thestar.com/news/world/2017/10/08/donald-trump-defends-paper-towels-in-puerto-rico -says-stephen-paddock-was-probably-smart-in-bizarre-tv-interview-analysis.html.

19. Robertson, L., y Farley, R. «The Facts on Crowd Size». FactCheck.org, 23 de enero de 2017. http://www.factcheck.org/2017/01/the-facts-on-crowd-size/.

20. Cockburn, H. «Donald Trump Just Said He Had the Biggest Inauguration Crowd in History. Here Are Two Pictures That Show That's Wrong». *Independent*, 26 de enero de 2017. http://www.independent.co.uk/news/world/americas/donald-trump-claims-presidential-inauguration-audience-history-us-president-white-house-barack-a7547141.html.

21. Trump: «I'm the least racist person anybody is going to meet». *BBC News*, 26 de enero de 2018. https://www.bbc.co.uk/news/av/uk-42830165.

22. «TranscrIPT: Donald Trump's Taped Comments about Women». *The New York Times*, 8 de octubre de 2016. https://www.nytimes.com/2016/10/08/us/donald-trump -tape-transcript.html.

23. Grijalva, E., Harms, P.D., Newman, D.A., Gaddis, B.H., y Fraley, R.C. «Narcissism and Leadership: A Meta-Analytic Review of Linear and Nonlinear Relationships». *Personnel Psychology* 68, n° 1 (2015): 1-47.

24. Ong, C.W., Roberts, R., Arthur, C.A., Woodman, T., y Akehurst, S. «The Leader Ship Is Sinking: A Temporal Investigation of Narcissistic Leadership». *Journal of*

Personality 84, n° 2 (2016): 237-247.

25. Jauk, E., Neubauer, A.C., Mairunteregger, T., Pemp, S., Sieber, K.P., y Rauthmann, J.F. «How Alluring Are Dark Personalities? The Dark Triad and Attractiveness in Speed Dating». *European Journal of Personality* 30, n° 2 (2016): 125-138.

26. Czarna, A.Z., Leifeld, P., Šmieja, M., Dufner, M., y Salovey, P. «Do Narcissism and Emotional Intelligence Win Us Friends? Modeling Dynamics of Peer Popularity Using Inferential Network Analysis». *Personality and Social Psychology Bulletin* 42, n° 11 (2016): 1588-1599.

27. Wallace, H.M., Ready, C.B., y Weitenhagen, E. «Narcissism and Task Persistence». *Self and Identity* 8, n° 1 (2009): 78-93.

28. Nevicka, B., Baas, M., y Ten Velden, F.S. «The Bright Side of Threatened Narcissism: Improved Performance following Ego Threat». *Journal of Personality* 84, n° 6 (2016): 809-823.

29. Goncalo, J.A., Flynn, F.J., y Kim, S.H. «Are Two Narcissists Better Than One? The Link Between Narcissism, Perceived Creativity, and Creative Performance». *Personality and Social Psychology Bulletin* 36, n° 11 (2010): 1484-1495; Zhou, Y. «Narcissism and the Art Market Performance». *European Journal of Finance* 23, n° 13 (2017): 1197-1218.

30. Sezer, O., Gino, F., y Norton, M.I. «Humblebragging: A Distinct-and Ineffective-Self-Presentation Strategy». *Harvard Business School working paper series* 15-080, 24 de abril de 2015, http://dash.harvard.edu/handle/1/14725901.

31. Zeigler-Hill, V. «Discrepancies Between Implicit and Explicit Self-Esteem: Implications for Narcissism and Self-Esteem Instability». *Journal of Personality* 74, n° 1 (2006): 119-144.

32. Jauk, E., Benedek, M., Koschutnig, K., Kedia, G., y Neubauer, A.C. «Self-Viewing Is Associated with Negative Affect Rather Than Reward in Highly Narcisistic Men: An fMRI study». *Scientific Reports* 7, n° 1 (2017): 5804.

33. Cascio, C.N., Konrath, S.H., y Falk, E.B. «Narcissists' Social Pain Seen Only in the Brain». *Social Cognitive and Affective Neuroscience* 10, n° 3 (2014): 335-341.

34. Orth, U., y Luciano, E.C. «Self-Esteem, Narcissism, and Stressful Life Events: Testing for Selection and Socialization». *Journal of Personality and Social Psychology* 109, n° 4 (2015): 707.

35. Cheng, J.T., Tracy, J.L., y Miller, G.E. «Are Narcissists Hardy or Vulnerable? The Role of Narcissism in the Production of Stress-Related Biomarkers in Response to Emotional Distress». *Emotion* 13, n° 6 (2013): 1004.

36. Wolff, M. *Fire and Fury: Inside the Trump White House*. Londres: Abacus, 2019.

37. D'Ancona, M. «Desperate for a Trade Deal, the Tories Are Enabling Donald Trump». *The Guardian*, 14 de enero de 2018. https://www.theguardian.com /commentis-free/2018/jan/14/trade-deal-tories-donald-trump.

38. Watts, A.L., Lilienfeld, S.O., Smith, S.F., Miller, J.D., Campbell, W.K., Waldman, I.D., Rubenzer, S.J., y Faschingbauer, T.J. «The Double-Edged Sword of Grandiose Narcissism: Implications for Successful and Unsuccessful Leadership among US Presidents». *Psychological Science* 24, n° 12 (2013): 2379-2389.

39. O'Reilly III, C.A., Doerr, B., y Chatman, J.A. «"See You in Court": How CEO Narcissism Increases Firms' Vulnerability to Lawsuits». *Leadership Quarterly* 29, n° 3 (2018): 365-378.

40. Wetzel, E., Grijalva, E., Robins, R., y Roberts, B. «You're Still So Vain; Changes in Narcissism from

Young Adulthood to Middle Age». *Journal of Personality and Social Psychology* 119, nº 2 (2019): 479-496.

41. Leunissen, J.M., Sedikides, C., y Wildschut, T. «Why Narcissists Are Unwilling to Apologize: The Role of Empathy and Guilt». *European Journal of Personality* 31, nº 4 (2017): 385-403.

42. Hepper, E.G., Hart, C.M., y Sedikides, C. «Moving Narcisus: Can Narcissists Be Empathic?». *Personality and Social Psychology* 40, nº 9 (2014): 1079-1091.

43. Herrmann, J. «"I Wouldn't Want to Spend More Than an Hour with Him but He Was..."». *Evening Standard*, 4 de noviembre de 2014. https://www.standard.co.uk/lifestyle/london-life/i-wouldn-t-want-to-spend-more-an-hour-with-him-but-he-was-incredibly-bright-rurik-juttings-old-9837963.html.

44. Thompson, P. «The evil that I've inflicted cannot be remedied...». 45. *Daily Mail*, 8 de noviembre de 2016. https://www.dailymail.co.uk/news/article-3906170/British-banker-Rurik-Jutting-GUILTY-murder-350-000-year-trader-faces-life-jail-torturing-two-sex-workers-death-luxury-Hong-Kong-apartment.html.

45. Dutton, K. *La sabiduría de los psicópatas.* Barcelona: Ariel, 2020.

46. Milton Cleckley, H. *The Mask of Sanity: An Attempt to Clarify Some Issues about the So-Called Psychopathic Personality.* Ravenio Books, 1964.

47. Herrmann, «I Wouldn't Want to Spend More Than an Hour with Him but He Was...».

48. Seara-Cardoso, A., Viding, E., Lickley, R.A., y Sebastian, C.L. «Neural Responses to Others' Pain Vary with Psychopathic Traits in Healthy Adult Males». *Cognitive, Affective, and Behavioral Neuroscience* 15, nº 3 (2015): 578-588.

49. Vieira, J.B., Ferreira-Santos, F., Almeida, P.R., Barbosa, F., Marques-Teixeira, J., y Marsh, A.A. «Psychopathic

Traits Are Associated with Cortical and Subcortical Volume Alterations in Healthy Individuals». *Social Cognitive and Affective Neuroscience* 10, n° 12 (2015): 1693-1704.

50. Proyer, R.T., Flisch, R., Tschupp, S., Platt, T., y Ruch, W. «How Does Psychopathy Relate to Humor and Laughter? Dispositions Toward Ridicule and Being Laughed At, the Sense of Humor, and Psychopathic Personality Traits». *International Journal of Law and Psychiatry* 35, n° 4 (2012): 263-268.

51. Lilienfeld, S.O., Latzman, R.D., Watts, A.L., Smith, S.F., y Dutton, K. «Correlates of Psychopathic Personality Traits in Everyday Life: Results from a Large Community Survey». *Frontiers in Psychology* 5 (2014): 740.

52. Litten, V., Roberts, L.D., Ladyshewsky, R.K., Castell, E., y Kane, R. «The Influence of Academic Discipline on Empathy and Psychopathic Personality Traits in Undergraduate Students». *Personality and Individual Differences* 123 (2018): 145-150; Vedel, A., y Thomsen, D.K. «The Dark Triad Across Academic Majors». *Personality and Individual Differences* 116 (2017): 86-91.

53. Witt, E.A., Donnellan, M.B., y Blonigen, D.M. «Using Existing Self-Report Inventories to Measure the Psychopathic Personality Traits of Fearless Dominance and Impulsive Antisociality». *Journal of Research in Personality* 43, n° 6 (2009): 1006-1016.

54. Board, B.J., y Fritzon, K. «Disordered Personalities at Work». *Psychology, Crime and Law* 11, n° 1 (2005): 17-32.

55. Babiak, P., Neumann, C.S., y Hare, R.D. «Corporate Psychopathy: Talking the Walk». *Behavioral Sciences and the Law* 28, n° 2 (2010): 174-193.

56. Morris, S. «One in 25 Business Leaders May Be a Psychopath, Study Finds». *The Guardian*, 1 de septiembre de 2011. https://www.theguardian.com/science/2011/sep/01/psychopath-workplace-jobs-study.

57. Lilienfeld, S.O., Waldman, I.D., Landfield, K., Watts, A.L., Rubenzer, S., y Faschingbauer, T.R. «Fearless Dominance and the US Presidency: Implications of Psychopathic Personality Traits for Successful and Unsuccessful Political Leadership». *Journal of Personality and Social Psychology* 103, n° 3 (2012): 489.

58. Pegrum, J., y Pearce, O. «A Stressful Job: Are Surgeons Psychopaths?». *Bulletin of the Royal College of Surgeons of England* 97, n° 8 (2015): 331-334.

59. von Borries, A.K.L., Volman, I., Aloïs de Bruijn, E.R., Bulten, B.H., Verkes, R.J., y Roelofs, K. «Psychopaths Lack the Automatic Avoidance of Social Threat: Relation to Instrumental Aggression». *Psychiatry Research* 200, nos. 2-3 (2012): 761-766.

60. Buckholtz, J.W., Treadway, M.T., Cowan, R.L., Woodward, N.W., Benning, S.D., Li, R., Ansari, M.S., Baldwin, R.M., Schwartzman, A.N., Shelby, E.S., *et al.*, «Mesolimbic Dopamine Reward System Hypersensitivity in Individuals with Psychopathic Traits». *Nature Neuroscience* 13, n° 4 (2010): 419.

61. Casper, A., Sonnentag, S., y Tremmel, S. «Mindset Matters: The Role of Employees' Stress Mindset for Day-Specific Reactions to Workload Anticipation». European Journal of Work and Organizational Psychology 26, n° 6 (2017): 798-810.

62. Boddy, C.R. «Corporate Psychopaths, Conflict, Employee Affective Well-Being and Counterproductive Work Behaviour». *Journal of Business Ethics* 121, n° 1 (2014): 107-121.

63. Wisniewski, T.P., Yekini, L., y Omar, A. «Psychopathic Traits of Corporate Leadership as Predictors of Future Stock Returns». SSRN 2984999 (2017).

64. Vaurio, O., Repo-Tiihonen, E., Kautiainen, H., y Tiihonen, J. «Psychopathy and Mortality». *Journal of Forensic Sciences* 63, n° 2 (2018): 474-477.

65. Singer, N. «In Utah, a Local Hero Accused». *The New York Times*, 15 de junio de 2013. http://www.nytimes.com/2013/06/16/business/in-utah-a-local-hero-accused.html.

66. Smith, S.F., Lilienfeld, S.O., Coffey, K., y Dabbs, J.M. «Are Psychopaths and Heroes Twigs off the Same Branch? Evidence from College, Community, and Presidential Samples». *Journal of Research in Personality* 47, n° 5 (2013): 634-646.

67. Baskin-Sommers, A., Stuppy-Sullivan, A.M., y Buckholtz, J.W. «Psychopathic Individuals Exhibit but Do Not Avoid Regret during Counterfactual Decision Making». *Proceedings of the National Academy of Sciences* 113, n° 50 (2016): 14438-14443.

68. Baskin-Sommers, A.R., Curtin, J.J., y Newman, J.P. «Altering the Cognitive-Affective Dysfunctions of Psychopathic and Externalizing Offender Subtypes with Cognitive Remediation». *Clinical Psychological Science* 3, n° 1 (2015): 45-57.

69. Baskin-Sommers, A. «Psychopaths Have Feelings: Can They Learn How to Use Them?». *Aeon*, 18 de noviembre de 2019. https://aeon.co/ideas/psychopaths-have-feelings-can-they-learn-how-to-use-them.

CAPÍTULO 8: LOS 10 PRINCIPIOS DE LA REINVENCIÓN PERSONAL

1. Thalmayer, A.G., Saucier, G., Flournoy, J.C., y Srivastava, S. «Ethics-Relevant Values as Antecedents of Personality Change: Longitudinal Findings from the Life and Time Study». *Collabra: Psychology* 5, n° 1 (2019).

2. Se trata del fenómeno que mencioné en el capítulo 5 y que los psicólogos denominan efecto «mejor que la

media» o efecto Lago Wobegon, por la ciudad ficticia donde «todas las mujeres son fuertes, todos los hombres son guapos y todos los niños están por encima de la media».

3. Mosch, A., y Borkenau, P. «Psychologically Adjusted Persons Are Less Aware of How They Are Perceived by Others». *Personality and Social Psychology Bulletin* 42, n° 7 (2016): 910-922.

4. Eurich, T. *Insight: The Power of Self-Awareness in a Self-Deluded World.* Nueva York: Macmillan, 2017.

5. Hudson, N.W., Briley, D.A., Chopik, W.J., y Derringer, J. «You Have to Follow Through: Attaining Behavioral Change Goals Predicts Volitional Personality Change». *Journal of Personality and Social Psychology* 117, n° 4 (2019): 839.

6. Kottler, J.A. *Change: What Really Leads to Lasting Personal Transformation.* Oxford: Oxford University Press, 2018.

7. Lally, P., Van Jaarsveld, C.H.M., Potts, H.W.W., y Wardle, J. «How Are Habits Formed? Modelling Habit Formation in the Real World». *European Journal of Social Psychology* 40, n° 6 (2010): 998-1009.

8. Clear, J. *Atomic Habits: An Easy & Proven Way to Build Good Habits & Break Bad Ones.* Nueva York: Penguin, 2018.

9. Roberts, B.W. «A Revised Sociogenomic Model of Personality Traits». *Journal of Personality* 86, n° 1 (2018): 23-35.

10. Wiseman, R. *59 seconds.* Londres: Pan Books, 2015; Small, G., y Vorgan, G. *Snap! Change Your Personality in 30 Days.* West Palm Beach, FL: Humanix Books, 2018.

11. Kottler, J.A. *Change: What Really Leads to Lasting Personal Transformation.* Oxford: Oxford University Press, 2018, p. 63.

12. Luborsky, L., Barber, J., y Diguer, L. «The Meanings of Narratives Told during Psychotherapy: The Fruits of a New Observational Unit». *Psychotherapy Research* 2, n° 4 (1992): 277-290.

13. Kottler. *Change*, 92.
14. Fradera, A. «When and Why Does Rudeness Sometimes Spread Round the Office?». *BPS Research Digest*, 4 de mayo de 2018. https://digest.bps.org.uk/2016/10/11/when-and-why-does-rudeness-sometimes-spread-round-the-office/.
15. Chancellor, J., Margolis, S., Bao, K.J., y Lyubomirsky, S. «Everyday Prosociality in the Workplace: The Reinforcing Benefits of Giving, Getting, and Glimpsing». *Emotion* 18, n° 4 (2018): 507.
16. Kushner, D. «Can Trauma Help You Grow?». *The New Yorker*, 19 de junio de 2017. https://www.newyorker.com/tech/annals-of-technology/can-trauma-help-you-grow.
17. An, Y., Ding, X., y Fu, F. «Personality and Post-Traumatic Growth of Adolescents 42 Months after the Wenchuan Earthquake: A Mediated Modell». *Frontiers in Psychology* 8 (2017): 2152; Taku, K., y McLarnon, M.J.W. «Posttraumatic Growth Profiles and Their Relationships with HEXACO Personality Traits». *Personality and Individual Differences* 134 (2018): 33-42.
18. Damian, R.I., Spengler, M., Sutu, A., y Roberts, B.W. «Sixteen Going on Sixty-Six: A Longitudinal Study of Personality Stability and Change across 50 Years». *Journal of Personality and Social Psychology* 117, n° 3 (2019): 674.
19. Schleider, J., y Weisz, J. «A Single-Session Growth Mindset Intervention for Adolescent Anxiety and Depression: 9-Month Outcomes of a Randomized Trial». *Journal of Child Psychology and Psychiatry* 59, n° 2 (2018): 160-170.
20. «Anthony Joshua contra Andy Ruiz: British Fighter Made "Drastic Changes" after June Loss». *BBC Sport*. https://www.bbc.co.uk/sport/boxing/49599343.

EPÍLOGO

1. Sorensen, M.S. «Reformed Gang Leader in Denmark Is Shot Dead Leaving Book Party». *The New York Times*, 21 de noviembre de 2018. https://www.ny times. com/2018/11/21/world/europe/denmark-gang-lea-der-book-nedim-yasar .html.

2. Marie Louise Toksvig, Rødder: En Gangsters Udvej: Nedim Yasars Historie (Copenhague: People'sPress, 2018).

3. «Newsday-Former Gangster Shot Dead-as He Left His Own Book Launch-BBC Sounds». *BBC News*, 22 de noviembre de 2018. https://www.bbc.co.uk/sounds/play/p06shwwm.

4. Suttie, J. «Can You Change Your Personality?». *Greater Good*, 20 de febrero de 2017. https://greatergood.berkeley. edu/article/item/can_you_change_your_personality.

Este libro se terminó de imprimir en el mes de agosto de 2024
en Industria Gráfica Anzos, S. L. U. (Madrid).